PAULÍSTICA ETC.

PAULO PRADO

Paulística etc.

4ª edição revista e ampliada por
Carlos Augusto Calil

Companhia Das Letras

Copyright © 2004 by Eduardo Caio da Silva Prado

Capa
Victor Burton

Foto da capa
Casa do sítio do padre Inácio, em Cotia, por Cristiano Mascaro

Pesquisa para as notas
Carlos Augusto Calil
Leandro Antônio de Almeida

Preparação e índice onomástico
Eliane de Abreu Santoro

Revisão
Isabel Jorge Cury
Renato Potenza Rodrigues

Dados Internacionais de Catalogação na Publicação (CIP)
(Câmara Brasileira do Livro, SP, Brasil)

Prado, Paulo
    Paulística etc. / Paulo Prado. — 4. ed. rev. e ampl. por Carlos Augusto Calil. — São Paulo : Companhia das Letras, 2004.

    Bibliografia
    ISBN 85-359-0467-0

    1. Ensaios brasileiros 2. São Paulo (Estado) - História I. Calil, Carlos Augusto. II. Título.

04-0769   CDD-869.94

Índice para catálogo sistemático:
1. Ensaios : Literatura brasileira   869.94

[2004]
Todos os direitos desta edição reservados à
EDITORA SCHWARCZ LTDA.
Rua Bandeira Paulista 702 cj. 32
04532-002 — São Paulo — SP
Telefone: (11) 3707-3500
Fax: (11) 3707-3501
www.companhiadasletras.com.br

Sumário

Um brasileiro de São Paulo — Carlos Augusto Calil 9

PAULÍSTICA, HISTÓRIA DE SÃO PAULO

Prefácio à 2ª edição 45
Prefácio à 1ª edição 55

O Caminho do Mar 65
O patriarca 93
Pires e Camargos 110
Cristãos-novos em Piratininga 126
Bandeiras 133
A decadência 152
Uma data 174
Fernão Dias Pais 181
O Caminho das Minas 196
O martírio do café 202
A paisagem 209
Capistrano 214

SOBRE *PAULÍSTICA*

Paulística compensa (Oswald de Andrade) 221
Paulística fez papel de salva-vidas (Mário de Andrade) 223
Um outro homem (Tristão de Ataíde) 226
Um moralista (Lívio Xavier) 229
Fortuna crítica 231

ETC.

OUTROS RETRATOS DO BRASIL

Homem perfeito 237
O padre Vieira 242
O jardim de São Paulo 246
Caracas, capital do Brasil 249
Vagas oposições 252
Terra do otimismo 255
República da Camaradagem 257
Erro de geografia 259
Uma carta de Anchieta 262
    Carta peregrina 264
    Carta do apóstolo do Brasil ao capitão Jerônimo Leitão 267
    Riqueza e fraqueza 270
Vai nascer o Brasileiro 272
Onde estava o povo brasileiro? 275
O Descobrimento 281
Duas vezes 32 288
Tem a palavra a Palavra 290

TRADIÇÃO E MODERNISMO

Arte moderna, da coisa bela 295
Crise de crescimento 297

Brecheret e a Semana de Arte Moderna 301
O mal literário 308
Poesia Pau-Brasil 310
Cendrars 316
Espírito moderno etc. 319
Brasileiro universal 322

CAFÉ & BORRACHA: JOGO DE TOLOS

O Convênio Franco-Brasileiro 327
O café na Colômbia 334
O café e a valorização 336
O drama da borracha 339

Notas do organizador 343
Biografia do autor 365
Bibliografia sobre Paulo Prado 377
Índice bibliográfico 379
Créditos das ilustrações 385
Índice onomástico 387

Um brasileiro de São Paulo

> *A vila de S. Paulo há muitos anos que é República de per si, sem observância de lei nenhuma assim divina como humana.*
>
> Câmara Coutinho, Governador-Geral do Brasil, 1692

A PRIMEIRA *PAULÍSTICA*

A primeira edição de *Paulística* surgiu em 1925, pela editora de Monteiro Lobato, que logo em seguida desaparecia. Tal fato ajuda a explicar a reduzida circulação da obra e a discreta repercussão do lançamento. Apesar disso, manifestaram-se sobre o livro em seu conjunto Tristão de Ataíde e Fernando de Azevedo; e, sobre um de seus aspectos mais instigantes — a possível influência judaica na formação de São Paulo —, polemizou Oliveira Vianna.

Seu autor, Paulo Prado, chegava maduro à estréia em livro. Tinha 56 anos e era figura proeminente na sociedade, representante de uma das famílias mais poderosas do país — Silva Prado, família de empreendedores —, ele mesmo bem-sucedido produtor e exportador de café.

A estréia tardia vinha sendo ensaiada desde 1920, quando PP solicitara ao mestre Capistrano de Abreu (1853-1927) bibliografia sobre o Caminho do Mar. O fruto da pesquisa foi divulgado em setembro de 1922, no artigo "O Caminho do Mar (notas para um livro)", publicado em *O Estado de S. Paulo*. *Paulística* era inicialmente o livro do Caminho do Mar.

"Seu artigo no *Estado* lê-se com prazer, tal a impressão do Tobias [Monteiro], do [Graça] Aranha e a minha. A erudição é de bom quilate. Há apenas uma certa desconexão, que só desaparecerá com o exercício", escrevia Capistrano em 6 de outubro daquele ano.[1]

O primeiro artigo histórico de PP suscitou polêmica. Ao se referir à "retórica teatral" do padre Antônio Vieira, que considerava "diplomata cosmopolita e tortuoso", PP feriu os brios de Amadeu Amaral, um dos representantes do pensamento acadêmico em São Paulo. Em artigo no jornal *O Estado de S. Paulo*, Amaral quis intimidar o novato, sugerindo-lhe que não se metesse na seara alheia, que não lhe era familiar. Mas Prado não se abalou, e retrucou com o artigo "O padre Vieira", em que julga com severidade o político "tortuoso" e ineficiente, insensível à causa brasileira no episódio dos Guararapes (p. 244). No entanto elogia o missionário que protegia os índios, e admira o pregador que atingiu as culminâncias da retórica. Amaral voltou à carga, agora dócil, no mesmo jornal, no 22 de outubro seguinte: "Eu poderia dar por terminada esta conversa agradável com esse escritor educado, fazendo observar que estamos quase de acordo". PP alinhava-se com Sílvio Romero no julgamento de Vieira; Amadeu Amaral o defendia por não ter exercido "má influência".

Superado o batismo de fogo, PP evoluiu rapidamente para um estudo mais abrangente sobre a Paulicéia, que recebeu o estímulo definitivo de Capistrano, em carta de 23 de dezembro de 1922. Nela, o historiador fornecia um esquema para o entendimento da evolução da província, ampliando consideravelmente a extensão do projeto inicial. O gráfico de Capistrano, reproduzido por PP no prefácio à primeira edição (p. 59), é uma curva senóide, composta pela ligação dos pontos cardeais da história paulista: ascensão/clímax/descida/regeneração.

De posse desse roteiro, PP partiu para sua demonstração: a ascensão era resultado do isolamento dos paulistas proporcionado pela difícil transposição do Caminho do Mar; o clímax fora obtido pela ação decisiva e imprevista dos bandeirantes predadores de índios e inimigos dos espanhóis; a decadência chegara com os governadores portugueses no início do século XVIII, e o desmembramento do território, com a perda de Minas, do Sul e de Goiás; a regeneração se iniciara em meados do século XIX, com as estradas de ferro, a plantação intensiva do café, a importação de mão-de-obra e a renovação do contingente humano pela imigração estrangeira.

Sem fôlego de compor uma obra una, PP foi desenvolvendo e publicando em periódicos os ensaios que constituiriam os diversos capítulos de seu livro em progresso: "A decadência" (1923), "Bandeiras" (1924), "Uma data" (1924), "Fernão Dias Pais" (1924). Segundo seu autor, meros ensaios à inglesa com o intuito de suscitar discussão.

Em "O Caminho do Mar", PP mostra como o isolamento preservou São Paulo do contágio com a metrópole, incidindo definitivamente sobre o caráter insubmisso da cidade. A mescla entre o branco e o índio forjara uma "raça nova", que aproveitou as qualidades das duas. Filhos de cunhãs, os bandeirantes falavam a língua geral, o que explicaria o predomínio na geografia da toponímia indígena, diferentemente do Nordeste, mais próximo de Portugal. O "tipo paulista" estaria assim aberto à miscigenação, que no futuro se acentuaria. A construção romântica desse tipo paulista sofreria no entanto um sério revés: como PP poderia explicar sua decadência nos termos em que dela tratara Monteiro Lobato, com sua teoria da raça degenerada no caipira "Jeca Tatu"?

"A decadência" fala da perda da independência primitiva, dos territórios desbravados, da derrota humilhante na Guerra dos Emboabas, do desbaratamento dos caminhos exclusivos, da procura incessante de novos territórios pelos paulistas. Seu relato tece uma saborosa crônica de reconstituição dos costumes na "altiva e gloriosa Piratininga".

"Bandeiras" procura responder à objeção de Capistrano: a expansão do território compensa a mortandade de índios? PP não dissimula o fascínio pela obra ciclópica dos bandeirantes, sem apoio governamental e material de nenhuma espécie na luta contra a natureza inóspita. Celebra a excelência do tipo humano, o mamaluco, e encontra a citação perfeita para ilustrar seu próprio sentimento: "Paulistas embrenhados são mais destros que os bichos". Ao comparar as bandeiras a outras empresas de colonização, de espanhóis e alemães, advoga — em termos históricos — a inocência da "fúria paulista". Num lance precursor de Gilberto Freyre, PP atribui à "doçura portuguesa" a atenuação do excesso sanguinário praticado pelos castelhanos. O bandeirante, herói da raça, que emerge de sua evocação, é o oposto do futuro *Macunaíma*, "herói sem nenhum caráter", livro que, não por acaso, foi dedicado a PP. Não estranha o fato de Mário de Andrade opor-se a essa visão do autor na carta que lhe enviou, a título de resenha pessoal (transcrita neste volume às pp. 223-5).

"Uma data" é possivelmente o artigo mais ideológico de *Paulística*. De certa forma, fala de uma data a celebrar: o assassinato de d. Rodrigo de Castelo Branco, o fidalgo espanhol parlapatão que desrespeitara a autenticidade e o engenho dos paulistas, cujo comportamento irascível acabara por justificar seu destino trágico.

Em "Fernão Dias Pais (alguns documentos)", o autor mostra-se à vontade na pesquisa e no uso de documentos originais, plenamente capaz de lê-los e relacioná-los, como supõe o mister do historiador. Nas transcrições de documentos, manifesta sensibilidade para a afirmação inculta do "português paulista". Seu interesse pela personagem, além da perspectiva de examinar de perto as versões de uma lenda, deve-se a algumas características marcantes da história desse bandeirante: sua capacidade de planificação do extraordinário empreendimento que seria a descoberta da mina das esmeraldas; a frustração dos parcos resultados, conferindo à figura auréola trágica; a rigidez do caráter primitivo, causado sobretudo pelo fato de que "um longínquo cruzamento com indígena dava-lhe sem dúvida esse cunho mamaluco que é a nota aristocrática do paulista puro".

"A paisagem" dá o tom de melancolia do volume. O autor mal dissimula a tristeza pela destruição do entorno primitivo, numa visão idílica do colono na paisagem de São Paulo. PP antecipa uma das mais reconhecidas virtudes do futuro autor do *Retrato do Brasil*: a de pintor de paisagens, traço anglo-saxão — além da elegância no vestir-se — de sua formação cultural. Seus jovens amigos modernistas não podiam gostar desse texto de saudosismo em que a paisagem histórica aparecia como "a última testemunha presente das lutas, ambições e glórias do passado".

O prefácio à primeira edição (1925) procura uma unidade para esses ensaios. Nele, PP reconhece a dívida com Capistrano de Abreu e define a ambição do volume: contribuir com história regional para o monumento a ser escrito acerca da história do Brasil. Um sentimento de inserção emana dessa visão: a noção de que essa história a ser escrita é empreitada de grupo e que o chefe da escola é o autor de *Capítulos de história colonial*. O próprio PP, atendendo ao apelo da vocação, reservara a si o papel de "reconstituição da vida pública e da vida íntima de São Paulo nos séculos passados". O estilo recorria à "poetização" dos fatos, na perspectiva de evocar o "sangue e a vida necessários à compreensão da psicologia do passado, que não é somente a narração do que fizeram os homens de uma época, mas também do que pensavam no momento em que agiam".

Do ponto de vista científico, PP buscava resposta à pergunta: "Houve realmente uma raça paulista, na incerteza atual da ciência sobre a noção exata do que é uma raça...?". Por fim, o autor examinava a permanência dos valores de independência do paulista primitivo em seu contemporâneo, que empreendia o progresso formidável da província mas parecia desprovido da "vontade de convivência e coesão", que são os caracteres fundamentais do Estado nacional. Para o autor, seus contemporâneos constituíam um grupo social apolítico e subserviente aos governos de ocasião, e apenas cuidavam do acúmulo de riqueza material. Esse viés político, que antecipa o tom de grande libelo do "Post-Scriptum" do *Retrato do Brasil*, vinha temperado com o sentimento de urgência para compensar o tempo perdido com as preocupações da mocidade, quando só a Europa interessava. Nesse tempo, "se o nosso sentimento era brasileiro, a imaginação era européia", conforme lhe mostrara Joaquim Nabuco.

Ao mestre deve PP o título de seu primeiro livro. Capistrano havia publicado em 1917 um artigo ("Paulística — A pretexto de uma moeda de ouro"), em que tratava de inflação e cunhagem de moeda em pleno século XVII. No final de 1921 e início de 1922, a história de São Paulo voltava à baila, nas cartas trocadas entre os parceiros da coleção de textos raros — a série Eduardo Prado, "para melhor se conhecer o Brasil", por ambos concebida em homenagem ao tio que tanta influência exercera na formação de Paulo.

"Estou pensando num volume de *Paulísticas*: tirando as atas da Câmara e os inventários, quase nada existe sobre São Paulo do século XVI"; "pelas cópias que se estão fazendo aqui verá você que belo volume da *Paulística* você poderá preparar para a coleção Eduardo Prado", escrevia Capistrano.[2] Como o tema fosse pouco explorado, o mestre pensava de verdade numa antologia colonial, nos moldes dos outros volumes da coleção. PP chamou a si a responsabilidade pela revisão da grandeza e miséria de sua terra.

A visita às origens do Brasil, pela perspectiva da capitania de São Vicente, tinha nesse caso dimensão de autoconhecimento. Paul Claudel (1868-1955), autor do *Soulier de satin*, que privou da amizade de PP, quando no Rio de Janeiro exercia uma missão diplomática, anotou em seu *Diário*: "Prado me fala de um de seus ancestrais, Fernão Dias Pais Leme, um dos bandeirantes dos tempos heróicos. Com oitenta anos organiza uma expedição para descobrir as famosas Montanhas de esmeralda. Seu filho tendo se rebelado, é por ele fuzilado".[3] Com motivação real, ou por fantasia, a epopéia das Bandeiras era assumida por PP tanto no plano histórico, como no pessoal, isto é, sentimental. É o que aparenta, de certo modo, o bandeirante piratiningano ao fazendeiro paulista, encarnado plenamente pelo autor.

DIALÉTICA DO MODERNISMO

Devo lembrar ao leitor que no mesmo período — janeiro de 1922 — em que desabrochava finalmente a vocação intelectual de PP, ele tratava dos preparativos da Semana de Arte Moderna, que ocorreria entre 11 e 17 de fevereiro. Hoje não resta dúvida sobre o papel decisivo desempenhado por PP na realização da Semana. Foi seu financiador, organizador e elo político entre paulistas e cariocas, além de ter arregimentado — por pura diversão? — o concurso de intelectuais alheios ao sentimento modernista, como René Thiollier. Não bastasse o testemunho de Mário de Andrade de que "o fautor verdadeiro da Semana de Arte Moderna foi Paulo Prado",[4] outros depoimentos a ele se somariam — como os de Di

Cavalcanti e Oswald de Andrade —, provenientes de inúmeras fontes.

O movimento de escrever *Paulística*, que coincide com a fase de implantação do modernismo, pode parecer contraditório — observação que não escapou à malícia de Brito Broca, quando se referiu à viagem da "descoberta do Brasil", feita com e para Blaise Cendrars em 1924 —, mas é apenas o primeiro contraponto do processo de modernização de nossa cultura com a busca de certa tradicionalização, para usar os termos de Mário de Andrade.

O modernismo alimentava-se dessa dialética. E sua culminância, que se dá com *Macunaíma* e a Antropofagia, é tributária de uma tensão crescente entre a inovação e sua filiação histórica e estética. No prefácio de *Pau-Brasil*, PP empresta a análise que fez de sua própria geração (exposta em outro prefácio, a *Joaquim Nabuco — Esboço biographico*, de Henrique Coelho) e a fórmula econômica da substituição de importações para avalizar — e explicar — a obra promissora de Oswald de Andrade. Mesmo pertencendo a uma geração anterior, identifica-se profundamente com ela. Em *Pau-Brasil*, como em *Macunaíma* e nas obras de Antônio de Alcântara Machado e Blaise Cendrars, pelo menos, encontram-se vestígios da influência benéfica do programa de leituras proporcionado por PP, como editor e autor de obras históricas.

Como disse, a recepção a *Paulística* foi discreta; sua circulação, afetada pela crise da editora de Monteiro Lobato. Na documentação conservada pelo autor encontram-se duas cartas inéditas, de Mário de Andrade e de Oswald de Andrade (pp. 221-5). Ambas fazem alusão ao impacto da leitura do livro. Oswald saúda o escritor, que afinal se revela apesar de não levar suficientemente a sério seu próprio talento. Mário adverte que não resenhará *Paulística* para não continuar "preenchendo vácuos" da crítica, pois não entende de história. Elogia o estilo "nobre" de PP, estilo leal que não trai o leitor. Destaca o prefácio, os capítulos sobre o Caminho do Mar e Fernão Dias. E definitivamente não concorda com o das Bandeiras. Exorta o amigo a "vencer um certo enfaramento que domina o seu espírito e pelo qual mais do que pela preguiça você escreve tão pouco".

Um cronista, que se esconde sob o pseudônimo de "Novelty", contrariando ambos os Andrades, que confessavam admirar o prefácio de *Paulística*, sacou rápido a ironia:

> Perdoe-nos o ilustre cultor das belas letras, mas essa oscilação entre a subordinação e o interesse não é um traço paulista, é uma instituição nacional, como o Instituto de Defesa do Café, os clubes carnavalescos, já reconhecidos como de utilidade pública, a Fundação Rockefeller [sic], e tantas outras legiões e agremiações, inclusive o *Pau-Brasil*.[5]

Curioso notar como o nome de PP já estava associado ao de Oswald, cujo *Pau-Brasil* avalizara.

O aspecto político de *Paulística*, constante principalmente de seu prefácio, em que o autor lamentava o caráter adesista do paulista contemporâneo, também mereceu a crítica de Tristão de Ataíde: "Tanto tem o sr. Paulo Prado, em literatura, de adversário do romantismo, quanto tem, em política, de romântico" (ver pp. 226-7). Essa aguda percepção do crítico valeria igualmente para o *Retrato do Brasil*, que viria à luz apenas três anos depois.

O estilo sóbrio de PP, dado a conhecer em *Paulística*, levou Fernando de Azevedo, numa resenha coletiva, a compará-lo com vantagem ao de outros livros de história então recentemente lançados: "O sr. Paulo Prado, nessas páginas de geografia social, empresta a seu trabalho o encanto que só um homem de letras consegue imprimir...".[6]

A Paulo Silveira, crítico carioca, impressionava o fato de o cosmopolitismo do autor ter redundado num imprevisto nacionalismo estético: "Com as viagens o seu nacionalismo adquiriu uma forma estética original que transforma os fatos da história brasileira em encantadores quadros de civilização".[7]

Para Agripino Grieco, *Paulística*, embora composta de ensaios autônomos, apresenta uma unidade secreta de obra gestada em conjunto, mesmo que executada em peças cuja complementaridade só se revela pelo fio narrativo comum, habilmente conduzido.

> Seu volume de estréia, *Paulística*, representa uma série de ensaios vivos e incisivos, sem vaidade de erudição, mas indo lepidamente ao fim visado, que é o de dizer algo novo sobre um assunto em que se encarniçaram dezenas de garimpeiros das bibliotecas. [...] Nem lhe falta um traço homogêneo, coeso, aquilo que pode ser considerado a espinha dorsal de um livro: unidade na continuidade. Não estamos absolutamente às voltas com uma série de capítulos desparelhados, de parcelas avulsas, fugitivas de um livro a fazer. O livro está feito e é muito agradável, é mesmo proveitoso de ler-se.[8]

CORTEJANDO A POLÍTICA

Ao lado dos estudos históricos e da agitação modernista, PP escreve regularmente o editorial da *Revista do Brasil*, que ele reanimara em sociedade com Monteiro Lobato. Entre 1923 e 1924, são inúmeras as manifestações irônicas sobre as políticas nacional e local, sob a rubrica "O momento", todas reunidas neste volume nos capítulos que constituem a segunda parte, batizada de *Etc*. O historiador, analista político, editor, "mecenas discreto", figura central do modernismo e homem de negócios bem-sucedido, forjava lentamente o projeto de ruptura institucional, que defenderia no

"Post-scriptum" de seu *Retrato do Brasil*, publicado em 1928 com grande sucesso. PP vivia então o seu auge.

Um fragmento inédito[9] esclarece a base ideológica do projeto de ruptura defendido por PP, em que combina nacionalismo cultural com controle de importações e reclama forte dose de autonomia intelectual e política.

O programa de restrições nas importações desnecessárias pede uma execução imediata, e será de conseqüências rápidas. O Brasil necessita de vida própria, porque só o nacionalismo — debaixo de todos os aspectos — nos libertará da tirania e da cobiça dos imperialismos que nos ameaçam. Temos vivido até aqui de importação, de imitação, e da subcultura que exportam os velhos países da Europa. É nesse sentido que me parece que a Revolução, para triunfar, precisa ir além da simples mudança de governo ou substituição de nomes nos cargos públicos. O programa revolucionário deve ser integral para salvar o país. Todas as energias, todas as colaborações, todas as contribuições — conscientes ou instintivas — são necessárias na realização dessa transformação radical. Já se disse que as revoluções somente são puras durante os primeiros quinze dias. Não sei, mas só acredito nos seus benefícios quando atingem todas as modalidades da atividade nacional.

Impaciente, o aristocrático revolucionário, sob inspiração de Sílvio Romero, não tolera mais o adiamento do confronto com a realidade econômica desfavorável e a maldição do subdesenvolvimento. O espírito panfletário do "Post-scriptum" do *Retrato do Brasil* emana direto do tom impertinente do prefácio de *Paulística*.

Em outro manuscrito inédito, PP cobra de si e dos paulistas empreendedores sua cota de responsabilidade social e política na construção sempre negligenciada de uma nação à altura de nossas possibilidades.

Que diriam esses intelectuais do que se passa em São Paulo? Guardadas as proporções devidas, no nosso pequeno mundo, repetem-se os mesmos fenômenos registrados no inquérito americano, isto é, um idêntico desequilíbrio entre o progresso material e o atraso intelectual, político, e artístico, que forçosamente impedem o desenvolvimento do que se chama uma civilização...

Também nós sofremos de grande anemia intelectual. O conforto, a riqueza, as estradas de ferro, o comércio e a indústria, as belas vivendas, as modas parisienses, os *five o'clocks* e os *dancings* — tudo o que representa um esforço de prosperidade material, ou uma esvanescente espuma de decadência européia, tudo [soa] falso e artificial sem a centelha criadora, sem o ideal que mais do que nunca dirige as ações dos homens.

A verdade também aqui deve ser dita. Na terra paulista, a atividade febril dos seus filhos constrói um belo edifício sobre a mais incerta areia, desde que não cuidamos do nosso adiantamento intelectual e moral, indispensáveis num povo culto.

Abandonamos o estudo das humanidades que é a base sólida de toda a cultura; o próprio bacharelismo desaparece, que ao menos dava uns toques de preocupação espiritual às novas gerações, substituído por um falso cientificismo apressado, de importação duvidosa, e que apenas serve para aumentar a pretensão dos que só cuidam em enriquecer depressa.

Em arte, estamos atrasados mais de meio século, e excetuado um pequeno núcleo de resistência agressiva, disso nem se cogita senão para a mais repugnante exibição de mau gosto dos novos-ricos.

Na política a abdicação foi completa, e a indiferença eleitoral aliada à fraude entronizada é um dos mais graves sintomas na patologia social, assim como o baixo servilismo aos governos, bons ou maus.

Dos grandes problemas modernos, que são as lutas entre o trabalho e o capital — únicas que dominam os partidos políticos nos povos civilizados — não cuidamos.

Perdemos a fé religiosa, e não a substituímos pela preocupação da miséria humana, muda e infinita, e que, como o primitivo cristianismo, está revolucionando o mundo.

Esse documento vale por um manifesto de partido político. Surpreendentemente, PP jamais se aproximou de qualquer agremiação política — em especial do Partido Democrático, fundado por seu pai, o conselheiro Antônio Prado — para fazer oposição a Washington Luís e ao Partido Republicano Paulista. Por ocasião de sua morte, muitos lamentaram que PP não tivesse podido exercer sua vocação política. Na verdade, ele não a possuía e nem teve veleidades nesse campo.

A Revolução de outubro de 1930 encontrou em PP um ardoroso adepto. Por vaidade — gostava de proclamar que a havia antecipado no *Retrato do Brasil* — ou por convicção, o fato é que aceitou a presidência do Conselho Nacional do Café, a convite de José Maria Whitaker, ministro da Fazenda do governo provisório de Getúlio Vargas. Sua passagem no posto foi breve: durou de 1931 a 1932. As razões de seu pedido de demissão nunca foram completamente esclarecidas, mas da leitura de um trecho de relatório do presidente do Conselho se depreendem motivações de ordem política. PP preferia uma ação de longo prazo, e o governo, pressionado pelas contingências, operava no dia-a-dia. Com isso, prejudicava a implantação do Departamento Nacional do Café:

Projeto do Conselho (talvez também o nosso)

Lastimam que não tenha sido discutido e realizado (ao menos em suas linhas gerais) o projeto do Departamento Nacional do Café, entregue há dois ou três meses, e sobre o qual se pôs pedra em cima (?). Agora contentemo-nos com os decretos últimos.

> Não fiz antes estas observações para não perturbar a ação do ministro, já tão preocupado com outros assuntos.
>
> Com a ação do secretário da Fazenda de S. Paulo, competentíssima e devotada, a minha presença é um estorvo ou uma inutilidade.
>
> O ministro e o Numa bem compreenderam que é indispensável uma unificação na questão do café, mas será vantajosa a entrega ao Conselho da venda dos estoques? Parece-me um perigo, que trará ao governo mil dificuldades. É este um ponto capital na solução do problema-café.
>
> As questões estão sendo resolvidas *au jour le jour*, sem nenhum espírito coordenador. Todos se esforçam: o ministro, o Numa, o Conselho. Só tem ficado de fora, e talvez felizmente, o presidente do Conselho.
>
> Não será preferível oferecer uma demissão que facilite a vida de todos?[10]

A convivência com as entranhas do governo colaborou para o rápido desencantamento do autor com a revolução na qual depositara as esperanças da redenção nacional. Perfila-se pela constitucionalização do país e se aproxima da posição dos políticos paulistas conservadores, que a defendiam tão intransigentemente a ponto de não evitar a guerra civil. PP, como Mário de Andrade e Antônio de Alcântara Machado, diretores da *Revista Nova*, estavam entre os intelectuais que apoiaram a revolução de 1932. Num de seus editoriais, também intitulado "Momento", a revista, que durou de 1931 a 1932, atacava o bonapartismo de Getúlio, chamado de ditador sem meias palavras. Esse texto em tom duro, que não leva assinatura, é da lavra de PP. Nosso autor então radicalizava.

Outro trecho inédito, de caráter confessional, revela o sentimento político de PP, dividido entre a decepção com a politicagem do governo e a necessidade de assegurar os meios de governabilidade do país:

> Sempre fui da extrema esquerda. Desde o *Retrato*. À vista porém do fracasso da revolução — ou antes dos homens da revolução — parece-me que o país ainda não estava preparado para reformas radicais — para a tábua rasa sobre a qual pretendíamos levantar o novo edifício do Brasil revolucionário. Temos de fazer uma contramarcha, que nos livre da guerra civil inevitável, ou das competições do militarismo tipo sul-americano. É a luta pelo que se chama a constitucionalização do país, é a luta contra a anarquia. Dentro dela tudo é possível, a própria modificação radical das estruturas política e social da nação. Não impomos idéias, não preconizamos reformas. Queremos simplesmente pôr em ordem os nossos negócios, e dar ao Brasil uma trégua que permita aos nossos homens públicos *administrar*.[11]

A autoproclamada filiação à extrema esquerda não encontrou até hoje qualquer comprovação ou indício. O secreto revolucionário Paulo Prado, pelo que se sabe, não militou na clandestinidade, não financiou golpe de Estado, não conspirou pela tomada do poder.[12] Sua posição romântica e ineficaz ilustra certa veleidade do empresariado brasileiro, que durou até as vésperas do golpe de 1964.

Glauber Rocha, ao realizar a autópsia desse momento pré-revolucionário em seu filme *Terra em transe* (1967), sintetiza com felicidade a breve flutuação do sentimento político nas classes dominantes. O diálogo entre Porfírio Diáz, o senador golpista, e Júlio Fuentes, dono do conglomerado de comunicações, ilustra com perfeição essa fantasia ingenuamente libertária. Quando Fuentes declara ser "um homem de esquerda", Diáz o interpela, advertindo que "a luta de classes existe". E arremata inquirindo: "Qual é a sua classe?".

***

A personalidade múltipla de PP desconcertava muitos de seus amigos e admiradores. Gilberto Freyre assim se pronunciou sobre o autor por ocasião de sua morte em 1943:

> Quem daqui a meio século estudar a personalidade e a vida de Paulo Prado se espantará decerto ao ver o seu nome associado ao mesmo tempo ao "movimento modernista" e ao Departamento Nacional do Café. É que Paulo Prado foi realmente um dos casos mais curiosos de dr. Jekill e mr. Hyde que já houve no Brasil ou que ocorreram no século XX.[13]

Geraldo Ferraz, o dedicado editor de *Província & Nação*, que enfeixava num único volume os dois livros de PP, também reconhecia a dificuldade de lidar com a figura ambivalente do "diletante" e do "militante". Diletante até 1922; militante a partir desse marco da história cultural do país. Lívio Xavier, em "Os dois Paulo Prado", diz que os autores de *Paulística* e *Retrato do Brasil* pouco se parecem. *Paulística* é "ideologicamente desprendido e voluntariamente seco, se bem que incisivo". Já o *Retrato* "é mais panfleto político do que um ensaio literário ou filosófico".[14]

A SEGUNDA *PAULÍSTICA*

A segunda edição de *Paulística*, surgida em 1934 por iniciativa do autor, que a mandou imprimir na editora Ariel, do Rio de Janeiro, incorpora textos escritos entre 1926 e 1931.

"O patriarca", que ilumina a figura mítica do primeiro paulista, João Ramalho, destacando seu exemplo exitoso de povoador, corrobora a tese da superioridade da mestiçagem, que gerou o mamaluco. É uma tentativa de "poetizar" os remotos e obscuros fatos, de perscrutar o passado, envolto em lendas e confusões de datas e nomes.

"Pires e Camargos" é uma cabulosa história que mescla adultério e questão de honra num romance histórico de paixão e ódio. Nesse folhetim, PP exerce sua perícia na leitura de documentos antigos para investigar fontes e linhagens, esclarecendo erros de datas e de cópia. O pano de fundo ideológico é na verdade o que conta: a afirmação da independência dos paulistas, que demandavam a autoridade real apenas para arbitrar suas disputas.

"Cristãos-novos em Piratininga" surgiu de uma polêmica provocada por Oliveira Vianna, que refutara afirmação do autor, lançada na primeira edição de *Paulística*, a propósito da influência judaica na formação de São Paulo. PP, que sustentara a polêmica em jornal em 1926, incorpora-a na nova versão do próprio livro que a suscitara. Esse diálogo interno enriquece o perfil da sucessão de narrativas históricas, além de, com discernimento, propor a supremacia das questões de ordem cultural sobre as de âmbito científico positivo. PP acredita que as evidências históricas e os traços culturais são suficientes para atribuir à presença judia, que se destaca pela adaptabilidade e capacidade de acumulação, uma parcela relevante na constituição do caráter do paulista.

"O caminho das Minas" é o resultado de uma encomenda de *O Jornal*, periódico de Assis Chateaubriand, que dedicou um suplemento especial ao estado de Minas Gerais, em novembro de 1929. Escrito à maneira de Capistrano de Abreu, destaca a posição estratégica de São Paulo, de onde partiam três caminhos em direção a Minas. Foram paulistas os colonizadores dos territórios mineiros. A abertura, feita pelo filho de Fernão Dias, do caminho direto ligando o Rio a Minas — a "obra antipaulista" — estabelece a riqueza da província das Gerais e, ao mesmo tempo, ajuda a enfraquecer São Paulo. Mas o refluxo é igualmente importante: são mineiros os que colonizam o interior paulista.

"O martírio do café" é um artigo escrito do ponto de vista das classes produtoras, por um membro ilustre e autorizado, com mais de trinta anos de experiência entre a produção local e o comércio internacional. Após o inventário dos inúmeros problemas que se acumulam sem solução, o destino do café parece irreversível ao analista: "mudar de terra". E a Colômbia já estava no horizonte desde 1925.

"Capistrano" é o elogio ao mestre, publicado logo após sua morte. Contido, mas sincero e comovido, o artigo relaciona as qualidades que tornaram o historiador cearense — "brasileiro do Brasil" — singular no panorama intelectual do país. "Criador de uma escola de história" que ultrapassava o saber livresco, Capistrano buscava reconstituir a pulsação de uma época, recorrendo à arqueologia dos fatos "até o detalhe pitoresco, palpitante, do viver quotidiano nas épocas passadas". Jacobino, cético, homem de pensamento, tais características já seriam suficientes para arrebatar a admiração de PP. Mas Capistrano de Abreu era, ademais, portador de um estilo seco, breve, direto, sem meias palavras e desprovido de ornamentos retóricos, bem ao gosto do autor do artigo, que com o mestre comungava da austeridade da escrita. A maior dívida, no entanto, era ter Capistrano despertado, em plena maturidade do discípulo, "o interesse pelas coisas brasileiras na sua multiplicidade".

O prefácio à segunda edição foi o último texto que PP escreveu. Datado de 1934, padece da memória recente da derrota da Revolução Constitucionalista e exagera o perigo do avanço do separatismo. Analisa a oposição entre o Norte e o Sul do país, entre a fonte de certa cultura sentimental brasileira e a geração do progresso material. E pergunta até quando irá durar a frágil unidade nacional, ameaçada pelo fracasso político das revoluções de 1930 e de 1932. O tom, com respeito a São Paulo, muda consideravelmente. Reconhece o autor que não vislumbrou em 1925 os sinais da recuperação política no bojo do progresso econômico. E que estes se apresentaram na hora do confronto com o governo central, recuperando o traço de independência que caracterizava o paulista primitivo. O prefácio da segunda edição de *Paulística* não é pessimista, como se acusou o *Retrato do Brasil*; é obra de um desencantado.

Lívio Xavier, intelectual trotskista, numa rara resenha da segunda edição, aponta as contradições do autor percebidas a partir da comparação entre os prefácios das duas edições e sua tendência irrefreável à moralização. Tem razão o crítico — em ambas as obras de PP predomina a palavra do moralista. Diz Xavier:

> Paulo Prado aparece assim como caso único nas letras brasileiras: grande escritor, não de profissão, mas, decerto, de vocação, deixou dois livros em que aparentemente se desdiz: *Paulística*, livro objetivo e de estudo, e *Retrato do Brasil*, onde pôs o seu veneno. É verdade com a intenção de endireitar a sua terra. Praza aos céus que o seu exemplo encontre imitadores.[15]

José Geraldo Vieira, o romancista de *A ladeira da memória*, viu em *Paulística* "o romance duma tribo patriarcal, a vida heróica dum povo ou dum clã inicialmente nômade".[16]

Para Nelson Werneck Sodré, *Paulística* é "um trabalho de entusiasmo, de clareza, de exposição corrente, de reconstituição apegada às coordenadas que a pesquisa fornecia, feito muito mais de elementos criadores, e até mesmo otimistas", em que seu autor foi estimulado pelas descobertas que a pesquisa proporcionava.[17]

TEXTOS INÉDITOS

Os textos de PP inéditos em livro foram reunidos na segunda parte deste volume, intitulada *Etc.* Constituem um apêndice, um prolongamento, que o leitor visitará na medida de sua curiosidade pelas outras áreas de interesse do autor. Foram agrupados em capítulos dedicados a um tema e variações.

O capítulo "Outros retratos do Brasil" trata de política e história nacional, com olhos de observador deslocado do centro, isolado em sua província. Nos textos enfeixados em "Tradição e modernismo", PP explicita seu ponto de vista a favor da rápida modernização cultural de São Paulo e do país, que se faz necessária para atingir alguma independência de pensamento e criação. Essa atitude, francamente iconoclasta, serve-se com freqüência de um senso de humor muito particular, que tanto valoriza a insolência demolidora de Oswald de Andrade quanto o esforço de enraizamento de Mário de Andrade. Os textos do capítulo "Café & borracha: jogo de tolos" são escritos do homem de negócios, com traquejo internacional, que vislumbrava os equívocos da política econômica então praticada e advertia a classe produtora e o governo para o desastre que se aproximava. E que se instalou antes mesmo da crise de 1929.

Outros retratos do Brasil

No prefácio a *Joaquim Nabuco — Esboço biographico*, de Henrique Coelho (1922), PP mostra a ironia que vitimava os intelectuais brasileiros que precisavam ir à Europa para de lá descobrirem a própria terra. Antes dele, a geração de Nabuco; depois da sua, a de Oswald. Por esse motivo, o prefácio é uma espécie de antecedente de outro, mais conhecido e admirado, o prefácio à poesia *Pau-Brasil*. Por artimanhas do uso de paradoxos, PP investe ainda contra um de seus principais desafetos: a incompetência nacional. "Neste país não há o culto da incompetência, porque não há o culto de coisa nenhuma, mas há sim — e esse vivaz e agressivo — o horror à competência."

Os textos seguintes, todos eles editoriais da *Revista do Brasil* escritos em 1923 e 1924, falam com ironia do despreparo dos paulistas — e dos brasileiros — para enfrentar os desafios contemporâneos. E da satisfação daqueles com sua mediocridade bonachona, irresponsavelmente satisfeitos em realizar lucros. Todos imersos no excesso de política, que atende aos grupos encastelados, mas se esquece do interesse coletivo. São textos de militância social e política. Em "República da camaradagem", PP sintetiza o pensamento:

> Todos esquecem que nesta terra só existe realmente, empolgante e irredutível, uma única questão — a questão política. Dela decorrem todas as outras, como as criaram o romantismo da monarquia e o arrivismo da república. O céu e o solo benignos livraram-nos da grande questão por que hoje se bate o mundo inteiro — a questão social. [...] Só a restauração estrepitosa da verdade do voto poderá restituir à imensa maioria dos que pagam e sofrem os direitos perdidos pela indiferença e pelo absenteísmo. [...]

Por essa época, março de 1924, PP ainda acreditava numa solução sem ruptura, que abandonará no *Retrato do Brasil*. Esses momentos editoriais foram de verdade o laboratório em que se formulou a consciência política do autor, que se manifestará principalmente no "Post-Scriptum" do *Retrato* e nos prefácios de *Paulística*.

O conjunto que sucede a ênfase política é dedicado ao resgate em 1926 de uma carta de Anchieta, escrita em 1579, na época à venda num antiquário de Londres. Capistrano de Abreu informara o amigo rico da existência dessa preciosidade no final de 1922,[18] mas só quatro anos depois PP promove uma campanha pública para obter os fundos necessários à compra. Tal procedimento da parte de quem possuía as 210 libras esterlinas suficientes ao leilão da carta suscitou a Mário Guastini ("Stiunirio Gama") interpelação das reais intenções de PP ao encetar a campanha pelas páginas do tablóide *terra roxa e outras terras*. PP fez dessa compra um gesto simbólico de valorização dos raros documentos históricos de São Paulo ("Confesso a minha fraqueza pelas coisas do passado") e conclamou os fazendeiros a doarem sacas de café. O valor da carta era equivalente a apenas trinta sacas de café. E assim foi levantada a subscrição conforme relatou *terra roxa*.

Na síntese particular de PP, a conquista da consciência política passava pelo conhecimento histórico. O retorno da carta de Anchieta, 347 anos depois de ser enviada, tinha a intenção didática de esclarecer e sensibilizar a boa sociedade paulista no percurso do histórico ao presente. "É o documento de família que dá à cidade moderna o atestado de longa ascendência que não possuem os novos-ricos", disse ele, acentuando o cunho aristocrático. "Só no culto dessa paixão [pela história] conseguiremos compreender e realizar integralmente a consciência social, artística e intelectual do nosso HOJE." Eis a perfeita síntese de pensamento e ação de PP, que infelizmente frustrou as expectativas de seu proponente quanto à sensibilização para a militância de seus companheiros de classe. No entanto, não faltaram à convocação os jovens modernistas: Alcântara Machado publicará em 1929 um estudo histórico sobre Anchieta.[19]

O grupo de textos que sucede a evocação de Anchieta tem como eixo a busca do caráter nacional no brasileiro e no povo brasileiro. "Vai nascer o Brasileiro", "Onde estava o povo brasileiro?" e "O descobrimento" investigam o surgimento da nação e do povo que a constitui. As várias descobertas do Brasil se sucedem no processo de libertação do primitivismo e do estrangeirismo. O estético e o histórico estão imbricados: o primeiro é a cristalização formal do segundo. Com a eloqüência visual de uma iluminura, PP revê nas lutas contra os holandeses a "afirmação de novo tipo racial transformando-se em entidade política, na inconsciência de um nacionalismo nascente". "Vai nascer o Brasileiro", assim com maiúscula, é o bordão que ouvimos no meio do alarido do monte das Tabocas. Trágico é ainda continuar a ouvi-lo quando Ronald de Carvalho lançava em 1926 seu livro de poesia *Toda a América*.

O tema que encerra esse capítulo é o do ressentimento dos paulistas com a traição revolucionária de Vargas, que protelava a redemocratização do país. Em "Duas vezes 32", PP evoca a chegada de Martim Afonso à capitania de São Vicente, em que dispôs de elementos de civilização: fundou cidades, nomeou autoridades e implantou um germe de justiça e ordem, em 1532. Quatrocentos anos depois, em 1932, as garantias constitucionais estavam suspensas, o que configurava uma regressão intolerável. Em "Tem a palavra a palavra" o objetivo é desmascarar o discurso do "Ditador", assim proclamado sem meias palavras, por um autor que não assina o editorial da *Revista Nova*. A tradição nacional é a do discurso retórico, "da mania paroleira", tão vazia quanto eloqüente, que nunca retirou o país do plano da inação. Afastando-se do estrito programa liberal, PP critica a promessa contida no decreto que marca as eleições dos constituintes para o ano seguinte. E denuncia a crença de que a solução das mazelas acumuladas sairá de um mero processo formal — "a Constituição é a panacéia" — sem uma profunda reforma das consciências e práticas políticas.

Tradição e modernismo

O capítulo dedicado à atuação modernista de PP é revelador de um programa consistente de atualização estética, de que se conheciam apenas os aspectos divulgados pelos artistas dessa vertente. A discrição de PP não ajudou os pesquisadores a atribuir-lhe devidamente sua parte nesse patrimônio; nem ele era artista nem dava maior importância a sua vocação de escritor e de crítico, conforme nos dizem os dois Andrades nas cartas inéditas presentes neste volume.

No entanto, havia sobrevivido ao esquecimento o notável prefácio ao livro de poesia *Pau-Brasil*, de Oswald de Andrade. Quando em 1972 se promoveu a revalorização desse escritor, com a republicação de sua obra completa, num processo em que se envolveram Mário da Silva Brito, Antonio Candido, Paulo Emilio Salles Gomes, José Celso Martinez Corrêa, Haroldo de Campos, entre outros, emergiu esse texto que chamou imediatamente a atenção pela sua agudeza crítica, intacta após cinco decênios.

No capítulo "Tradição e modernismo", que engloba a produção de PP dedicada exclusivamente à defesa do modernismo, surgem elementos que comprovam a articulação dos aspectos históricos com os estéticos, convergindo para um nacionalismo de extração combinada. Há ainda nessa militância um aspecto que não deve ser menosprezado: o caráter ecumênico e lúdico do proselitismo, de que conhecíamos os poemas-piada de Oswald. PP era o denominador comum entre grupos do Rio e de São Paulo, entre gerações, a sua e de Graça Aranha e a dos jovens modernistas — um quarto de século mais novos —, entre intelectuais autênticos e uma fauna divertida de plumitivos acadêmicos. Esse ecumenismo se exerce em torno da mesa de almoço dos domingos na residência da avenida Higienópolis, 31, que apresentava cardápio brasileiro. PP, um notório deprimido, apreciava uma reunião movimentada e, sobretudo, a alegria proporcionada por figuras tão díspares como Oswald de Andrade e Leopoldo de Freitas.

"Arte moderna, da coisa bela" é uma carta a René Thiollier, que PP havia convencido a assumir a organização da Semana de

Arte Moderna com seu aval. A tentativa de conquistar o amigo para a causa da arte moderna revela-se tarefa inglória. No processo de sedução, aproveita para defini-la: "sem escolas", "sem preconceitos", "aberta a todos", "livre", mas com "os encantos de mocidade alegre e revoltada". O escritor cinqüentão via nela um alento, um "sopro vivificador", de "renovação e liberdade". Para não ameaçar o convencional Thiollier, essa renovação se faria no modo evolutivo, sem renunciar aos ícones do passado — Barrès, Bellini, Keats —, desde que preservada a beleza da arte.

Em "Crise de crescimento", PP ataca uma de suas bandeiras preferidas, o bovarismo paulista. "Dessa enganosa ilusão originou-se a veleidade de São Paulo-nação", com o predomínio do mau gosto, do clichê, da cultura embolorada. Aponta o descompasso entre o desenvolvimento econômico e o espiritual e recebe a adesão entusiasmada dos jovens redatores da revista *Klaxon* (ver p. 299).

"Brecheret e a Semana de Arte Moderna" demonstra a precoce consciência do autor sobre a importância histórica da Semana de 22, um ano após sua realização: "A Semana de Arte veio revelar ao deserto do nosso mundo lunar que uma nova modalidade do pensamento surgira como uma grande Renascença moderna". Exagero à parte, relaciona o movimento artístico aos outros elementos da sociedade: economia, política, renovação dos costumes, num processo que visa a eliminar os renitentes anacronismos. A consagração de Brecheret no Salão de Outono de Paris em 1923 é a prova dos nove, "a melhor e mais inteligente informação sobre o que vai ser o Brasil moderno".

Em "O mal literário", de abril de 1924, PP investe contra a literatura de importação. Enquanto hospedava Blaise Cendrars (1887-1961), o avalista estrangeiro do esforço modernista, PP já saudava Oswald, sem mencioná-lo, por seu "Manifesto Pau-Brasil", recentemente publicado, o mais eficaz antídoto contra "nosso indestrutível mal literário". Para o autor, o momento comportava uma metáfora lúbrica, no estilo dos primeiros cronistas, para descrever a ebulição do ambiente nacional, no qual irrompia a "poesia Pau-Brasil" — "toda a vida desordenada da terra nova e rica, puberdade ardente, oferecendo-se à fecundação do primeiro desejo...".

No famoso prefácio à poesia Pau-Brasil (inicialmente publicado em 1924 na *Revista do Brasil* e depois revisado para o volume de Oswald, de 1925), PP filia o jovem poeta a gerações anteriores — de Nabuco, Eduardo Prado, Rio Branco e a sua própria —, por ter descoberto em Paris o ardor do país. Intui o caráter normativo dessa escola — a "poesia Pau-Brasil é, entre nós, o primeiro esforço organizado para a libertação do verso brasileiro" e potencializa o caráter transformador da "nova língua brasileira, que será como esse 'Amerenglish' que citava o *Times* referindo-se aos Estados Unidos". Repetindo o que dissera a René Thiollier na carta mencionada, PP deixa de lado estrategicamente o moderno — com vista a desarmar os espíritos resistentes — para celebrar "simplesmente poesia com P grande, brotando do solo natal, inconsciente. Como uma planta". Antes de ser o programa Pau-Brasil, é a antecipação da sensibilidade da Antropofagia, assim como *A negra* (1923), de Tarsila, materializou num mesmo vislumbre ambas as escolas do casal Tarsiwald.

A dívida de Oswald com PP ficou enorme por conta do prefácio. A dedicatória original em *Pau-Brasil* era "Ao meu amigo e chefe político Paulo Prado", substituída no prelo por "A Blaise Cendrars, por ocasião da descoberta do Brasil". Há certa ironia nessa dedicatória não-consumada de Oswald, pois ela se prestaria igualmente a Washington Luís, político proeminente e historiador amador, padrinho de seu casamento com Tarsila. Em outra oportunidade, na página de rosto do exemplar de *Primeiro caderno do aluno de poesia Oswald de Andrade*, ele renovará seu débito numa dedicatória manuscrita: "Ao Paulo Prado PRIMEIRO PATERNO PROTECTOR DA POESIA NACIONAL, *poète lui-même* — Oswald de Andrade *poète lui-même*".[20]

O artigo dedicado à conferência de Cendrars em junho de 1924 foi escrito de dentro do acontecimento, por quem o promovia. Publicado em *O Estado* no dia da palestra, revelava uma crescente familiaridade adquirida em infindáveis conversas nos quatro meses em que hospedava o poeta de *Kodak*. PP descreve-o possuidor do "dom terrível da simpatia" e, como ele, adepto do *Pau-Brasil*, pois "adora o Brasil brasileiro". Aproveita o tempo do leitor para ministrar-lhe mais uma lição de arte moderna, cuja "principal característica" é a "criação, ou antes invenção, de equivalentes da natureza; o mais é fotografia". Nesse texto de afirmação conceitual, de proselitismo e de provocação, o autor referenda, como faria naquela noite o conferencista ilustre, a ascensão da "nossa admirável Tarsila do Amaral" ao nível dos grandes estrangeiros.

Em "Espírito moderno etc.", de 1926, rápida resposta à *enquête* de Peregrino Júnior, PP descreve o movimento como processo de atualização permanente, sem estratificações. Nossos modernistas já vão se tornando clássicos e serão seguidos por outros mais modernos, e assim sucessivamente. E, para desmistificar a novidade ao jornalista neófito, afirma que o "espírito moderno" remontaria a Luciano de Samosata, o primeiro a defender seu bem mais precioso: a perspectiva crítica.

Encerra esse capítulo outra carta, escrita como resenha à publicação de *O homem na galeria*, do amigo René Thiollier, e publicada em agosto de 1927. No texto que aqui recebeu o título de "Brasileiro universal", PP adverte os modernistas sobre a necessidade de voltar a dialogar com a Europa e o humanismo para não ficarem prisioneiros da caricatura primitivista. Propõe o retorno ao padrão clássico, depois do excesso provocado pela reação ao movimento Pau-Brasil, por seus êmulos, reunidos em torno do verde-amarelismo. Recomenda à turma de Plínio Salgado a "lição de modéstia" que o conservador Leon Daudet identificara no humanismo dos clássicos. Modéstia de estilo, que ele sabia praticar a seu modo.

Café & borracha: jogo de tolos

No capítulo "Café & borracha: jogo de tolos", encontram-se os artigos de intervenção do comerciante de café. O primeiro deles, "O convênio franco-brasileiro", de 1920, é uma pormenorizada explicação dos mecanismos desse convênio e da participação de PP em sua origem.

A polêmica surgiu quando o presidente Epitácio Pessoa, após o fracasso da missão diplomática brasileira na Conferência de Paz, em Paris, declarou que PP era um intruso nos negócios do convênio. Tal afirmação repercutiu no Senado e na imprensa com intervenções de Irineu Machado, Olinto de Magalhães e do comendador Ferreira Botelho, dono do *Jornal do Commercio*. PP retrucou, de início, com uma declaração polida: "as asserções de S. Exa. não são rigorosamente exatas". Como não surtisse efeito, fez publicar o artigo referido em mais de um jornal.

O "Convênio Franco-Brasileiro", iniciado em 1916 com a compra de 250 mil sacas de café pelo governo francês por intermédio da Cia. Prado-Chaves, foi pacientemente negociado na França durante o ano de 1917 por Paulo Prado, que se beneficiou das relações privilegiadas de Graça Aranha. Firmado a 3 de dezembro de 1917, assegurava a compra, pelo governo francês, de dois milhões de sacas de café, o que desafogava o estoque brasileiro, que se acumulara em vista das dificuldades do comércio internacional, prejudicado pela guerra na Europa. Em troca, o Brasil arrendava aos franceses, por 110 milhões de francos, trezentos navios alemães apreendidos em sua costa, com capacidade de 250 mil toneladas. O Brasil vendia também milho, açúcar, feijão. A operação não implicava transferência de dinheiro sonante; ela se dava por compensação da dívida brasileira na França. Segundo Paul Claudel, Encarregado de Negócios da França no Brasil, essa solução, proposta por PP, era "brilhante". Não havia necessidade de os países envolvidos converterem suas dívidas em libras ou dólares. O governo brasileiro pagava seus credores em moeda local, e o mesmo faria o governo francês.

Em janeiro de 1918, uma declaração do novo governo brasileiro, que acabava de tomar posse, denuncia o convênio como lesivo aos interesses do país. O pretexto evocado foi que o diplomata brasileiro em Paris não havia participado das negociações entre os países, conduzidas por PP. Este, como membro da Comissão de Valorização do Café do governo de São Paulo, não teria procuração para negociar em nome do país. Por trás dessa manobra, havia a pressão do governo americano, que não se conformava com o acordo desenhado por Claudel-Prado, que lhe tirara o acesso à frota alemã apreendida nas costas brasileiras. Alegava dela necessitar para o transporte de tropas americanas, material de apoio e inclusive comida para a própria França, esgotada pelo esforço de guerra.

O sucesso dessa complexa operação deve-se a um talento que supera o do tarimbado empresário. "Sempre desejei ser diplomata, mas diplomata de verdade, de país com encrencas diplomáticas", escreveu PP em carta, ainda inédita, a Mário de Andrade, datada de 21 de março, possivelmente de 1928. Mirando sempre na geração do tio Eduardo Prado, PP agora se vê refletido no espelho de Rio Branco.

Em "O café na Colômbia" e "O café e a valorização", ambos de 1925, antecedentes de "O martírio do café", o autor relata a situação então economicamente privilegiada daquele país. A política de valorização, praticada pelo governo brasileiro, na verdade ajuda a Colômbia a vender seu produto e a consolidar e ampliar sua posição no mercado internacional, do qual já detinha um quarto. E constata a inconsciência dos colegas: "O fazendeiro paulista é certamente um homem satisfeito e que ignora os seus concorrentes". Ao criticar a permanência de mecanismos que deveriam ser transitórios, PP adverte que, se até então a valorização funcionara, ela não podia perdurar, sob pena de o Brasil perder posições para a Colômbia no mercado internacional. Como se sabe, seu alerta não foi considerado.

Em "O drama da borracha", a pretexto de comentar a morte de sir Henry Alexander Wickham, PP fala do desastre de um país incapaz de agir preventivamente, que fica apenas na retórica e vai perdendo mercados. As autoridades brasileiras concluíram que a retração da borracha da Amazônia foi uma lição. "Será aproveitada?", indaga desconfiado.

No entanto, a lucidez de PP, da qual ele próprio se orgulhava, era na realidade uma ilusão, com a marca inevitável da impotência. Sua maior previsão — a de que a República Velha cairia por uma revolução — tornou-se fonte de desencanto pelo desvirtuamento político e pela pequenez no trato dos problemas nacionais. Por esse motivo, Blaise Cendrars dedicou-lhe o volume *Le Brésil*, de 1952, com as palavras: "Cansado de ter razão, morreu de tédio".

Após a publicação da segunda edição de *Paulística*, em 1934, PP retira-se para uma vida silenciosa, da qual deixou poucos traços. Não mais o animavam os concorridos almoços de domingo. O grupo modernista havia se dissolvido. Nem as viagens anuais a Paris, por conta de negócios e questões familiares, o estimulavam. Num cartão postal enviado a Mário de Andrade em 1936, confessa: "Isto aqui não vale a pena. Viva o Brasil!". No final de 1939, sofreu um enfarte que o confinou ao Rio de Janeiro. Parecia um homem fulminado.

A influência que exerceu, especialmente na geração modernista, manifestou-se por ocasião de sua morte, em 1943. No enterro, carregaram o caixão Oswald de Andrade, Brecheret, Di Cavalcanti e Menotti Del Picchia. Di Cavalcanti declarou então: "Paulo Prado representa no movimento intelectual do Brasil um marco divisório. Ele compreendeu o que vai ser o grande Brasil, os outros se iludiram. Para nós, do movimento de 1922, sua palavra era uma palavra de ordem".[21]

Cândido Mota Filho, modernista e biógrafo de Eduardo Prado, publicou uma acurada nota fúnebre em que dizia:

> Não só era um dedicado estudioso da formação brasileira, de nossa íntima angústia de existirmos como povo triste numa terra radiosa, mas era daqueles que punham suas últimas e melhores esperanças no despertar do Brasil como um mundo novo. Na sua amargura, amargura que jamais escondeu, estava a sua insatisfação e seu desejo de ver o país vencer-se a si mesmo.[22]

Geraldo Ferraz, romancista de *Doramundo*, num texto de 1972, não esquecera o efeito da presença de PP:

> A dominadora personalidade criava uma aura de sedução pela palavra nítida e precisa, pela sugestibilidade de uma atenção de quem sabia ouvir, pela vivacidade com que continuava um raciocínio apenas enunciado e o desdobrava, sem precipitação e sem qualquer tonalidade de suficiência. Era um intelectual de uma palestra envolvente em que jamais descobrimos a ênfase que a sua estatura mental, no meio, poderia ostentar. Uma figura impressionante.[23]

A RECONSTITUIÇÃO DO TEXTO

O estabelecimento do texto partiu dos originais da primeira edição, localizados no arquivo do escritor, em posse de seus familiares. Outra fonte foi a segunda edição do livro, última tirada em vida do escritor. A principal decisão do organizador, que se refletiu em todo o trabalho posterior, foi a opção pelas citações na língua colonial, mantendo o sabor do escrito antigo. Ela pareceu a mais adequada para o livro que constatava a importância da escrita dos documentos em textos como "Fernão Dias Pais".

As conseqüências logo se fizeram notar. As flutuações de grafia ocorrem muita vez num mesmo trecho, o que torna o controle das transcrições particularmente difícil. Além disso, foi necessário localizar as fontes, tarefa não trivial, em vista da ausência de indicações. Nem sempre a cópia utilizada pelo autor foi a mesma que os pesquisadores encontraram.[24] A coleção de transcrições de PP desapareceu. Talvez seja ela um dia localizada num desvão da Biblioteca Mário de Andrade, em São Paulo, que herdou seus livros.

Meticulosa, paciente, demorada, a localização e a comparação das fontes citadas durou mais de ano. E não foi totalmente cumprida. Exemplo: uma citação, referente à descoberta de Marcos d'Azeredo, publicada na *Revista da Faculdade de Direito de Lisboa*, não pôde ser cotejada — o exemplar da Biblioteca Nacional, no Rio de Janeiro, estava indisponível. Apesar disso, o saldo é positivo: poucas transcrições divergiram substantivamente da cópia do autor, acarretando um mínimo de alterações no texto.

A inclusão das produções inéditas em livro não afetou o projeto de *Paulística*. Quem se debruçar nos critérios do autor para ampliar a primeira edição encontrará, nesta, os mesmos princípios de assimilação e complementaridade. Além disso, esses novos textos constituem um adendo, elemento à parte, que não afeta o leitor do livro de PP.

A oportunidade de divulgá-los era por demais tentadora. Os conteúdos que exibem acabam por precisar a personalidade intelectual desse homem tão raro quanto discreto — um brasileiro de São Paulo. E, se a publicação desta *Paulística etc.* jogar luz sobre seu autor e as contradições do contexto político e artístico em que viveu em sua província e seu país, terá valido o esforço.

Carlos Augusto Calil

As notas do autor, indicadas por *, estão dispostas nos pés de página. O mesmo ocorre com as traduções de termos estrangeiros empregados por PP, marcadas com ♦. Eventuais intervenções do organizador estão contidas entre colchetes. As notas do organizador aparecem numeradas e vêm estampadas após o último texto de "Etc.".

Paulística
História de São Paulo

Prefácio à 2ª edição

Este é um livro de estudos regionais. Nele aparecem as figuras típicas da história paulista: o português aventureiro, o mamaluco, o jesuíta, o piratiningano — conquistador e povoador — e o fazendeiro. Apenas as últimas páginas exprimem uma homenagem reconhecida ao Mestre e Amigo[1] que consentiu em inspirar e acoroçoar estes modestos trabalhos. Tudo o mais se refere à história de São Paulo.

Na indagação do passado, cada dia aumenta o interesse particularista pelos seus períodos fragmentários. Diante da complexidade dos fenômenos e da mole formidável das informações que a erudição e os documentos acumulam — até chegar às relações de causalidade —, no emaranhado de textos, de leis, de fatos, de anedotas, a base da reconstituição desse passado está certamente no exame analítico das parcelas que constituem o todo. Seja qual for o processo da indagação histórica — idealismo ou materialismo — não se pode, entre nós, compreender a história do Brasil sem conhecer a história de São Paulo, assim como a da Bahia, ou de Pernambuco, ou de Minas. Foi diante dessa tarefa gigantesca que recuou a honestidade intelectual de Capistrano; preferiu ser o operário minucioso e incansável a erigir em areia incerta uma catedral disforme.

Cada povo que pretende ser mais do que uma simples aglomeração humana deve possuir o seu patrimônio histórico. Nele se vão inspirar as forças vivas e palpitantes da sua atividade atual, e nele se estabelece o critério da utilidade, que transforma em política — na acepção aristotélica da palavra — os ensinamentos da filosofia da história. É a explicação e desculpa das preocupações do passado, que a muitos parecerá puro luxo intelectual, ou mero narcisismo patrioteiro.

Não falta a São Paulo o legado dessa riqueza ancestral. No conjunto da formação do país se destaca a sua história regional com uma peculiaridade notável e que os séculos têm transmitido de geração em geração, com vicissitudes várias, mas sem solução de continuidade em relação a certos atributos, ou certa feição específica. Nem lhe faltou esse *Epos*, de que falava Martius:[2] aí, a imaginação dos homens criou, em torno dos fatos que o tempo deforma e apaga, as formas mais sedutoras do seu poder fantasista. Mistério das origens, nos homens que primeiro desembarcaram nas praias solitárias; poetização do dinamismo formidável da raça; lendas que o medo e a calúnia formaram e que se transformaram, no decorrer dos séculos, em culto dos heróis; tragédia do seu desaparecimento pelo próprio excesso do esforço; ressurgimento das mesmas virtudes e dos mesmos vícios em épocas diferentes e em diferentes condições. Assuntos em que a deficiência de documentos permite, com mais liberdade, a reconstituição do passado, pela ignorância que simplifica e clareia, e que é, como dizia o ensaísta vitoriano, um dos requisitos do perfeito historiador...

Todo esse esplêndido e turbado século XVI é para São Paulo, em sua quase totalidade, um mistério, com uma parca e suspeita documentação, iluminando por vezes alguns recantos da paisagem histórica, para deixar em seguida, e em vácuos de sombra, dezenas e dezenas de anos. As indagações formuladas, há anos atrás, continuam sem solução, apesar dos esforços exaustivos de alguns pesquisadores, como no monumental *Diário de Pero Lopes*, de Eugênio de Castro. Desde os primeiros anos do século sabemos que viviam no litoral da futura capitania vicentina grupos de brancos mercadejando com as naus que vinham buscar escravos ou passavam procurando refresco. Continuamos a ignorar quem era essa gente. Náufragos? Aventureiros ligados às grandes casas de negócio da Europa? Sentinelas avançadas na conquista econômica do Novo Mundo? Quem eram os quatrocentos homens da frota colonizadora de Martim Afonso?... "Eu trazia comigo alemães e italianos, e homẽs que foram a India e francezes", diz o *Diário*.[3] Da tripulação, porém, nem mesmo sabemos vinte nomes, não contando, é certo, com as fantasias dos genealogistas. O próprio donatário, fidalgo de menos de trinta anos, surge na história do Brasil, numa missão que durou três anos, para depois desaparecer nas guerras e traficâncias da Índia, onde melhor se expandia o seu dinamismo de príncipe do Renascimento, guerreiro e negocista. Pouca importância ligou à sua selvagem donataria. Ao conde de Castanheira, que lhe pedia um pedaço dessa terra, respondia displicentemente: "mandea tomar toda ou ha que quiser quesa sera pera mym ha mayor merce he a mayor onra do mundo".[4] Nessa humildade, começava a história paulista.

Achou-se logo São Paulo integrado e isolado ao mesmo tempo na evolução do povo brasileiro. Os antecedentes étnicos do complexo social, o subconsciente coletivo das diferentes gerações — elementos de formação e elementos de crescimento num meio propício — deram-lhe logo a especificidade que o caracterizou durante o seu processo evolutivo, e onde Oliveira Martins já divisava os rudimentos de uma nação.[5] A influência paulista teve uma função catalítica, mas de intensidade variável, na constituição da unidade nacional. Depois do papel decisivo que os piratininganos representaram na expansão geográfica, em seguida a esse apogeu de esforço e conquistas, São Paulo entrou no completo apagamento que foi a última metade do século XVIII. Extinguia-se de todo a chama ardente da antiga independência e altivez. Vieram os governadores-fidalgos. Os paulistas conheceram a ignomínia de serem governados — durante dezessete anos — pelo comandante da praça de Santos, e a capitania passou a simples comarca do Rio de Janeiro.

Pouco nos valeu a coincidência da proclamação da independência na pequena cidade provinciana de 1822. A história se fazia na corte. Gente de ação, desconfiados e retraídos, os paulistas não brilharam nas lutas do parlamentarismo. Apenas alguns vultos sobressaíram, pelo acaso das circunstâncias e pelo valor excepcional. Mantinham, porém, a influência do torrão natal nos acontecimentos políticos. E assim tivemos a Regência, o Segundo Reinado, a Abolição, a República, o Café, a Revolução: acontecimentos miliários na história do Brasil, e etapas também da história de São Paulo.

Esta história, às vezes interrompida, vai São Paulo recomeçá-la neste momento angustioso. Nela sobressai desde logo a continuidade de ação, ressurgindo em retornos inesperados, como que ao contato do seu patrimônio histórico: influência da Terra e dos Mortos, segundo a fórmula barresiana.[6]

O autor deste livro confessa ter cometido um grande erro, não esperando pacientemente o desenrolar dos fenômenos no cadinho em que se processou a evolução histórica da antiga capitania. Não viu que no paulista do século XX amadurecia a mesma semente que antes o fizera escravizador de índios, buscador de ouro, chefe de bandos armados, desbravador de sertões, plantador de café, novo-rico, grileiro, e, no fundo desse ímpeto racial, a persistência da febre de novas empresas, o mesmo anseio de expansão mal calculada, indo até à ruína e ao desespero. Não reconheceu, no aparente anulamento das virtudes cívicas do piratininganos, a mesma hibernação que já assinalara no sinistro período dos governadores do século XVIII. O paulista, seduzido pelo enriquecimento rápido, alheio às preocupações dos negócios públicos, parecia gente conquistada, submissa na sua ruminação satisfeita e que só um excesso de injustiça pôde acordar e transformar.

O ressurto paulista vem coincidir com o período mais grave por que tem passado o país. A Revolução, nascida numa atmosfera carregadíssima de retórica, gastou as melhores intenções de reforma e depuração nas campanhas do personalismo. Adiou a solução de quase todos os problemas que entravam a vida nacional. Nenhum deles entrou numa fase resolutiva, apesar das facilidades da autarquia dominante. Ficam entregues ao futuro duvidoso e à grande incógnita que é a elaboração étnica, em que ainda mal se fixaram os resultados das transplantações híbridas e das confusas mestiçagens. Raças de transição, perigosas e incertas, nas quais pouco podemos confiar. Não são dignas do benefício das colheitas — dizia Rathenau[7] —: servem, passam, e em seguida se atiram ao monturo...

Nesses momentos turbados as crises são tão nocivas para as coletividades, como as transformações bruscas do corpo humano, na vida dos indivíduos. A falta de sincronização já é sensível no lento evoluir da formação nacional. Os tempos correm vertiginosamente. Cada dia, cada hora, assinala um desequilíbrio entre a realidade e a imaginação dos homens desajudados dos instrumentos de previsão a que chamamos otimismo ou pessimismo. Nas mutações da civilização, neste crepúsculo de partidos, de regimes e de classes, os povos se resignam a novas responsabilidades, a novos trabalhos, a novas inquietações. O mecanismo nas indústrias, o advento das massas, as transformações da família, o telégrafo, o telefone, a T.S.F.,◆ o cinema, alteraram fundamente as condições de vida das sociedades, das finanças, do comércio, da política:

◆ Abreviação de telegrafia (ou telefonia) sem fio.

o mundo de 1934 difere tanto do mundo de 1850 como este do mundo da Idade Média. Nesta confusão babélica, em véspera de uma catástrofe mundial que parece inevitável, o Brasil perora. O fascismo, o comunismo, as velhas democracias, lutam pela partilha do mundo, à moda romana, e nós endeusamos, em belas frases, a Liberdade, "essa rainha do mundo", como no tempo de Pedro I. Discursos, discursos, discursos... Palavras.

De um lado, o imenso perigo das ideologias obscuras, dos teoristas crus de que falava o velho Antônio Carlos a Evaristo; de outra parte, o saudosismo do Império empalhado, com as discussões acadêmicas de 89 — do nosso 89. Ou, então, o pessimismo incurável dos revolucionários de boa-fé condenados a governar, na frase de Nabuco, e a gerontocracia, praga da política francesa, que nos trouxe à ruína e à anarquia, sem ter pago as suas culpas. Quadro sombrio, ainda mais impressionante pelo esplendor da natureza e pela mina inexplorada que a terra esconde.

A hipocrisia e a covardia não conseguem, entretanto, afastar das atuais preocupações o problema magno de nossa formação — a questão da unidade nacional. Norte contra Sul, Litoral contra Interior, como conciliá-los na mesma estrutura rígida de uma constituição política, ou nas fórmulas de um programa de partido? Não é a primeira vez que surgem, entre nós, focos de separatismo. Em 1824, a Confederação do Equador conseguiu reunir a adesão dos estados do Norte, de Alagoas ao Ceará, num grande movimento em favor da federação e da república. Em 1838, o manifesto do presidente da República Rio-Grandense declarava "desligado o povo rio-grandense da comunhão brasileira, reassumindo todos os direitos da primitiva liberdade, e constituindo-se em República independente". Menos importantes foram a revolução federalista baiana, de 1833, e a de Santa Catarina, em 1839, que proclamou a República Juliana. A magnanimidade dos governos e dos chefes militares, entre os quais sobressai a figura de Caxias —

e o bom senso da raça —, conseguiu em prazo mais ou menos longo dominar todos esses movimentos.

O fermento, porém, existe e sempre reaparece na história do país cada vez que a incompreensão, a má-fé, ou a ambição mesquinha intervêm, fora da lei, na direção dos negócios regionais. É como que um gesto de mau humor e uma repulsa instintiva, o que, de certo modo, corrige os abusos de poder que as circunstâncias permitem. Nessas reivindicações separatistas há uma questão econômica — inelutável no critério materialista da história — e há uma outra, sentimental. São forças agindo em sentido oposto, e é com o equilíbrio assim mantido que se tem conservado a milagrosa unidade política, fraca, tênue, periclitante, mas resistindo a todos os ataques.

Da sentimentalidade, tem-se aproveitado o Norte. É ela que dá à vida nacional o encanto de uma poesia heróica, de um folclore e de uma música em que todos reconhecemos a vaga saudade de um passado que está desaparecendo. Aí, a influência complexa e histórica dos quatro centros de povoamento, que são o Pará, o Maranhão, Pernambuco e Bahia, dá mais originalidade aos homens e ao seu viver. Dela está se criando, porém, um *poncif*♦ literário que tem alimentado uma magnífica produção intelectual, explorando o romantismo regional dos sertões nordestinos ou o africanismo baiano, como no século XIX o indianismo fora de moda dos nossos poetas. É a lenda do Brasil brasileiro, localizando numa região pitoresca, mas estéril e ingrata, o que deve ser a própria essência e aspecto da civilização que se está elaborando com grande variedade de tipos humanos, com várias ambiências e diferentes legados históricos. Exagero romântico e que será dentro em pouco tão inexplicável como considerar o carro de bois do pioneiro do faroeste o símbolo da grandeza da América americana. A rea-

◆ Palavra francesa para "convenção", "clichê".

lidade, efetivamente, é outra, e o homem do Norte, sufocado pelo clima, desanimado pelo atraso e a pobreza que o cercam, com dificuldade resistirá ao desejo de emigrar que o caracteriza, despovoando a terra natal e privando-a dos seus melhores elementos de trabalho e progresso. Poucos escapam à tentação do emprego público na vida mais fácil dos Estados meridionais, ou ao lazaronismo do grande centro carioca, tão atraente para os pupilos do governo, de que falava Euclides.

Por outro lado, a imobilidade do faquirismo tropical não pode sofrer confronto com o desenvolvimento econômico das regiões do Sul, onde o acréscimo, lento, mas contínuo, das necessidades materiais aumenta na mesma proporção a produtividade do trabalho e a conseqüente melhoria nas condições sociais. É uma lei inconteste da concepção materialista da história, transformando a própria mentalidade dos homens no seu processo social, político e intelectual. A arrecadação das rendas federais, as estatísticas do comércio, a contribuição industrial, o movimento bancário — demonstram de sobra essa superioridade econômica do Sul.

E o Sul — dizia Capistrano — o Sul, no fundo, é São Paulo. Na luta pela existência, o clima mais rude pelas oscilações bruscas da temperatura, a diferente dosagem étnica (permitindo uma mais rápida arianização, diria um hitleriano), a passividade do solo, onde é preciso plantar para colher, a intensa imigração que sucedeu à substituição previdente do trabalho escravo — todo o complexo racial, telúrico e histórico — explicam de sobejo a situação privilegiada das populações paulistas. Mesmo o seu tradicional nomadismo termina em geral pela volta ao ninho nativo. A própria paisagem, que se modifica à medida que o homem a povoa, não tem, no Sul, a empolgante pujança antediluviana do dia amazônico, nem a fascinação do ritmo implacável de morte e ressurreição das caatingas cinzentas, mas nas serrarias azuladas, nas largas ondulações das culturas, o branco encontra a sedução das reminiscências atávicas, numa terra mais amável e mais carinhosa.

Tudo assim parece separar o Norte do Sul. Desigualdades da natureza e dos homens, injustiça das condições sociais, recriminações de irmãos que a cegueira e o ciúme envenenam... Será o desmembramento, a desagregação? Competirá à geração atual, e às que devem vir, decidir a sorte da nacionalidade. O eixo do problema aos poucos se desloca diante das realidades imperativas. Não ficaremos isolados no nosso combate. Os imperialismos dos grandes povos nos cercam e nos espreitam. Pela sua conformação geográfica, o país está exposto a essas conquistas pacíficas ou agressivas, e, no momento em que estivermos mais preocupados com as misérias de família, o conflito surgirá não mais do Norte contra o Sul, mas do Sul contra o Estrangeiro.

A resistência ao embate dessas influências dependerá em grande parte da legítima expansão dos regionalismos. São eles que constituem a parte viva e plástica em que se conservam e se desenvolvem a variedade e a originalidade do complexo nacional. Regionalismo é hoje uma palavra suspeita, pelo seu ressaibo de separatismo. Mas não será com leis de arrocho, nem com decretos de um fascismo intermitente, perseguindo bandeiras, escudos e hinos, que afastaremos o perigo do desmembramento. Essa "chantagem" da violência — como já se disse — se dissipará ao menor sopro de resistência serena.

De fato, em tão vasto território como o nosso, seria insensatez nivelar as nossas diferenciações, para favorecer uma centralização que significaria, dentro de pouco tempo, o ódio, a revolta, o desastre final. O Império conheceu nos seus últimos anos o sôfrego anseio das províncias na conquista da sua liberdade regional. Caiu, maduro demais, porque não teve mais força para alimentar, na circulação vital, os tecidos profundos do corpo nacional. Faltou-lhe a coesão dinâmica, a unidade ativa a que se referiu um escritor maranhense, e que só é possível no perfeito acordo, no justo equilíbrio das forças centrípetas e centrífugas. Amor da independência local e da autonomia, contrabalançado pelo orgulho comum da história pátria — como queria Bryce.[8] Duas fidelidades, dois patriotismos.

Este livro é, assim, de puro regionalismo. Nem mais, nem menos. Evitou o mais possível o bovarismo paulista. Evitou também considerar os fenômenos políticos do passado próximo: ainda não se levantou de todo o nevoeiro que envolveu os campos de Piratininga...

Simples coletânea de vários estudos publicados em épocas diferentes, é desculpável que se repitam idéias, fatos, e mesmo frases. Julguei preferível não tocar no texto primitivo, alguns destes trabalhos têm sua explicação — e sua escusa — no milésimo final.

(1934)

Prefácio à 1ª edição

Neste volume reuni sob o mesmo título, um tanto modificados e aumentados, alguns artigos que publiquei em diferentes números de *O Estado de S. Paulo*. Meros ensaios, sem pretensões eruditas, contendo talvez duas ou três idéias aproveitáveis para maior estudo e desenvolvimento. Tudo devem à carinhosa solicitude de Capistrano de Abreu — até o título que os enfeixa. Pela sua mão segura e amiga penetrei a selva escura da história do Brasil, de que é parte tão importante a história do nosso torrão paulista. A ele devo a receita para suavizar a descida da melancólica colina: o interesse pelas coisas brasileiras na sua multiplicidade de Norte a Sul, constante preocupação de uma longa vida de beneditino, silenciosa e fecundante. Essa sedução que o Brasil exerce já a experimentara Robert Southey, quando do fundo perdido de uma província inglesa consagrou três anos a preparar e redigir a sua *História do Brasil*, dedicada a um país que nunca vira. "Assim realizei" — dizia o rival de Lord Byron — "uma das grandes empresas, que, na minha madura virilidade, a mim mesmo impusera como objeto de uma vida inteira dedicada à literatura, nas suas mais altas e nobres ambições."[9]

A mim chegou-me tarde essa revelação, cujo entusiasmo o Mestre soube acordar. Mais moços — éramos assim nesse tempo — só a Europa nos interessava: era a terra prometida dos nossos sonhos. Lembro-me da injustiça que cometi várias vezes ao partir, deixando com indiferença na sombra da tarde a última linha das montanhas do Brasil, já sonhando num alvoroço de namorado com a paisagem verde-clara das colinas do Tejo — porta amável dos encantos do Velho Mundo. A Europa...

Nos tempos acadêmicos só tínhamos olhos e admiração para as coisas que de lá vinham. De um colega sei que conhecia como um guia as ruas tortuosas do Paris balzaquiano, como se aí sempre tivesse vivido; outro sabia de cor as alamedas da floresta de Fontainebleau, por onde idilizavam os pares adúlteros de Maupassant e Bourget. Éramos assim: a literatura e o Romantismo, criador de idéias falsas, tudo deturpavam e tudo envenenavam. Se o nosso sentimento era brasileiro, a imaginação era européia, como tão finamente disse Nabuco. Como este, na sua admirável frase vibrante de saudade, abandonávamos todas as paisagens do Novo Mundo, a floresta amazônica ou os pampas, por um trecho da Via Appia, uma volta da estrada de Salerno a Amalfi, ou um pedaço do cais do Sena à sombra do velho Louvre.

O amor às coisas pátrias, ao seu passado, ao mistério dos primitivos habitantes, à sedução do Brasil brasileiro dos sertões do Nordeste — terra da coragem e da poesia —, o amor a toda a vida estuante e fresca do país adolescente, ao que constitui o orgulho e patrimônio de uma nacionalidade — tudo entregávamos ao grupo, quase ridículo, dos sábios dos nossos institutos. Aí estava confiada a alguns a continuação da obra gigantesca de Varnhagen, de Joaquim Caetano da Silva e de João Francisco Lisboa. A esses poucos se deve a criação do sentimento nacionalista, no que ele pode ter de mais nobre e de mais acoroçoador, mesmo nos seus excessos. O que fizeram, porém, ainda está longe do que deve ser feito. A obra de Porto-Seguro não é o monumento definitivo consagrado à nossa história. Mil dificuldades o assoberbaram, que outros ainda não puderam ou não quiseram sobrepujar. O motivo — disse Capistrano — é que cada século exige "certas qualidades especiais em quem o estuda. O século XVI exige aptidões, que no século XVII são dispensáveis. O século XVIII, por seu lado, põe em jogo faculdades novas".[10] Antes que um homem privilegiado possa reunir todos esses requisitos e manusear a massa ciclópea dos materiais existentes, contentemo-nos com as monografias, os capítulos de história parcelada, como a história do povoamento do território, ou da guerra holandesa, ou a história das municipalidades, das sesmarias, dos jesuítas, ou a história das entradas, ou a história das bandeiras...

Dessas, poucas são tão empolgantes e fascinadoras, como a que se consagrou ao ressurgimento do passado de São Paulo. Aqui, pouco a pouco, pelo estudo cada vez mais rigoroso das fontes de informação, abrem-se largas clareiras nos quatro séculos que prepararam a magnífica realidade de hoje. A história de São Paulo, nos velhos cronistas, é talvez mais imaginosa do que exata. Taques e frei Gaspar codificaram por assim dizer a legenda que tem constituído grande parte do passado paulista. Atufados nos detalhes eruditos e nobiliárquicos, nessas crônicas aparecem como figuras de lenda João Ramalho, Tibiriçá, Raposo Tavares, Amador Bueno etc. No segundo período da nossa historiografia, longas discussões se travaram sobre questões tradicionais como a do mistério do Bacharel de Cananéia ou a localização da tapera mamaluca de Santo André. A publicação das atas da Câmara, dos inventários e testamentos do Arquivo do Estado e dos Anais do Museu Paulista, trouxeram, porém, uma nova luz para a reconstituição da vida pública e da vida íntima de São Paulo nos séculos passados. Nela surge outro paulista, mais real, mais do seu tempo, mais rude e rústico, labutando numa infernal porfia de ganhar dinheiro e de conquistar terras. É um novo ponto de vista, e é também a colaboração do elemento *quantitativo* na ressurreição histórica. Por outro lado, o exagero do processo — para o qual já se nota uma acentuada tendência — pode levar à transformação do nosso antepassado caçador de índios, despovoador e povoador dos sertões, em simples vereador das vilas, ou em testemunha tabelioa de documentos oficiais. O acordo perfeito, quase inatingível na fraqueza humana, será a harmonia dos dois métodos, submetendo a documentação livresca à subjetividade do historiador. Os documentos — já o disse Ferrero[11] — nada elucidam se o espírito humano não os liga, não os encadeia e os faz falar, e essa dificuldade muitas vezes aumenta com a abundância documentária. Os fatos, por seu turno, são apenas dados, indícios, sintomas em que aparece a realidade histórica: são manifestações momentâneas do vasto processo vital. A poetização desses fatos, na ingenuidade dos cronistas e das lendas, é que dá à aridez dos arquivos o sangue e a vida necessários à compreensão da psicologia do passado, que não é somente a narração do que fizeram os homens de uma época, mas também do que pensavam no momento em que agiam. Talvez por isso considerasse o velho Ranke como o melhor dos livros de história o *Quentin Durward*, de Walter Scott...

Do que pensava o paulista antigo, pouco sabemos. Do amálgama de tipos étnicos diferentes que aqui se fundiram, só nos chegaram indicações fugidias e falazes. Quem foi a gente que na sua frota colonizadora trouxe o primeiro donatário? Que tribos indígenas inçavam de gentio manso ou revoltado os campos do planalto? Guaianás, tupiniquins, maramomis, guarulhos, tupis ou tapuias? Houve realmente uma "raça paulista", na incerteza atual da ciência sobre a noção exata do que é uma raça, desde o processo já velho das medidas cranianas até as últimas pesquisas biológicas sobre a composição química do sangue? Qual o resultado da seleção telúrica na formação étnica do habitante do nosso altiplano? Que impulso subconsciente lançava os bandos aventureiros para o interior da terra desconhecida? Qual a contribuição do sangue castelhano nas famílias paulistas do século XVII, quando o cruzamento se acentuou na população de serra acima, pelo fluxo de espanhóis que subiam o Paraná e o Tietê? E o semitismo dos cristãos-novos? E as lutas de família, originadas talvez de tendências opostas, umas nativistas, outras européias? Qual a causa social ou econômica do antagonismo e aversão seculares que separavam os paulistas dos padres da Companhia, depois de meio século de adesão fervorosa? Esses, e mil outros problemas, pedem solução para que se possa elucidar o desenvolvimento étnico e histórico de São Paulo.

No largo quadro da história paulista, pelos claros-escuros das diferentes épocas, percebe-se nitidamente traçada uma linha curva que assinala a sua grandeza, sua decadência e a sua regeneração. Graficamente a imaginaríamos neste traçado:

Curva ascensional, culminando na expansão colonizadora e mineira do século XVII, quando a ambição dos lavageiros e escavadores de ouro e o ânimo guerreiro substituíram a gana escravizadora dos primitivos aventureiros; curva descendente, resultante do despovoamento provocado por conquistas e minas, atingindo a degradação política, moral e física dos tempos dos governadores capitães-generais, em que na miséria extrema da província morria vergonhosamente a glória do paulista antigo; curva ascendente para se elevar de novo ao renascimento econômico dos dias de hoje. Nessas oscilações, se continuaram vivos e fortes alguns traços característicos, como a energia sempre rediviva nas lutas pela riqueza, outras virtudes desapareceram, como o anseio de independência, a altivez inquieta e indômita do antepassado piratiningano.

Os três primeiros ensaios ora publicados se referem às diferentes fases dessa evolução.

O Caminho do Mar, por muito tempo único, foi um fator indiscutível na formação do agrupamento étnico que se constituiu no planalto: o caminho cria a raça, disse um sociólogo francês. A sua influência histórica como baluarte de resistência contra as pretensões de mando da metrópole é sensível em cada momento desse magnífico século XVII da história de São Paulo. Ao contrário do papel representado por outros caminhos — caminho da seda, caminho do sal, caminho das especiarias — na evolução das relações históricas entre os grupos humanos, a função do Caminho do Mar foi toda negativa: isolou em vez de ligar. Desse fato se originaram conseqüências notáveis para o passado de São Paulo, confirmando o que sempre repete Capistrano, que é no estudo dos caminhos que melhor se aprende a história do Brasil.

Foram também os caminhos em marcha dos rios, penetrando os sertões, que atraíram para as bandas do sol poente as bandeiras, entregues à correnteza das águas. O bandeirismo é um resultado da localização do paulista no seu altiplano; a sua expansão, como se deu, era fatal e lógica. Tudo empurrava o bandeirante para o interior da terra: o rio, a lenda das minas do Potosi, o mistério cheio de promessas das matas quase impenetráveis, escondendo duas fontes inesgotáveis de riqueza — o índio e o ouro. Nessa função histórica e geográfica a bandeira resumiu todas as qualidades e defeitos da raça que se apurara na segregação da montanha.

O isolamento, porém, aos poucos se atenuou e desapareceu: por meados do século XVIII a cidade de São Paulo era o centro de uma estrela irradiando em todas as direções do quadrante. Cinco grandes estradas ligavam-na ao resto do país, além do Caminho do Mar, cuja decadência seguia a sorte da capitania. Para Leste, a estrada do Paraíba para as Minas Gerais e Rio de Janeiro; em rumo do Norte, demandando os sertões do Camanducaia e do Sapucaí, a estrada do Sul de Minas; a Noroeste, buscando Goiás, o velho caminho das bandeiras do Anhangüera, passando por Campinas e Franca. Em direção do Centro-Oeste, pelo vale do Tietê, abria-se a estrada das monções, e finalmente para o Sul, o caminho que conduzia aos campos de Curitiba, das Lajes e Missões.

Nesse contato contínuo com as povoações que ela própria criara, ia lentamente desaparecendo a velha Piratininga dos tempos heróicos. Passada a febre de conquista e ambição, inexoravelmente veio a decadência, pelo rápido despovoamento das vilas e pelas sangrias das longínquas expedições que só deixavam nos arraiais mulheres e inválidos. A voracidade do fisco português, a tirania dos capitães-generais, a fome do sal que empobrecia os organismos, a miséria crescente, sem comércio, sem indústria, sem lavoura, levaram a antiga capitania à indigência extrema em que a encontrou o começo do século XIX.

No traçado gráfico que imaginamos para indicar a evolução histórica e social de São Paulo, a linha de regeneração, a seguir, se bifurca em direções opostas — uma ascende à culminância do progresso material e econômico dos dias presentes, outra se conserva na horizontalidade em que a abandonou a tirania colonial: é esta a linha dos sentimentos cívicos e políticos do habitante desta província. O passado, dos tempos heróicos do paulista, "amantíssimo de liberdade", insubmisso diante das ordens de Salvador Correia, impenitente nas lutas seculares contra a Companhia de Jesus, resistindo até a morte no caso trágico dos irmãos Lemes, esse passado desaparecera no período sombrio das administrações fidalgas. Toda a história política de São Paulo, a partir desse nefasto século XVIII de capitania independente, é um lamentável quadro do que é a decadência da liberdade nos povos tranqüilos, humildes e respeitosos. Terra da unanimidade, exclamou Martim Francisco, num assomo de indignação andradina.

Unanimidade — e adesismo — têm sido há mais de um século o traço saliente do sentimento político paulista, para quem o estuda como um estranho fenômeno histórico, de raízes fundas e misteriosas. Desde a independência a opinião pública de São Paulo — ou o que melhor nome tenha — corre pressurosa atrás do vencedor, que ela desprezava momentos antes da vitória. Unanimidade na última representação parlamentar do ministério reacionário de Afonso Celso; unanimidade republicana meses depois, nas eleições para a Câmara Constituinte do Governo Provisório; unanimidade constante e inabalável em todas as manifestações políticas de 89 até hoje. Como leves arrepios de revolta, uma ou outra tentativa de oposição desaparece logo, ao primeiro afago da mão governamental...

"A história é uma mestra, não somente do futuro como também do presente", disse Martius.[12] Nela se acha sem dúvida a explicação dessa falha inibitória do caráter paulista, agravada pelas causas sociais que concorrem hoje para a formação da nova raça, e nela encontraremos o ensinamento de que só vivem fortes e triunfantes as coletividades que nunca abandonam as suas prerrogativas políticas. A Alemanha antes de 1914 vangloriava-se, na cegueira do apogeu imperialista, de ser um *unpolitisches Volk*◆ — povo alheio às preocupações de governo, só cuidando da riqueza material e do progresso econômico...

Já se disse que uma nação é um plebiscito continuado dia a dia. Sem o amor às coisas públicas, os agrupamentos gregários de milhões de cabeças não possuem a vontade de convivência e coesão,

◆ Em alemão, "povo apolítico".

que são os caracteres fundamentais do Estado nacional. Como nessa Alemanha, que uma catástrofe combaliu, para que desconhecido destino nos leva a raça de transição que é a do paulista moderno, desprovido de toda ação cooperadora — legado do indígena — e num contínuo oscilar entre a subordinação e o interesse?

Mas o problema — e outros que ele sugere — ultrapassa os limites destes modestos ensaios, unicamente consagrados ao estudo do passado.

(1925)

O Caminho do Mar

Num domingo pela manhã, a 20 de janeiro de 1532, surgia diante da abra de São Vicente a frota de Martim Afonso de Sousa, de volta de tormentosa e acidentada viagem ao Sul. Tomado o ponto, às duas horas da tarde levantou-se rijo Noroeste que pôs as embarcações em postura difícil pela correnteza das águas e forte rolo do mar; por brusca mudança comum nessas paragens, à tarde girava o vento para Oés-Sudoeste, permitindo que as naus viessem fundear dentro da abra, em sítio mais abrigado. Segunda-feira, 21, deram à vela e se aproximaram mais de terra até junto da ilha do Sol (ilha de Santo Amaro?); terça-feira, explorado por um batel um "rio estreito", por aí penetraram, ancorando afinal no pequeno porto de São Vicente.

Partira a frota de Lisboa num sábado, 3 de dezembro de 1530. Trazia — como informara o embaixador de Carlos V na corte portuguesa, Lope Hurtado de Mendoza — três fins em vista: deitar fora os franceses do litoral brasileiro, fortificar os portos com a artilharia que conduzia e explorar a terra desde São Vicente até o rio da Prata. Para isso dispunha de quatrocentos homens, de uma nau capitânea de cento e cinqüenta toneladas, dois galeões de cento e vinte, e duas caravelas, "mui armadas e artilhadas".* Além dessas incumbências trazia Martim Afonso cartas de grandes poderes, com alçada de meio e misto império, tanto no crime como no cível, sem das suas sentenças dar apelação nem agravo; podia criar tabeliães e mais oficiais de justiça, conceder terras de sesmarias etc. Toda uma organização necessária a uma empresa de colonização.

Instalada nas praias abafadiças e tristonhas de São Vicente, a primeira preocupação da gente de Martim Afonso deve ter sido penetrar o mistério da alta muralha negra de arvoredo, que para os lados do poente fechava os mangues do litoral. Para o ânimo exaltado e ambicioso desses soldados-colonos a sombria montanha talvez fosse a defesa criada pela Natureza, o dificílimo passo conduzindo ao país encantado dos *dorados*, das minas de ouro e prata e das itaberabas de cristais e esmeraldas — lendas que embalaram durante séculos a tumultuosa imaginação dos aventureiros deste canto do Novo Mundo.

Na época do desembarque do futuro donatário inúmeras veredas galgavam a Serra do Mar, coleando até as gargantas através do emaranhado da mata, e ligando as praias, onde vinha pescar a indiada de serra acima, aos campos do planalto. Destes incertos e tênues caminhos de índios — parte marcados no solo pelo machado de pedra e parte nos galhos das árvores — destacava-se, certamente, como o mais trilhado, o que partia do porto do Perequê, acompanhava até certo ponto o vale do Mogi, obliquava, em seguida, à esquerda, junto à serra do Meio, para passar o rio Grande antes da garganta do Botujuru, já nas colinas do planalto. Ainda hoje são visíveis os traços dessa velha passagem, e por ela deve ter subido Martim Afonso quando veio até os campos do alto da serra

* [Carlos] Morla Vicuña, *Estudio historico sobre el descubrimiento y conquista de la Patagonia y de la Tierra del Fuego* [Leipzig, F. A. Brockhaus, 1903].

inspecionar o sertão, e já talvez estudar a colocação da futura vila de Piratininga.

Outra vereda, deixando a piaçaba do rio Cubatão, saía do porto de Santa Cruz, subia a serra também chamada do Cubatão, procurava a passagem do Tutinga, por onde corre a água branca do rio das Pedras, e, assim chegando às lombadas do alto, daí seguia "pelos outeiros escalvados, que estão no caminho que vem de Piratenin", diz a doação de Martim Afonso a Rui Pinto, de fevereiro de 1533.[13] O tino prático dos jesuítas deu preferência a este trilho: dele talvez se servisse o padre Manuel da Nóbrega quando em agosto de 1563, guiado pelo filho primogênito de João Ramalho, visitou os aldeamentos do planalto, e por ele devem ter galgado a serra, em 1554, os treze missionários que vieram, "numa pobre casinha",[14] fundar o futuro colégio de São Paulo de Piratininga.

O caminho do vale do Perequê tornara-se perigoso pelas freqüentes incursões das tribos tamoias de Ubatuba, Laranjeiras, Angra dos Reis e mesmo do Rio de Janeiro, que, desembarcando das suas igaraçus de vinte combatentes, guerreavam implacavelmente o português em assaltos e contínuas ciladas, trazendo até aí as lutas travadas no litoral do Rio, e que já iam despovoando a ilha de Santo Amaro, da capitania de Pero Lopes. Em 1560, Mem de Sá, em sua viagem às capitanias do Sul para a expulsão dos franceses, a instâncias dos padres da Companhia de Jesus e como medida de proteção contra essas correrias do gentio inimigo, manda fechar a primitiva via de comunicação,* ao mesmo tempo que mudava para os campos de Piratininga a aldeola mamaluca de Santo André, "em bem dos naturaes, da Companhia e D'El-rei", diz o padre Antônio Franco.[15]

O caminho do Perequê, quase abandonado, só serviu duran-

---

* *Actas da Camara [da Villa] de S. Paulo [1562-1596]*, 12 de maio de 1564, vol. I [Archivo Municipal de São Paulo, Duprat, 1914, pp. 42-5].

te anos para o trânsito de gado e cavalos: uma provisão do ouvidor-geral, de 1620, já o denominava de "caminho velho".*

A única estrada usual ficou sendo a que passava, seguindo o curso do rio das Pedras, pela garganta do Tutinga, e que desde os mais antigos tempos da capitania foi conhecida como o Caminho do Mar.**

* Uma carta de Anchieta, escrita em 15 de novembro de 1579, de Piratininga, a Jerônimo Leitão diz: "... mas não pude acabar com eles que fossem senão para o caminho velho da borda do campo, e lá hão de esperar por canoas" (catálogo 429, de Maggs Bros., de Londres, cópia fotográfica). [Reprodução do fac-símile e transcrição em "Uma carta de Anchieta", neste volume, às pp. 26-9.]

** A respeito dessas antigas veredas, existe um curioso documento do século XVIII na coleção José Bonifácio, pertencente ao Instituto Histórico do Rio de Janeiro (será talvez do punho de frei Gaspar?) — "Notas sobre cubatoens e abertura de novos caminhos" [lata 191, pasta 22]: "Para facilitar o commercio interior das terras de Serra assima com o Porto de Santos, e de S. Vicente houve em pr.º lugar o Cubatão, e Caminho de Piaçaguera velha de Santos, pelo q.¹ subio p.ª os Campos de Piratininga, hoje S. Paulo, o pr.º Donatario Martim Affonso de Souza; porém já antes era praticado pelos naturaes o da Bertioga, que vinha de Mogy das Cruzes, p.ʳ elle descerão os Indios bravos, q̃. quizerão accometter os moradores da Bertioga, o q̃. não executarão em attenção a ser João Ramalho Português cazado com huma filha do seu Cacique Tibireçá. Este caminho dos Indios acabou, logo que para Mogy das Cruzes se abrio outro q̃. seguia a serra immediata ao Rio de Jerubatuva; com tudo falla ainda delle huma sesmaria concedida p.ʳ Alvaro Luis do Valle Cap.ᵐ Loco Tenente ao Conde de Monsanto ao P.ᵉ Gaspar Sanxes aos 9 de 9bro de 1625 e hoje ha nova picada aberta p.ª Mogy p.ª onde se vai em meio dia. O mᵐᵒ succedeu ao caminho de Piaçaguera velha, assima mencionado, o q.¹ ficou sem uzo depois q̃. se começou a seguir outro caminho o q̃. os Antigos chamavão do P.ᵉ José (Missionario Anchietta) q̃. hoje he Cubatão geral. Preferio-se este novo caminho p.ʳ ser menos infestado dos Indios bravos, q̃. o outro. Depois abrio-se outro caminho, q̃. vinha seguindo a Serra immediata ao Rio de Jerubatuva, pela parte do Sul e sahia junto ao Caniú a pouca distancia de Santos no sitio chamado do P.ᵉ Cardozo: este Cubatão acabou e veio a dividir-se o caminho antigo em dous no cimo da Serra; hum vinha procurar as terras q̃. forão de M.ᵈˡ de Castro e Oliv.ª esse chamou de Piaçaguera nova, ou Cubatão de Mogy e Pilar; o outro vinha ter ao Sitio de S. Jozé e seguia a margem do Rio de Jerubatuva e p.ʳ isso se chamava Cubatão de Jerubatuva. P.ʳ ser ē ambos estes rumos mais commodos dezampa-

Foi esse caminho a constante preocupação dos paulistas, do século XVI ao XIX.

Nas atas da Câmara Municipal de São Paulo, a cada momento vêm referências ao mau estado de conservação da estrada, à proibição do trânsito do gado, aos reparos necessários, às empreitadas de conserva, às reclamações dos roceiros marginais que dela se serviam para o seu incipiente comércio naturista, ou para as romarias domingueiras às capelas dos povoados. E as queixas

---

rou-se o p[r].o q̃. seguia a Serra; porem não obstante ser a Serra mais baixa em Piaçaguera nova he com tudo m.[to] ingreme quando a de Jerubatuva he m.[to] doce, e pode ser facilm.[e] aberta de modo que por ella subão e desção carros, desde a fralda da Serra pode abrir-se huma estrada com m.[ta] facilidad.[e] p.[r] terra até a ilha dos Padres defronte de Santos. Além destes 4 Cubatões propriam.[e] da V.[a] de Santos, (havia) outros da villa de S. Vicente, os Cubatões e caminhos de Piaçaguera de S. Vicente, do Cubatão do Cardozo de S. Vicente e de Sta Anna, q̃. todos tinham origem p.[a] la do chamado Rio de S. Vicente, e porem em maior, ou menor distancia hião metter-se no caminho do Cubatão Geral p.[a] S. Paulo.

Até o pr.º de Janr.º de 1778 existião e estavão em uzo os Cubatões e caminhos de Jerubatuva, Piaçaguera nova de Santos, Cubatão geral, Piaçaguera de S. Vicente e os de Sta Anna e Cardozo de São Vicente. Dos que se dirigião a Mogy sahião travessias, pelas q.[s] se hia a S. Paulo. Porem neste anno de 1778 pela pr.[a] condição do Contracto do Cubatão forão fexados os outros, e só se conservarão o Cubatão geral e o de Piaçaguera nova de Santos, o q.[l] p.[r] fim também acabou.

Além destes Cubatões, e caminhos da V.[a] de Santos, e São Vicente havia também os Cubatões e caminhos de Ubatuba, e São Sebastião da p.[te] do Norte. Este ultimo se dirigia a Mogy por S.[to] Antonio do Caraguatiba em q̃. houve V.[a] pelos annos de 1655 até 1666 que passou p.[a] Ubatuba, Campos da Boa Vista e Rio da Parahiba. Na costa p.[a] o Sul houve o da Conceição de Itanhahem que hia ter a Freguezia de S.[to] Amaro, a 3 legoas de S. Paulo; o de Iguappe q̃. se dirigia pela Ribeira do seu nome até os portos das lavras de ouro de Uvanurundiva, e Iporanga, seguindo do pr.º porto p.[a] as minas do Paranápanema, e do segundo p.[a] as de Piahy; e finalm.[e] o de Paranaguá, q̃. vae ter aos campos geraes de Coritiba.

Seria m.[to] util abrir de novo os caminhos velhos q̃. forem necessarios p.[a] facilitar o commercio interno, e externo das Povoaçoens de Serra assima com os Portos do Mar, pondo-se Registos p.[a] a cobransa dos direitos Reaes naquelles, q̃. vão ter aos Portos de mar, em q̃. não ha Alfandega Real."

eram legítimas. Já em 1555, em carta de 5 de abril, o governador d. Duarte da Costa escrevia a d. João III: "o ouvidor geral de Sam Vicente me dise que na dita capitania avia hum caminho de cinquo ou seis legoas, ho qual era laa mao e aspero por causa dos lameiros e grandes ladeiras que se não podia caminhar por ele...".[16] Em 1584, José de Anchieta, na *Enformação do Brazil, e de suas capitanias*, dizia: "para o sertão caminho do Noroeste além de hūas altissimas serras que estão sobre o mar tem a villa de Piratininga ou de S. Paulo quatorze ou quinze leguas da villa de S. Vicente tres por mar e as mais por terra por hūs mais trabalhosos caminhos que creo ayem muita parte do mundo".[17] Outra *Enformação*, do mesmo padre, de 1585, refere: "A quarta villa na capitania de S. Vicente é Piratininga, que está 10 ou 12 leguas pelo sertão e terra a dentro. Vão lá por umas serras tão altas que difficultosamente podem subir nenhuns animaes, e os homens sobem com trabalho e ás vezes de gatinhas por não despenharem-se e por ser o caminho tão mau e ter tão ruim serventia padecem os moradores e os nossos grande trabalho".[18]

Também em 1585, esteve em Piratininga o padre Fernão Cardim, autor da deliciosa *Narrativa epistolar de uma Viagem e Missão jesuítica*, como a editou Varnhagen que a descobrira. Cardim descreve com cores vivas a sua viagem de São Vicente a São Paulo: "todo caminho é cheio de tijucos, o peor que nunca vi, e sempre iamos subindo e descendo serras altissimas, e passando rios caudaes de agua frigidissima". Só na noite do terceiro dia pôde a missão alcançar um povoado distante três léguas da vila, e onde a agasalhou um devoto, presenteando-a com "galinhas, leitões, muitas uvas, figos de Portugal, camarinhas brancas e pretas e umas fructas amarellas de feição e tamanho de cerejas".[19]

Alguns anos mais tarde, desejando o governador d. Francisco de Sousa fazer uma viagem de inspeção ao sertão de serra acima, cautelosamente escreveu à Câmara de São Paulo ordenando que se fizessem os reparos necessários no intransitável Caminho do

Mar.* Nessa data foi lida em sessão a carta do governador, e todos "asentarão e diserão q̃ se fizese o dito caminho pois hera tāto proveito da villa da cap.tᵃ e q̃ o ditocaminho seja feito de mão comũ fazendo cada hũ o q̃ lhe couber pʳ sua repartisão ...".[20] Esses consertos foram mal e lentamente executados, como se vê em outras atas da Câmara. Felizmente só depois de 10 de abril de 1599 chegava ao planalto o governador.

Cerca de um século mais tarde não tinham melhorado as condições de trânsito do Caminho do Mar: o padre Simão de Vasconcelos, no seu estilo empolado e hiperbólico, confessa que, ao subir os despenhadeiros da serra, "tremeram-lhe as carnes" diante dos perigos da viagem. E assim até os fins do século XVIII.**

Essas dificuldades — subidas a pique pela mata virgem, atoleiros fundos de serra acima, rios a vadear — isolaram durante séculos a montanha da capitania da estreita faixa litorânea, e, portanto, do contato pela navegação com o mundo civilizado.

Nas predestinações históricas e étnicas do paulista essa função seletiva do Caminho do Mar é incontestável e providencial para a formação do seu caráter e tipo. A população do planalto

* *Acta[s] da Camara [da Villa de S. Paulo (1596-1622)*, vol. II], 19 de outubro de 1597 [Archivo Municipal de São Paulo, Duprat, 1915, p. 28].
** Martim Lopes Lobo de Saldanha, capitão-general, num ofício datado de 1781, diz que o caminho que de S. Paulo vai ao Cubatão de Santos é "quaze invadiavel e se não tranzitava sem que fosse aos lombos dos Indios e sempre em hum evidente perigo da vida, por se passar por huns apertados tão fundos, nascidos da primeira picada que os primeiros habitantes tinhão feito, e tão estreita que não cabia mais do q.' huma pessoa ou animal, ficando por muitas vezes muitos abafados debaixo da terra q.' com as chuvas, desabava, e outros mortos nas profundas cavas que com os pés fazião, o que aqui chamão *caldeirões*" ["Sobre os concertos que se fizeram na estrada para Santos, que ficou obra perfeita", em *Documentos interessantes para a história e costumes de São Paulo*, vol. XLIII, Archivo do Estado de São Paulo, Typ. Andrade & Mello, 1903, p. 393]. Por essa mesma época, uma "Dissertação", de Marcelino Pereira Cleto, sobre a decadência da capitania, a atribui às dificuldades do Caminho do Mar, "quasi [...] impraticavel" [*Annaes da Biblio-*

conservou-se afastada dos contágios decadentes da raça descobridora. O litoral, ao contrário — sobretudo o do Norte, daquele a que Teodoro Sampaio chamou por excelência o da "costa do pau-brasil" —, vivia como é natural em contato com a metrópole por intercâmbio marítimo muito freqüente, apesar da demora nas viagens da época. Aumentava essa influência, a presença, sobretudo nas capitanias reais, dos representantes do governo metropolitano, desembargadores, ouvidores-gerais, provedores-mores, familiares do Santo Ofício, frades Capuchos, Carmelitas e Beneditinos, além dos favoritos da nobreza do reino, exilados em vagas sinecuras. No interior das terras, as denominações de localidades, puramente européias, acentuavam esse aspecto colonial, ao passo que nas capitanias do Sul dominavam na geografia os nomes indígenas. Portugal entrava, porém, rapidamente num período de decomposição e anarquia.

Por um fenômeno histórico tantas vezes repetido, a própria expansão colonizadora do gênio de um povo veio ferir de morte as forças vivas da sua existência e desenvolvimento. Só as Índias, nos primeiros trinta anos do século XVI, absorviam oitenta mil homens, da melhor gente do reino sob o ponto de vista físico, sangria terrível para um pequeno país que contava na época pouco mais de um milhão de habitantes. A esse êxodo apenas contrapesava o aumento da riqueza material, que trouxe como conseqüência a escravidão, alterando profundamente as virtudes do tipo ancestral. Em 1536 Garcia de Resende dizia que Portugal se despovoava, espalhando-se pelas ilhas, pela Índia e pelo Brasil, ao

---

theca Nacional do Rio de Janeiro, 1899, v. XXI, Rio de Janeiro, Leuzinger, 1900, p. 215]. Só em 1788 o capitão-general Bernardo de Lorena manda fazer os ziguezagues na serra, empedrar e atenuar os declives da famosa estrada. Foram por essa ocasião colocados no alto da serra os marcos comemorativos a que se refere Saint-Hilaire [*Voyage dans les Provinces de Saint-Paul et de Saint-Catherine*, t. I, Paris, Arthus Bertrand, 1851, pp. 306-7].

passo que o reino se enchia de negros africanos. Nesse enriquecimento aventuroso e fácil, a mestiçagem e a corrupção desvirtuavam as qualidades do caráter nacional. "A justiça" — escreve Oliveira Martins — "era um mercado, no reino e na Índia; e a nobreza ingênita, que além se traduzia em ferocidade, traduzia-se em Portugal num luxo impertinente e miserável." Era a triste decadência de uma nação, acrescenta o historiador, a que o beatismo e a Inquisição deram o golpe de morte, aniquilando as últimas energias do velho Portugal.[21]

Na colônia do Brasil, a guerra holandesa — primeira manifestação da nossa incipiente nacionalidade — foi a prova da incapacidade portuguesa, dirigida pela retórica teatral de Antônio Vieira, diplomata cosmopolita e tortuoso, que apregoava o abandono de Pernambuco ao holandês como único meio de salvar a Índia e a independência do reino. Ao contrário do que predizia o célebre "Papel Forte" de Vieira,[22] os loucos do Brasil, os negros de Henrique Dias, os mazombos de Vidal de Negreiros, os caboclos de Camarão, e toda a turba heteróclita dos nacionalistas inconscientes da colônia, deram ao grande jesuíta o desmentido que a sua visão de diplomata europeu não imaginara.

Nessa lenta desagregação, na decomposição que foi a morte do Portugal heróico, no deserto piratiningano, "no meio daquelle sertão e cabo do mundo", como dizia o padre Cardim,[23] isolava-se, ao findar o século XVI, um núcleo de rude população quinhentista, que ia aumentar e proliferar protegido pela própria Natureza hostil.

Importância capital ia ter o Caminho do Mar na constituição da individualidade histórica de São Paulo. Foi ele, mais do que qualquer outro, o elemento que preparou e facilitou o desenvolvimento da raça, constituindo o que Moritz Wagner denominou, na formação das espécies, um "centro de isolamento".[24]

Segundo a teoria de Wagner, desenvolvida pelo grande Ratzel, pai da antropogeografia, os fatores principais desse processo de formação são a adaptação dos indivíduos imigrados às novas condições de vida que encontram, a transmissão das características individuais dos primeiros colonos aos seus descendentes, produzida pela reprodução entre consangüíneos, trazendo o desenvolvimento dessas mesmas características — e, afinal, a ação niveladora e compensadora do cruzamento.*

Admirável aplicação tem essa lei biológica na constituição étnica do tipo paulista, habitante segregado do mundo num altiplano que defendia uma quase intransitável via de comunicação, como na Antiguidade grega o interior montanhoso do Peloponeso era a suprema roca defensiva de toda a Hélade.

Além dos indivíduos esparsos que na futura capitania veio encontrar o donatário, o primitivo núcleo de povoamento foi constituído pela gente que trouxe a frota colonizadora. "Eu trazia comigo alemães e italianos, e homẽs que foram á India e francezes", diz o *Diário* de Pero Lopes.[25] A maioria naturalmente seria de portugueses entre os quais os genealogistas citam vinte e sete cavaleiros fidalgos, como os Góis, Lemes, Pintos etc., tronco primitivo de quase todas as cinqüenta e duas famílias paulistas de ascendência conhecida.** Fisicamente toda essa gente do Portugal quinhentista era de têmpera dura e aspecto agreste.***

O português dessa época — diz o historiador — "era fragueiro, abstêmio, de imaginação ardente, propenso ao misticismo. O caráter independente, não constrangido pela disciplina, ou contrafeito pela convenção. [...] O seu falar era livre, não conhecia rebu-

---

* Moritz [Friedrich] Wagner, *Die Entstehung der Arten durch räumliche Sonderung*, Basiléia, [B. Schwabe,] 1889. Friedrich Ratzel, *Anthropogeographie* [Stuttgart, Engelhorn, 1882-91].
** [Luiz Gonzaga da] Silva Leme, *Genealogia paulistana*, [vol. I, São Paulo, Duprat, 1903, p. IV].
*** [António de Sousa Silva] Costa Lobo, *História da sociedade em Portugal no século XV* [Lisboa, Imprensa Nacional, 1903, p. 238].

ços, nem eufemismos de linguagem. Ninguém pensava em acobertar fatos notoriamente públicos, quaisquer que fossem. [...] A têmpera era rija, o coração duro. [...] Com a rudeza de costumes, que assinala aqueles tempos, a segurança da própria pessoa, família e haveres dependia em grande parte da força e energia individual, daí freqüentes homísios, agressões, feridas e mortes, que habituavam à contemplação da violência e da dor, infringida ou recebida. [...] Cruezas que hoje denotariam a vileza de um caráter perverso, não tinham nesses tempos semelhante significação. [...] A força muscular era tida em grande apreço".* Um viajante alemão da época descreve os portugueses como "feios, de cor morena e cabelos pretos. Dados ao folgar" — acrescenta — "não gostam do trabalho; [...] são grosseiros, gente sem bondade nem misericórdia, incluindo a própria corte do rei. [...] Muitos vivem unicamente de pão e água. Há poucas mulheres belas, que parecem mais homens que mulheres, porém têm olhos geralmente negros e formosos".** Faltam dados positivos sobre a exata situação social dos colonos que acompanharam Martim Afonso, mas por esses tempos uma grande parte devia constar de degredados. As possessões ultramarinas — diz Costa Lobo — foram sempre para Portugal o ergástulo dos seus delinqüentes. Dos duzentos e cinqüenta e seis casos, em que a famosa *Ordenação do Livro V* fulminava a pena de degredo, era em oitenta e sete o Brasil designado para o lugar dele.***

Sem querer remontar às ascendências semíticas que tanto influíram na Península Ibérica, é indubitável que aos elementos povoadores de São Paulo convém ajuntar uma muito sensível mescla de sangue judaico. Desde a própria descoberta da Amé-

---

* Ibidem, pp. 235-8.
** Nicolau [de] Popplau, *Viajes [de] extranjeros* etc. [c. 1484, apud A. S. S. Costa Lobo, op. cit., p. 240].
*** João Francisco Lisboa, *Obras*, vol. I [Lisboa, Typ. Mattos Moreira & Pinheiro, 1901, p. 356n].

rica, e também do Brasil, que a ciência e o comércio israelitas dominavam nos nossos continentes: já se disse com ironia que para gozo dos judeus se descobrira o Novo Mundo... No Brasil, a imigração de cristãos-novos que tinham criado em São Tomé a indústria açucareira foi avultada a partir dos meados do século XVI. Uma grande parte do comércio brasileiro começou a ser composta de cristãos-novos, diz um historiador.* Em São Paulo, sem indagar das origens controvertidas do patriarcal e misterioso João Ramalho, o afluxo de sangue judeu é sensível, marcando caracteristicamente o tipo racial e a própria vida dos habitantes da capitania. Um documento do governador do Rio da Prata, de 1639, queixando-se das invasões dos aventureiros paulistas, afirma que a maior parte destes, sobre serem delinqüentes facinorosos, "desterrados de Portugal por sus delitos, son cristianos nuevos, y se sabe que á los índios que se les reparten, les ponen nombres del Testamento Viejo".** Antropologicamente a contribuição do elemento israelita veio sem dúvida melhorar as qualidades étnicas do fator branco na constituição do novo tipo paulista. Às virtudes fundamentais de tenacidade e maleabilidade, tão características do povo israelita, aliadas à preocupação constante do enriquecimento e do arrivismo, convém aliar uma extraordinária vitalidade, notável e fecunda, que são atestados seguros da fortaleza biológica da raça.

Para essa gente desabusada e rude — iberos ou cristãos-novos — as índias tupiniquins e guaianases trouxeram, ao desembarcar, a sedução da concubinagem na vida livre da mata virgem e dos vastos campos. Ia surgir desse cruzamento de elementos disparatados o tipo predestinado do mamaluco.

* H[einrich] Handelmann, *Geschichte von Brasilien*, [Berlim, Julius Springer,] 1860.
** [R. P. Pablo] Pastells, *Historia de la Compañia de Jesús* [*en la provincia del Paraguay*], t. II [Madri, Librería General de Victoriano Suárez, 1915, p. 35].

O índio — diz Capistrano de Abreu — tinha "os sentidos mais apurados, e intensidade de observação da natureza inconcebível para o homem civilizado". Era "indolente", "mas também capaz de grandes esforços, podia dar e deu muito de si" — observa o mestre.[26] "Blasonavam de mui sofredores na doença ou todo outro trabalho" — escreve Varnhagen. Deviam todos ser dotados de uma impassibilidade espartana. Eram geralmente taciturnos. Em silêncio comiam, bebendo água quando acabavam. "Viam a grande distância, sentiam o cheiro do fumo, ou da gente, a ponto de distinguirem a raça pelo olfato." "Seguindo uma picada, não lhes faltava o tino para regressar por ela".* "O local onde com trabalho e suor fixarão as suas habitações, dahi a dias não o achão bom e o abandonão para irem habitar outro lugar com novo empenho e muito trabalho."** Do fundo instintivo da raça dominava-o uma fatalidade nômade e vagabunda. Sempre à procura de impressões novas e intensas, empreende longas viagens, ignorando o prazo da ausência e até onde irá. Para quem viaja nos grandes rios do sertão brasileiro — diz Poeppig, numa conferência realizada em Munique, em 1887[27] — acontece às vezes ouvir, maravilhado, um canto alto e monótono interrompendo inesperadamente a solidão muda. Um único indivíduo perdido no imenso deserto, carregado por uns troncos de árvores toscamente amarrados, levando como única bagagem uma cabaça de matalotagem, e que, sem pensamento e sem destino — viva imagem da própria existência —, vaga boiando no rio, contente se ao cabo de dias de viagem descobre no arvoredo das margens alguma cabana amiga. Aí fica, sem curar do tempo, em longa visita, até que afinal,

* [Francisco Adolfo de] Varnhagen, *História Geral do Brasil*, 3ª edição [São Paulo, Melhoramentos, 1927, t. I, pp. 51-2].
** [A. J. de] Mello Moraes, *Corographia Historica...*, t. II [Rio de Janeiro, Typographia Americana, 1859, p. 312].

remando lentamente, volta ao aldeamento donde partira meses atrás.

Do cruzamento desse índio nômade, habituado ao sertão como um animal à sua mata, e do branco aventureiro, audacioso e forte, surgiu uma raça nova, criada na aspereza de um clima duro, no limiar de uma terra desconhecida. No desenvolvimento fatal dos elementos étnicos num meio propício, mais do que em outras regiões do país, em São Paulo medrou forte, rude e frondosa a planta-homem.

O isolamento da montanha e a endogamia protegendo o desenvolvimento da hereditariedade, que é o principal fator constitutivo das raças, e uma excelente condição para manter a sua pureza deram o máximo de intensidade e relevo nas características do tipo paulista. Para a constituição do patrimônio hereditário a reprodução entre consangüíneos é elemento importante. No histórico das famílias do planalto o cruzamento entre parentes é notável; por ele se apuraram as qualidades — e as falhas — dos elementos que as constituíam primitivamente. Já em 1674, numa correição do ouvidor-geral André da Costa Moreira, constatava ele que os moradores da vila "estavam muito aparentados hūs com outros assim por sanguinidade como por afinidade, pelo que não era possível guardar-se o rigor da lei nas pessoas que hão de seguir os cargos desta Republica". Uma petição de José Gois de Morais e Ana Ribeiro de Almeida, de 1710, alega para uma dispensa o acharem-se as famílias de São Paulo "tão travadas umas com as outras, como a todos é notório".*

O clima — não tendo, biologicamente, a ação modificadora que geralmente se lhe atribui (Ratzel) — exerceu no habitante do planalto a sua influência tônica, pelas bruscas oscilações de tem-

---

* *Inventários e testamentos*, [Archivo do Estado de S. Paulo,] vol. XXVII [Typographia Piratininga, 1921, p. 167].

peratura, fazendo suceder a um inverno bastante rude, um verão quase tropical, e misturando num mesmo dia as mais extremas variações. Esses altos e baixos do termômetro, se desequilibram o organismo, ao mesmo tempo o exaltam, causando uma despesa nervosa excessiva que reage sobre o temperamento e o expõe livremente a esse "centro de excitações" que é o meio ambiente. Com maior intensidade, o mesmo fenômeno se dá nos Estados Unidos, onde num verdadeiro teatro titânico se desenvolveu, freneticamente, o drama americano.* Só afrontam a aspereza do clima os mais aptos e os mais resistentes; desse processo de seleção vem a extraordinária mortalidade infantil ainda notável no São Paulo moderno. Da sobrevivência dos mais fortes é prova a longevidade reconhecida do verdadeiro tipo racial que desde os tempos afastados do período colonial ainda é de fácil observação no paulista de hoje.

Ao findar o século XVI, o caldeamento dos elementos étnicos estava, por assim dizer, realizado no planalto e, com os característicos de uma raça nova, ia surgir o paulista. Durante quase dois séculos a sua ação na história geral da colônia será contínua e especial. O processo de segregamento, contribuindo tão poderosamente para lhe dar a feição específica, já o preparou para a tarefa que lhe iria competir na formação da nacionalidade brasileira. Às primeiras tentativas de colonização organizada, o mamaluco do planalto apareceu nas suas roças de Santo André e de Piratininga como um independente e insubmisso às leis da metrópole e às ordens dos seus representantes.

"Antro de bandidos", exclamou Ulrico Schmidel quando em 1553, na sua viagem de Assunção a São Vicente, passou pelos case-

* Waldo Frank, *Notre Amérique* [Paris, Nouvelle Revue Française, 1920, trad. H. Boussinecq].

bres do primitivo aldeamento da Borda do Campo. São os "Mamalucos Ramalhos, de arvore ruim peiores frutos...", dizia mais tarde o padre Simão de Vasconcelos.[28] E ainda em 1691 escrevia o governador da Capitania do Rio de Janeiro, referindo-se aos paulistas: "vivem como quazi a ley da natureza e naõ guardaõ mais ordens que aquellas que convem a sua conveniencia".[29]

Esta semente de independência, de vida livre, e de falar alto e forte, germinou e frutificou durante dois séculos na história paulista. A primeira manifestação desse sentimento vamos encontrá-la numa ata do caderno de vereanças da vila de Santo André, em 1557. É um protesto do capitão e alcaide-mor João Ramalho, reunido aos camaristas da vila contra o capitão-mor e ouvidor da capitania por não querer limpar a pauta e apurar os votos dos novos oficiais eleitos para a mesma Câmara: "e vosa merse ho não querer despachar p^r testamos p^r todas perdas e danos e denefycações desta dyta vylla e bẽs dórfãos q̃. por fallta de justyça se perderem p^r vosa mer não porver cõ hos ofysios como aquy temos em costume e dos asym vosa merse não fazer p^r testamos de tyrar estrom.^to de cartas testemunhaveis p.^a mor allçada sermos porvydos cõ justysa...".*

De um desses mamalucos já narrara Anchieta em 1554, que, ameaçado dos rigores do Santo Ofício por "prácticas gentilicas", respondera: "acabarei com as Inquisições a flexas!". Acrescentava o missionário: "e são christãos, filhos de paes christãos! quem na verdade é espinho não pode produzir uvas".**

Em 1606 um documento precioso, assinado pelos juízes e vereadores da vila de São Paulo, renova na mesma sinceridade brusca e altiva as afirmações de independência da população pau-

---

* *Actas da Camara de Sto. André* [*da Borda do Campo*, Archivo Municipal de São Paulo, Duprat, 1914], p. 57.
** *Annaes da Bibliotheca Nacional* [*do Rio de Janeiro*, 1876-1877, Rio de Janeiro, Leuzinger & Filhos, 1876], vol. I, p. 72.

lista de serra acima. É uma carta de 13 de janeiro desse ano, dirigida ao donatário da capitania, reclamando contra o desleixo e os abusos das autoridades metropolitanas...

O que de presente se poderá avisar muito papel e tempo era necessario, porque são tão varias e de tanta altura as cousas que cada dia succedem, que não falta materia de escrever e avisar e se poderá dizer de chorar. Só faremos lembrança a Vmc. que si sua pessôa ou cousa muito sua desta Capitania não acudir com brevidade póde entender que não terá a cá nada, pois que estão as cousas desta terra com a candeia na mão e cedo se despovoará, porque assim os capitães e ouvidores que Vmc. manda, como os que cada quinze dias nos mettem os governadores geraes em outra cousa não entendem, nem estudam sinão como nos hão de esfolar, destruir e affrontar, e nisto gastam o seu tempo, elles não vêm nos governar e reger, nem augmentar a terra que o Sr. Martim Affonso de Sousa ganhou e S. M. lhe deu com tão avantajadas mercês e favores. Vai isto em tal maneira e razão, que pelo ecclesiastico e pelo secular não ha outra cousa sinão pedir e apanhar, e um que nos pedem e outro que nos tomam tudo é seu e ainda lhe ficamos devendo. E si falamos prendem-nos e excommungam-nos, e fazem de nós o que querem, que como somos pobres e temos o remedio tão longe não ha outro recurso sinão abaixar a cerviz e soffrer o mal que nos põem. Assim, Senhor, acuda, veja, ordene e mande o que lhe parecer, que muito tem a terra que dar: é grande, fertil de mantimentos, muitas aguas e lenhas, grandes campos e pastos, tem ouro, muito ferro e assucar, e esperamos que haja prata pelos muitos indícios que ha, mas faltam mineiros e fundidores destros. E o bom governo é o que nos falta de pessoas que tenham consciencia e temor de Deus, e valia, que nos mandem o que fôr justo, e nos favoreçam no bem e castiguem no mal quando o merecermos, que tudo é necessario.
[...]

Tornamos a lembrar, acuda Vmc., porque de Pernambuco e da Bahia, por mar e por terra lhe levam o gentio de seu sertão e districto, e muito cedo ficará tudo ermo com as arvores e hervas do campo sómente: porque os portuguezes, bem sabe Vmc. que são homens de pouco trabalho, principalmente fóra do seu natural. Não tem Vmc. cá tão pouca posse, que das cinco villas que cá tem com a Cananéa póde pôr em campo para os *Carijós* mais de 300 homens portuguezes, fóra os seus indios escravos, que serão mais de 1.500, gente usada ao trabalho do sertão, que com bom caudilho passam ao Perú por terra, e isto não é fabula. Já Vmc. será sabedor como Roque Barreto, sendo capitão, mandou ao sertão 300 homens brancos a descer gentio e gastou dois annos na viagem, com muitos gastos e mortes, e por ser contra uma lei de el-rei, que os padres da Companhia trouxeram, o governador geral Diogo Botelho mandou provisão para tomarem o terço para elle, e depois veiu ordem para o quinto; sobre isto houve aqui muito trabalho e grandes devassas e ficaram muitos homens encravados, que talvez ha nesta villa hoje mais de 65 homisiados, não tendo ella mais de 190 moradores; si lá fôr alguma informação de que a gente desta terra é indomita, creia Vmc. o que lhe parecer com o resguardo que deve aos seus, que não ha quem soffra tantos desaforos.*

Já por esses anos lavrava intensa a luta entre os paulistas e a Companhia de Jesus, e que deve ter começado nos primeiros tempos da capitania, quando Mem de Sá removeu para os campos de Piratininga a vila mamaluca de Santo André. As atas da Câmara de São Paulo, de 15 de agosto de 1611 e de 10 de junho de 1612, representaram energicamente perante o governo da metrópole contra os abusos de que acusavam os padres da Companhia. O segundo desses documentos, assinado pela melhor gente da vila de São

---

* *Actas da Camara* [*da Villa de S. Paulo 1596-1622*], vol. II, [Archivo Municipal de S. Paulo, Duprat, 1915,] pp. 497-500.

Paulo, protestava que "semdo as aldeas desta capt.ª sempre sogeitas aos capitãis e justisas desta dita villa agora se intreduzia pelo dito jemtio hũ rumor dizendo que não conhesião senão aos padres por seus superiores e os ditos padres dizendo p.ᶜᵃmente que as ditas aldeas herão suas e que erão senhores no temporal e esperitual e que erão paga de sua cabessa" etc.³⁰ Eram os pródromos da luta que se prolongou até os últimos anos do século XVII. Mais tarde, quando Salvador Correia, governador, quis tomar o partido dos padres, a repulsa dos paulistas foi violenta e decidida. Então por essa época já acendia a fúria paulista o sangue derramado na conquista das reduções jesuítas do Paraguai e Paraná, e a febre da escravização dos índios se apoderara dos bandos insubmissos e desabusados que invadiam os sertões.

Durante todo o ano de 1640, viveu a vila de Piratininga num turbulento alvoroço, tomando medidas extremas para realizar "a botada dos padres fóra". A câmara, reunida em 2 de julho desse ano, intimou o padre Nicolau Botelho "que dentro en seis dias despejasem esta villa e se recollhesem ao collejio do rio de jan.ʳᵒ p.ª seguransa de suas vidas onrras e fazendas".³¹ Tomando o governador o partido dos jesuítas, em sessão de 19 de maio de 1641 resolve o conselho da vila "que se não mandassem farinhas nem mantimentos algũs ao Rio de Janeiro e se fexasse o caminho do mar e comonicação que havia com a villa de Santos e se notificassem os senhorios dos moinhos com graves penas não moessem farinhas e que se fixasse quartel das pessoas que haviam de hir repartidamente ao rio pequeno guardar o caminho do mar...". Era a revolta declarada contra a autoridade do reino, e na luta possível contra as milícias de Salvador Correia de Sá e Benevides o Caminho do Mar providencialmente exercia a sua função histórica de positivo baluarte das liberdades paulistas, como já fora o elemento preponderante na formação da raça.

Anos mais tarde, em 1660, reacesa a luta contra o mesmo

governador, revolta-se o povo de São Paulo e dirige-se à casa dos juízes ordinários e vereadores da vila, clamando "a grandes vozes e alaridos, viva a liberdade e extirpação da tyrannia", e mandando dizer a Salvador Correia que "si tinha algumas ordens de S. M. que as mandasse de Santos".

As pazes se fizeram, um ano depois, numa homenagem cavalheiresca ao tino administrativo, e "ao grande zelo", do velho adversário, em sessão solene da Câmara, assistida dos nomes mais ilustres da comunidade paulista. Nessa ata solene, de 3 de março de 1661, entre os grandes serviços atribuídos ao "ministro experimentado" salienta-se o de ter "soBretudo; aver; VS.a mandado; fazer a estrada do mar; de modo; que posa añdar carro por ela; cortañdo serras; indo eñ pesoa a ver este Benefisyo na RepuBliqua doñde se fizerão; mais de seteñta poñtes; oBra que ainda que os que a fizerão; digo fizemos; nos parese eñposivel...".*

O preço dessa independência e dessa atitude de altanaria sobranceira foi a fama espalhada por toda a colônia e por toda a América castelhana, até a Europa, dos crimes hediondos cometidos pelos mamalucos de São Paulo. Era um misto de terror e admiração, criando, para assim dizer, um tipo lendário — preador de gentio e pioneiro de riquezas — a que se atribuíam todos os vícios e todos os desvarios que a época cultivava.

Toda aquella Villa [de S. Pablo] es gente desalmada y aleuantada [dizia um jesuíta em 1629] que no haze caso ni de las leys del Rey ni de Dios, ni tienen que ver ni aun con justicias maiores deste estado; y quando no las puede ganar a su voluntat con dadiuas de oro o

---

* *Actas da Camara* [*da Villa de S. Paulo 1656-1669*], 1661, vol. anexo ao vol. VI [Archivo Municipal de São Paulo, Typ. Piratininga, 1915, pp. 228-9].

> Indios, las atemoriza con amenaças, ó si son pocos los culpados; huyense a los montes, bosques ó a sus heredades y sementeras, y alla se detienen, en quanto las Justicias estuvieren en la Villa...[32]

Como uma maldição, por onde passavam as suas correrias de caçadores de homens, a própria natureza se esterilizava: "toda la tierra q han pisado los sacrílegos pies de los de S. Pablo, ha quedado como apestada con vna multitud de gusanos que no dexa cosa a uida, rindiendo muy saçonados frutos la tierra circunvezina que no hollaron sus plantas...".* São "lobos carnizeros", acrescentava o jesuíta; em campanha, dizia Montoya, "las mujeres [...] de buen parecer, casadas, solteras ó gentiles, el dueño las encerraba consigo en un aposento, con quien pasaba las noches al modo que un cabrón en un curral de cabras"** e acrescenta um relatório dirigido ao geral da Bahia, de 2 de outubro de 1629:

> Toda su vida dellos, desde que salen de la escuela hasta su vejez, no és sino yr e venir, y traer y vender indios, con que se visten de mangas y medias de seda; beven buen vyno, y compran todo lo que les viene gana de tener... Pero [referindo-se aos índios] no bastando los engaños les hazen fuerza... hiriendo y matando con mucha crueldad, poniendo a vezes á espada aldeas enteras de indios, no perdonando grandes ni á pequeños, matando ás vezes que no eran los que truxeron cautivos, como si no fuessen sino perros ó caballos, trazendolos en catenas, azotandolos y dandolos de palos y amenazondoles de matar y matando los que se hyessen: dexando solos por aquellos caminos tan esteriles sin comida, á los que cayeren enfermos, afastando los maridos de sus mujeres, hijos de sus padres etc.

* [R. P. Pablo] Pastells, op. cit., t. II [p. 83].
** J. Capistrano de Abreu, *Capítulos de história colonial* [(1500-1800). Rio de Janeiro, Sociedade Capistrano de Abreu, 1928, p. 147. Na verdade, trata-se de citação de Antonio Ruiz de Montoya, *Conquista espiritual*, Madri, 1639, p. 93*v*].

Ante tais horrores, em 1632, propõe o vice-rei do Peru, conde de Chinchon, quatro medidas extremas para tranqüilidade dos espanhóis da América do Sul, a saber: 1º que o Conselho Real de Portugal mande pôr em liberdade todos os índios do Paraguai e do Brasil; 2º que S. M. compre o povoado de São Paulo ao herdeiro de Lope de Sousa para aí colocar governadores de sua confiança, que sejam obedecidos *manu militari*; 3º mudar a residência do governador do Paraguai para Vila Rica; 4º que S. M., comprando a povoação de São Paulo, ou sem comprá-la, a mande destruir, pelos muitos crimes que tem cometido.*

Esse ódio e esse temor — em doses iguais — tinham a sua justificada explicação nos desmandos da gente conquistadora e mestiça que dos campos de Piratininga invadia os desertos, destruindo totalmente as "reduções" jesuítas e repelindo o inimigo tradicional para além das barrancas dos grandes rios do sertão. Os excessos dos bandos mamalucos, se tinham uma explicação na própria rudeza dos tempos, afirmavam, no entanto, as qualidades fortes da raça, criada asperamente nas suas montanhas, longe das influências deprimentes da metrópole ou do litoral. O Caminho do Mar preparara o paulista para as predestinações que lhe reservava a história do Brasil.

Oliveira Martins, num dos lampejos à Michelet da sua obra de historiador — mais romântica que científica —, afirma que "pelos fins do XVI século, a região de S. Paulo apresentava os rudimentos de uma nação, ao passo que a Bahia e as dependências do norte eram uma *fazenda* de Portugal na América".[33] Agrupamento isolado e longínquo, só ligado ao resto do país pela origem primitiva de língua e religião e pela antiga e vaga fidelidade ao rei, a reunião de

* [R. P. Pablo] Pastells, op. cit., t. I [p. 471].

Portugal e Espanha veio ainda mais favorecer e desenvolver os instintos de vida própria e independente desses aventureiros que se fiavam "en las elevadissimas rocas que hacen inacessible su pais a los soldados de fuera", como informava um documento jesuíta, e como já o experimentara nas Termópilas do alto da serra a milícia de Salvador Correia. Essa independência e isolamento foram os traços característicos do povo de São Paulo durante todo o desenrolar da história do Brasil. Quando o país inteiro era apenas uma colônia vivendo no mesmo ritmo transmitido da Metrópole, os paulistas viviam a sua própria vida em que a iniciativa particular desprezava as ordens e instruções de além-mar para só atender aos seus interesses imediatos e à ânsia de liberdade e ambição de riquezas que os atraíam para os desertos sem leis e sem peias. A história do que se chamou a "expansão geográfica do Brasil" não é, em sua quase totalidade, senão o desenvolvimento fatal das qualidades étnicas do tipo paulista. Caçador de índios, despovoador ou povoador de sertões, pioneiro de ouro e pedras preciosas, soldado pacificador de gentio inimigo — a Natureza e o acordo da sua formação racial o criaram admiravelmente para suas sucessivas transformações. Além da espontaneidade de ação a que se referiu Basílio de Magalhães, uma das mais notáveis características do movimento paulista para a conquista do sertão foi, sem dúvida, a uniformidade e a constância dessa impulsão, como que instintiva, que os levou ao interior profundo do país.

Por toda a longa faixa litorânea da colônia, desde os primitivos tempos da chegada de Martim Afonso, expedições se formaram e se internaram terra adentro, em procura de riquezas e de índios a conquistar. Da Bahia, de Sergipe, do Ceará, do Espírito Santo, são conhecidas essas entradas; uma delas, a de Sebastião Fernandes Tourinho, torna-se notável pelo roteiro que dela publicou o *Tratado descritivo do Brasil em 1587*, de Gabriel Soares;[34] outra, de Antônio Dias Adorno, converte-se em caçadora de gentio e torna ao litoral com sete mil selvagens escravizados.[35] Em algumas também aparece o mamaluco, como esse Tomacaúna, conhecido pela Visitação do Santo Ofício à Bahia, nos fins do século XVI.[36]

Das próprias povoações vicentinas de beira-mar, como São Vicente, Santos, Itanhaém, Iguape e Cananéia, partiram tropas de aventureiros como Heliodoro Eobanos, a quem se atribui a descoberta do ouro de Paranaguá, ou como a expedição militar de Jerônimo Leitão em guerra contra os Carijós do Sul.

Em parte alguma, no entanto, além do planalto de Piratininga, aparece a bandeira como um fenômeno histórico constante e especial. Aqui, apenas se constituiu nos seus rudimentos a povoação mestiça e independente, começa o grande movimento de conquista dos sertões. Variam as causas econômicas do êxodo sertanista, diversos são os incentivos desse internamento, que por vezes toma o aspecto de uma pandemia, despovoando as vilas da capitania. Dessas, porém, misérrimas na sua aparência de meros arraiais, partem incessantemente, durante perto de dois séculos, levas e levas de expedicionários, numa tosca organização militar, dominados por duas paixões: o amor à riqueza e o ódio ao espanhol.

Essa febre foi pouco a pouco diminuindo, e pela lenta transformação que é a lei implacável da natureza, pelos meados do século XVIII, ou mesmo antes, desaparecera com o seu cunho característico o tipo primitivo. Causas diversas contribuíram para essa decadência, mas nenhuma talvez tão importante como a abertura de novos caminhos que vinham interromper o isolamento das antigas populações.

Ao findar o século XVII, Artur de Sá e Meneses, governador do Rio de Janeiro, contrata com Garcia Rodrigues Pais, filho do lendário Fernão Dias, a abertura de uma estrada ligando diretamente a capital da Repartição do Sul aos descobertos das Minas Gerais.

Era a morte decretada da velha estrada descrita por Antonil, que de São Paulo e Taubaté conduzia aos sertões mineiros: o governo da metrópole — diz Capistrano de Abreu — sacrificava conscientemente São Paulo a Minas. Talvez, mais do que qualquer outra, seja a criação desse caminho uma das razões da guerra dos Emboabas, que acabou numa derrota paulista, apesar da diplomacia com que a liquidou a Metrópole, e sendo por seu turno o motivo que atirou a gente de São Paulo para os desertos de Goiás e Mato Grosso. Para o Norte, os caminhos clandestinos do contrabando do ouro e a estrada que levava à Bahia, beirando o rio São Francisco e o rio das Velhas, eram o escoadouro das riquezas da mineração que descobrira e começara a explorar a iniciativa paulista. Entre o Rio e São Paulo, durante o século seguinte, as comunicações se intensificaram pelas primitivas veredas de índios que da aldeia guaianás de Taubaté desciam a serra e, por outros caminhos, procuravam os portos de Parati ou Angra dos Reis.

Em 1726 Rodrigo César de Meneses escrevia que tinha posto todo o cuidado para se concluir a abertura do caminho para a cidade do Rio de Janeiro, "havendo já feito picada em direitura os homẽs que forão encarregados daquella deligencia".[37] E o governo do capitão-general Bernardo José de Lorena em 1789 estabelece uma livre e relativamente acessível comunicação entre o planalto e o porto do Cubatão. Um discurso oficial, celebrando, como todos os discursos oficiais, grandes feitos de administradores no poder, salienta e engrandece essa obra do governador da capitania, dizendo no empolado estilo dessa época colonial:

> Aquella soberba e descalvada serra que, impedindo alli o passo ao oceano, sobre elle arroja de seu humido seio tremendos rochedos contra as ondas; que servindo de inaccessivel muralha aos inimigos do nosso paiz, apenas nos dava difficultosa passagem; que nos fazia tributarios até da vida de alguns homens que alli desgraçadamente

pereceram.[...] aquella mesma serra, horror antigo dos viandantes, é hoje, Senhores, a mais commoda e mais fortificada estrada que nós temos. Ella só basta para levar aos séculos futuros a memoria deste grande heróe.*

Cessava assim o esplêndido isolamento em que se criara a população dos antigos campos de Piratininga, protegida pelo acesso dificílimo do seu Caminho do Mar, e que agora se comunicava facilmente com o seu próprio país e com o resto do mundo. Já desaparecia o piratiningano; na evolução histórica do Brasil viria substituí-lo o paulista da decadência e o seu descendente do São Paulo moderno.

A terra rica e o viver fácil transformavam lentamente o aventureiro dos primeiros tempos coloniais no agricultor, pesadão e desconfiado, e no pálido caboclo, vítima, como o antepassado índio, do álcool, da doença e do faquirismo indolente. O mamaluco incansável, fragueiro, ágil e ardiloso, será o Jeca, do escritor paulista.[38] O cabo-de-tropa, que seguia à frente das expedições, ao rufar de tambores e bandeiras desfraldadas, será hoje o chefe político, entusiasta incondicional de todos os governos, membro do diretório local que só briga por querer ser mais governista do que o vizinho. A aristocracia rural, que era o último reduto do tipo ancestral, degenera, se extingue e se transforma no industrialismo cosmopolita, e sem o laço íntimo e profundo que liga ao solo — na sua vida social e na sua vida política —, estrangeira na própria terra, assiste inerte e desolada à formação de uma nova raça, que ainda não tem nome, e que será a do habitante do futuro São Paulo. A onda imigratória — imigrantes de outros países, imigrantes do próprio Brasil — inunda os campos e as colinas do planalto, que não mais protege a serra rude e hostil. A fartura e o bem-estar, chegados os

* [*Documentos interessantes para a história e costumes de São Paulo,*] vol. XLIV, Archivo do Estado [de São Paulo, Typ. Cardozo Filho, 1915, pp. 313-4].

tempos de hoje, imobilizaram o nomadismo do passado. Intoxicado pela própria riqueza, o paulista, no *melting pot* ◆ brasileiro, representará apenas a contribuição histórica e racial de um epígono prestes a desaparecer. Da velha semente bandeirante ainda lhe restará, no entanto, na constância das forças subconscientes, o fermento instintivo dos tempos heróicos. É, por exemplo, o mistério das leis de migração — a marcha para o Oeste — que impelia os rudes antepassados pelo caminho movediço dos rios ou pelos picadões do sertão, para as bandas do sol poente — como hoje a expansão agrícola se estende pela zona trilhada pelos Buenos na conquista dos Martírios ou pelas bandeiras que procuravam as margens do Paranapanema e do rio Paraná. Como na época primitiva, nesse afoito movimento de conquista surgem as inevitáveis crises, oriundas das mesmas virtudes e dos mesmos vícios: a mesma imprevidência do futuro, a mesma ansiedade gulosa de chegar primeiro para colher mais, e em que os abridores de fazendas dos sertões da Noroeste e Rio Preto inconscientemente imitam as expedições de morte que despovoavam as terras à cata de escravos ou os bandos apressados que descobriam Minas, Goiás e Cuiabá.

Do tipo ancestral falta, porém, ao paulista moderno, a ânsia de liberdade e independência que deu um cunho tão característico ao habitante da velha capitania. O amor e a devoção ao poder, herdados da estúpida tirania dos governadores do século XVIII, completaram a obra de decadência que se iniciara nos primeiros quartéis desse século pelo fenômeno dispersivo da desaglomeração individualista e que tinha transformado o pioneiro e aventureiro em povoador, mineiro ou fazendeiro. O velho paulista, "amantíssimo de liberdade", aos poucos se mudara no arrivista pacífico, que a tudo antepõe a paz submissa e o duvidoso enriquecimento.

◆ "Cadinho".

* * *

    Assim desapareceram também da nossa clássica paisagem serrana as altíssimas araucárias que, por onde corria o lento Anhembi, mostravam aos conquistadores a entrada do sertão.
    O Caminho do Mar é hoje uma estrada para automóveis.

(1922–1925)

O patriarca

O primeiro governador do Brasil foi uma figura perfeitamente representativa do seu tempo e de sua raça. Antes de chegar à Terra de Santa Cruz, Tomé de Sousa batalhara longamente pela África e Ásia. Nesse tirocínio em que fortificara as qualidades de homem de guerra e de administração, tinha conquistado a reputação de prudência e sisudez, o que o recomendara sem dúvida a d. João III, quando o mandou tomar conta do governo do Brasil. Era-lhe um campo já conhecido de tradição, porque nele se tinham ensaiado os seus parentes Martim Afonso de Sousa e Pero Lopes.

Nessa missão partiu de Lisboa o governador a 1º de fevereiro de 1549, trazendo, além de seis padres da Companhia de Jesus e outros religiosos, alguns casais, mil homens de armas e quatrocentos degredados. Assim como anos antes Martim Afonso iniciara a colonização do Sul do país, vinha Tomé de Sousa, com grande alçada de poderes e com maior fausto e recursos, empreender a conquista e povoamento do Norte.

A escolha do governador tinha sido das mais acertadas. A sua passagem pela África, num período de guerrilhas contra os mouros, a sua estadia na Ásia, envolvido na trama da administração índica, davam-lhe um admirável conhecimento dos homens, das coisas e dos fatos da vida colonial. Nessa escola de imoralidade que fora a Índia, a sisudez e a ponderação do seu caráter tinham-no protegido contra as delícias e os desmandos da corrupção asiática. Um humorismo brusco, à portuguesa, feito de mil experiências, temperava a rispidez inteiriça do seu quinhentismo. Conhecendo o primitivo elemento povoador da colônia, em que predominava o enxurro das cidades e cadeias metropolitanas, Tomé de Sousa guiava-se na direção dos negócios públicos pelo ceticismo desconfiado da sua raça e de sua época. "Todo homem he fraco e ladram", dizia, acrescentando, porém, que, no exercício do poder absoluto que lhe fora confiado, "nunca fes das tripas coração e muitas vezes fes do coração tripas".[39]

Instalado o governador na Bahia de Todos os Santos e fundada a cidade do Salvador, inaugurou ele um fecundo período de governo. Pela primeira vez aparecia, no imenso território de esparsos elementos de povoação, uma força administrativa centralizadora, dominando os abusos dos donatários e de seus locotenentes-ouvidores, dispersos e ineficazes na anarquia individualista dos tempos mais próximos da descoberta. Começava uma das alternativas rítmicas da evolução brasileira, assinalada por João Ribeiro,[40] quando aos esforços unitários de uma época se sucediam, revezando-se cada século, os movimentos centrífugos de descentralização. Tomé de Sousa vinha realizar a primeira tentativa para estabelecer a unidade nacional.

Em fins do ano de 1552 seguia o governador a correr a costa até os confins das capitanias do Sul, constantemente ameaçadas, especialmente a do Rio de Janeiro, pelas incursões de navios franceses. Compunha-se a expedição de uma nau e duas caravelas, sob o mando de Pero de Góis; dela também fazia parte o padre Manuel da Nóbrega.

O relato dessa viagem, escrito já na cidade do Salvador, quando de volta em junho de 1553, é um quadro impressivo do estado de desleixo e pobreza em que nascia e vegetava a nova colônia. Vilas, povoados e feitorias em quase-abandono, sem nenhuma defesa contra os assaltos dos piratas, ou, se mais longe do mar, expostas aos ataques do gentio: o governador mandou-as cercar de taipa, de baluartes e deu-lhes a artilharia necessária; capitanias desertas, com os donatários ausentes e administradores ineptos ou obscuros — a quem "não os conhece a may que os pario", escrevia o governador;[41] no Rio, os franceses já instalados, negociando em pimenta, de que num ano tinham tirado mais de cinqüenta pipas: não fez construir uma fortaleza, como era aconselhável, nessa região de que mandava um debuxo ao Rei, por falta de gente disponível; na capitania de Martim Afonso, encontrou São Vicente e Santos (onde já havia a alfândega real), sem cercas, com as casas espalhadas em desordem, em meio de grandes quintais e afastadas da igreja e do colégio dos jesuítas: aí fundou junto ao mar duas vilas reunindo os moradores dispersos pelas praias, uma ao Norte, na Bertioga, preparada contra incursões de índios; outra, ao Sul, em Conceição de Itanhaém; de São Vicente até o Rio da Prata, pela solidão da costa, depararam-se-lhe algumas armas de Castela, em marcos que fixavam a posse espanhola: mandou-as deitar ao mar e substituir pelas de Portugal. Serra acima, depois do planalto que atingia a íngreme trilha do Caminho do Mar, ao começarem os descampados de Piratininga, reuniu o governador todos os povoadores discriminados pela redondeza e fundou a vila de Santo André, em sítio onde já havia uma ermida de que era orago esse santo. É possível que aí, pela primeira vez, se desse o seu encontro com João Ramalho.

Quando as naus e caravela de Martim Afonso defrontaram com as praias vicentinas, já havia pelo litoral brasileiro núcleos esparsos de população européia, remanescentes de naufrágios ou das viagens de 1501 ou 1503, das de d. Nuno Manuel, da nau *Bretoa*, e de Cristóvão Jacques, ou de outras anônimas que, em busca de refresco ou abrigo, apareciam de passagem pelos desertos da costa.

São Vicente, que já aparece nas cartas de Canário, em 1502 (San Vicenzo), nas de Ruysch e de Waldseemuller (San Vincento), tornou-se logo um ponto de tráfico de escravidão indígena, à moda africana. Doze ou quinze europeus, portugueses e espanhóis, constituíram um centro inicial de povoamento, que se estendia das praias da ilha de Santo Amaro até Cananéia. Eram o célebre "Bacharel", ainda não identificado, seus genros, Gonçalo da Costa, Antônio Rodrigues, João Ramalho, Mestre Cosme, Duarte Peres ou Pires, e outros náufragos sem nome, como os que escaparam de uma nau soçobrada numas ilhotas fronteiras à ilha dos Porcos e a que se refere Alonso de Santa Cruz.* O trato de resgate tomou logo algum vulto e era feito com índios e índias aprisionados diretamente pelos europeus ou com prisioneiros das guerrilhas e que o próprio indígena vendia. As tripulações das naus partilhavam entre si as presas de guerra. O pagamento dos escravos se fazia em objetos de utilidade, ou mesmo fiado, a ser liquidado o negócio na Europa, quando chegavam as expedições. Antes da vinda de Martim Afonso essas povoações já tinham certamente um aspecto civilizado. As casas toscas rodeavam-se de laranjeiras, limoeiros e cidreiras. Gonçalo da Costa possuía um pequeno estaleiro onde construía e consertava bergantins. Em sua casa viviam os hóspedes de passagem. Quando esteve por São Vicente Diogo Garcia, em 1527, em caminho para o Rio da Prata, o "Bacharel" e

---

* Eugênio de Castro, *Diário de [Navegação de] Pero Lopes [de Sousa, 1530-1532*. Rio de Janeiro, Leuzinger (Paulo Prado, editor), 1927], vol. I [pp. 193-4.]. Cf. [Gonzalo Fernandez de] Oviedo [y Valdés], *Historia general y natural de las Indias*, t. II [Madri, Imprenta de la Real Academia de la Historia, 1852], p. 118, em comentário ao "yslario" de Alonso de Santa Cruz.

seus genros o abasteceram de "mucho refresco de carne e pescado e de las vituallas de la tierra"[42] e com ele assinaram carta de fretamento de oitocentos escravos embarcados por esse mesmo Diogo Garcia em Tumiaru, onde mais tarde se fundou São Vicente. Se Gonçalo da Costa, genro do "Bacharel", e já tronco de uma progênie de mamalucos, era um dos personagens importantes do litoral, nos sertões do planalto dominava, ainda com maior prestígio e intimamente relacionado com os tupiniquins da praia e com os tapuias da serra, a figura excepcional de João Ramalho.

Apesar da época e da terra em que a surpresa e a novidade eram de cada dia, o velho povoador dos campos de Santo André impressionou fortemente o governador. Escrevia ele a d. João III:

> hordeney outra villa no começo do campo desta villa de São Vicente de moradores que estavão espalhados por elle e os fiz cerquar e ayuntar pera se poderem aproveitar todas as povoações deste campo e se chama a villa de Santo Andre porque honde a cituey estava hūa ermida deste apostollo e fiz capitão della a Iohão Ramalho naturall do termo de Coimbra que Martim Afonso ya achou nesta terra quoando ca veyo. Tem tantos filhos e netos bisnetos e descendentes delle ho nom ouso de dizer a V. A., não tem cãa na cabeça nem no rosto e anda nove legoas a pe antes de yantar.*

---

* A carta de Tomé de Sousa ao rei, em que dá conta da sua viagem ao Sul, é de 1º de junho de 1553. Foi pela primeira vez publicada integralmente na *História da Colonização Portuguesa do Brasil*, vol. III [Porto, Litografia Nacional, 1924, p. 365]. Varnhagen já a cita na *História Geral do Brasil*, mas ou engano do copista ou inadvertência do historiador, parece ter-lhe escapado o trecho referente a João Ramalho. Dizia Capistrano que Varnhagen mandava proceder a essas cópias com grande parcimônia de gastos; daí, os erros e as falhas... Em todo caso, ele já sabia que João Ramalho era natural de Coimbra.

João Ramalho tem sido um dos assuntos mais controvertidos dos anais de São Paulo. Os nossos cronistas criaram em torno desse personagem misterioso uma lenda que os documentos ainda não puderam esclarecer. Fizeram-no náufrago, degredado, de "mil crimes infame",[43] afirmavam os padres da Companhia, semibárbaro e amancebado com a filha de Tibiriçá; judeu, excomungado, analfabeto, herói. Cândido Mendes o ataca como se agride a um inimigo pessoal; os escritores paulistas o defenderam como se defende a um antepassado caluniado. A história, porém, deve ser mais simples. Nada do passado desse homem pareceu digno de nota ao governador. Era um simples português como os outros, e que aqui vivia antes da chegada de Martim Afonso, traficando nas feitorias do litoral. O fato repetia-se com freqüência ao longo da costa: dessa gente, dizia Melo da Câmara, são homens que se contentam "com terem quatro índias por mancebas e comerem dos mantimentos da terra".[44] No Norte tivemos Caramuru, no Sul o "Bacharel" de Cananéia, Antônio Rodrigues, João Ramalho, e centenas de outros que o individualismo da época isolava pelas praias intérminas do litoral.

Ainda pouco se sabe sobre o ano em que chegou a São Vicente. As informações espanholas relativas às viagens de Caboto e de Diogo Garcia referem-se algumas vezes a náufragos, desertores ou desterrados residindo nas praias de São Vicente. Na sua relação de viagem, Garcia, em 1527, diz que aí havia "un Bachiller e unos yernos suyos mucho tiempo ha que ha bien 30 años".[45] Seriam os remanescentes da nau soçobrada junto à ilha dos Porcos, ou gente desembarcada de outras expedições, como as de 1501 e 1503?

Com relação a Ramalho apenas é conhecida uma carta de sesmaria de 15 de outubro de 1532, passada por Martim Afonso e referente a umas terras ao oriente de Santos, em que se diz que o escrivão Pero Capico levara para a respectiva demarcação e divisa — "João Ramalho e Antonio Rodrigues, linguas desta terra, já de quinze e vinte annos estantes nesta terra".[46] Isso indica que nela já estavam de 1512 a 1517. Tomé de Sousa, porém, na carta de 1553, declara que Ramalho já tinha bisnetos, o que pelo menos o supõe qüinquagenário, apesar da precocidade sexual do gentio e seus descendentes. Ao mesmo tempo confirma o engano de setenta para noventa anos de estadia do alcaide-mor em São Vicente, engano apontado pelos comentadores do célebre testamento a que se refere frei Gaspar da Madre de Deus.

A veracidade, porém, desse testamento — que nunca ninguém viu no original, nem mesmo frei Gaspar — sofre um rude ataque com a publicação da carta de Tomé de Sousa. Verifica-se que João Ramalho não nasceu em Barcelos, como escreveu Pedro Taques, nem em Broucela, como interpretou o frade santista, nem em Boucela ou Vouzela, freguesia da comarca de Vizeu, como diz a cópia do testamento escrita pelo próprio punho de José Bonifácio e divulgado por Washington Luís. João Ramalho — afirma Tomé de Sousa — "era naturall do termo de Coimbra". Ramalho e seus filhos fundaram a vila de Santo André, reza o testamento; a carta do governador refere que por ordem dele, e ao redor da ermida de Santo André, se reuniram os moradores espalhados pelo campo e aí os "fez cerquar e ayuntar".[47]

Desde os primeiros tempos da capitania que pelo planalto já se infiltrava e pululava uma vida misteriosa de aventureiros europeus, resgatando índios para o comércio do litoral, cultivando pequenas roças, criando gado nos seus campos e currais. Conviviam estreitamente com os selvagens, de quem aprendiam a língua e os costumes; de um deles conta um jesuíta que, barbarizado de todo, somente à força entrava nas capelas e só a pulso era obrigado a se ajoelhar diante do Santíssimo Sacramento. Ulrico Schmidel,[48] na sua viagem de 1553, avaliava essa população em perto de oitocentos indivíduos, "gente [cristã] derramada" pelos sertões, como dizia o padre Leonardo Nunes,[49] e que os jesuítas procuravam reunir aos seus aldeamentos de convertidos de Barueri, Araçariguama, Porto Feliz, Parnaíba, Sorocaba, que, como a aldeia de Maniçoba,⁵⁰ ou de Paranaitu, desapareceram com a fundação da casa de Piratininga. Desses arraiais incipientes só vingou por mais tempo a aldeola de Santo André: aí, até 1560, João Ramalho e seus descendentes mamalucos dominaram sem contestação todo o alto da serra.

O lugarejo, no Caminho do Mar, devia estar na bifurcação de duas estradas, ou antes, de simples veredas de indígenas, que seguiam: uma, em direção ao Ipiranga e depois margeava o antigo Piratininga ou Tamanduateí até a aldeia de Tibiriçá; outra rumava para Ibirapuera, o Santo Amaro de hoje, continuando em seguida para sudoeste, até os vales do Paranapanema e do Paraná, donde atingia a bacia do Paraguai. É este o tradicional caminho do Pai Zumé dos índios, ou do apóstolo são Tomé, segundo a lenda católica; por ele chegara à povoação da Borda do Campo, vindo de Assunção, Ulrico Schmidel.

É fácil imaginar o que seria o pequeníssimo povoado de Santo André, perdido nas solidões enevoadas do planalto. A princípio pouco mais do que uma taba indígena, com palhoças de taipa de mão, cercadas de pau-a-pique, e umas toscas seteiras contra o inimigo das redondezas. Mais tarde edificaram-se trincheiras e baluartes, com alguma artilharia, e muros protetores, que tantas vezes citam as atas da Câmara.* No centro, a ermida a que se refere Tomé de Sousa.

Os moradores passavam os dias ocupados em suas roças, afastados do arraial deserto, com o aspecto abandonado tão peculiar

---

* Ainda a 31 de março de 1558 os vereadores pediam que se "repayrasem hos muros [...] pʳ quãoto tynhãomos nova q̃ nobos hymdyos vinhão escōtra nos", no seu rude linguajar. [*Actas da Camara de Sto. André da Borda do Campo*. Archivo Municipal de S. Paulo, Duprat, 1914, p. 74.]

às povoações da colônia, só movimentadas nos dias de descanso. "P^r quãoto se hyão todos as suas roças e fycava esta villa sem jemte", reclamava o procurador do Conselho, pedindo que "se repartisem a metade hũ dya e outra metade outro dya".*

Santo André teve vida efêmera: em 1560 Mem de Sá cuidava da mudança de seus moradores para Piratininga. Nas tradições da história paulista a aldeia de João Ramalho foi o primeiro núcleo de resistência contra o elemento civilizador e catequese missionária. Simbolizou, para assim dizer, a cobiça, a violência e a exploração do comércio de escravos, realizada e organizada pelo colono já autóctone, em oposição ao esforço místico dos padres da Companhia, empenhados unicamente na salvação das almas. De um lado o mamaluco, "conquistador e povoador", na expressão consagrada pelas atas da Câmara;[51] de outra parte, o missionário, evangelizador, soldado da Igreja. Luta que, desde os começos do século XVII, se eternizou, com altos e baixos, até a época pombalina.

É possível que a realidade, quase sempre mais simples, tivesse sido diferente. A própria localização de Santo André era um estorvo para o seu desenvolvimento. Situada, como seu nome o indica, na orla da mata, quando começava o campo, estava exposta aos ataques do gentio inimigo que se podia aproximar escondido no emaranhado arvoredo da serra: "estavamos na frõteira",[52] alegavam os moradores da vila para não mandarem alguns homens requisitados para a guarnição da Bertioga. Por outro lado, o clima úmido, chuvoso, pela proximidade de grandes extensões de matas, não podia competir com os descampados secos e claros de Piratininga, onde se erguia a escarpada primitiva aldeia de Tibiriçá vigiando as várzeas, os rios e o largo horizonte. Os próprios moradores da Borda do Campo o reconheciam: em 1561, numa carta dirigida a Dona Catarina, Regente, Jorge Moreira e Joannes Alves

* *Actas da Camara de Sto. André*, 21 de agosto de 1557 [cit., p. 66].

diziam que todos assinavam a petição para a mudança da vila para a casa de São Paulo, por ser "lugar mais forte e mais defensavel, e mais seguro assim dos contrarios [Tamoios] como dos nossos indios"...[53]

De outra parte, o dissídio entre missionários e colonos só mais tarde, ao começar o século XVII, tomara o aspecto de violenta inimizade, pela divergência fundamental em que viviam os europeus em relação ao gentio — para uns, matéria preciosa para a redenção da fé; para outros, mero instrumento bruto para os lucros da escravização. Nos primeiros tempos, padres e conquistadores vinham da mesma origem, que era essa aventurosa época de todas as audácias e em que surgia um mundo novo para a multiforme atividade humana. A terra recém-descoberta era campo vastíssimo e virgem para todas as conquistas. Tanto os jesuítas que acompanharam o primeiro governador como os colonos e degredados do primitivo povoamento eram homens de ação, desenvolvendo em esferas diferentes os seus anseios e ímpetos de gente da Renascença. Os primeiros atritos apareceram quando a disciplina rígida da ordem militante entrou em conflito com o relaxamento dissolvente da anarquia colonial. Nóbrega foi o jesuíta típico desse primeiro período, em que nunca se poderá elogiar demais a energia, a perseverança, a abnegação e o heroísmo dos padres. De acordo com a regra da Ordem temperava, porém, a exaltação do ascetismo missionário o mais inteligente oportunismo em relação aos homens e ao meio. Os jejuns, as vigílias, as macerações, as flagelações diminuíam e cessavam quando a saúde começava a perigar. O ambiente então regulava os arroubos da imaginação religiosa. Para o jesuíta, ao lado das criações subjetivas da exaltação mística, também existia o mundo visível, na sua afirmação materialista. Numa carta de Manuel da Nóbrega ao padre Simão Rodrigues, em seguida a toda uma prédica de doutrina cristã e de narrativas de prática missionária, aparece a pequena nota realista, à moda inaciana:

"Para se estar de saúde, é preciso trabalhar e suar como faz o padre Navarro".⁵⁴ A curiosíssima carta de Anchieta a Laynez, de 16 de abril de 1563, esclarece de maneira surpreendente esse ponto de vista jesuítico. Trata ela da guerra promovida contra Piratininga pelas tribos inimigas que cercaram e atacaram a vila, todas pintadas e emplumadas, e com grande alarido. Vencidos e dominados os selvagens, diz Anchieta que lhe parece estarem agora "as portas abertas nesta capitania para a conversão dos gentios, si Deus N. S. quiser dar maneira com que sejam postos debaixo de jugo, porque para este genero de gente não ha melhor pregação do que espada e vara de ferro, na qual mais do que em nenhuma outra é necessário que se cumpra o *compelle eos intrare*".⁵⁵

É o mesmo processo que adotava o sertanista para o resgate de escravos. Uns levavam os conversos para os aldeamentos do sertão; outros, para os mercados do litoral. O conflito de interesses, latente nos primeiros tempos, não tardou a surgir entre padres e piratininganos, tomando então a feição violenta que era da época, entre homens rudes, perdidos nas solidões de um mundo novo. A mestiçagem criara, porém, desde o princípio um tipo étnico admiravelmente constituído para o povoamento e conquista do sertão. Foi o mamaluco.

Da propensão poligenética adquirida pelo português durante os longos séculos de conquista moura e as primeiras tentativas coloniais na costa africana, ligada à passividade da mulher indígena — desse dinamismo fisiológico superabundante —, resultou a formação de uma sub-raça que a história e a lenda celebrizaram. A essa gente nunca preocupou outra ambição senão a de procurar ouro e riquezas, fossem estas as minas escondidas nos socavões e nos córregos do sertão ou o próprio índio, conquistado, domesticado e em seguida remetido para os mercados de beira-mar. Desde os primeiros tempos, assinalava-se pelas qualidades e defeitos que a fizeram admiravelmente preparada para a realização de sua finalidade. Competiu-lhe desde logo a tarefa de resistir à ambiência agressiva da natureza adusta e inesgotável. Vencê-la foi mais fácil do que dominar o indígena. Tudo para o pioneiro era obstáculo vivo ou inerte. Até para comer uma fruta — notou um escritor hispano-americano — era preciso um ímpeto de audácia: conhecia-lhe por acaso o nome, a forma, o sabor, a ação? A própria raiz que fornecia a farinha de guerra para as longas jornadas escondia um veneno terrível, quando mal preparada. Rodeava-o, dia e noite, um mistério quase sempre hostil: homem, clima, terra, feras, insetos, doenças. Os padres a miúdo se referem a essa luta contra o meio que os cercava dia e noite. Perigos de cobras, perigos de onça, perigos de inimigos, tormentas por mar e naufrágios, passagens de rios caudalosos em vaus incertos, com água pela cinta ou pelo peito, calor, frio, noites passadas ao relento, nos matos, sem poder dormir de frio por falta de roupa e de fogo, "porque nem calça nẽ çapato avia e assi andavam as pernas queimadas das geadas e chuivas muitas e mui grossas e cõtinuas".[56]

A tudo resistia o mamaluco. Para a conquista do sertão fundo embrenhou-se, seguindo a trilha movediça dos grandes rios que, providencialmente, de bubuia, o levava para o interior da terra. O rio dava ao sertanista peixe para a fome, água para a sede; atravessava a floresta, indicava o vale serpeando entre montanhas; era o refrigério para as noites ardentes e permitia muitas vezes a salvação próxima pela esperança, depois da rude varação, de longos estirões e de claros espraiados, onde se respirava melhor num horizonte mais largo.

Nesse deserto revelava-se a superioridade da mestiçagem, fortificada pela ambiência. Do índio, vinha-lhe o ardil, o instinto, a maleabilidade, a coragem impassível, a observação agudíssima apurando os sentidos. Do branco, a obstinação, a inteligência, a imaginação, a cobiça. Corrigindo o velho fundo disciplinar e tradicional do europeu, a fraternidade comunista do indígena seria a semente da independência esquiva que veio caracterizar o novo tipo étnico em formação. E, desenvolvendo-se nessa luta de cada instante contra a Natureza, foi aí que se revelou a verdadeira grandeza da bandeira paulista.

Preparou-se a excepcional estrutura física daquele a que se pode chamar o patriarca e fundador da raça, tronco vetusto e fortíssimo donde ramificou a formidável prole dos mamalucos piratininganos. A esse homem não apavorava a solidão das matas e campos do planalto, nem o duro amanho da terra virgem, nem a obsessão do gentio incerto e insidioso que o cercava. Caminhava nove léguas antes de jantar, e a vida agreste da serra não o encanecera apesar dos longos anos de lutas.

Como a seus descendentes nunca o preocupou a idéia de reaver domínios para o rei de Portugal, ou de rechaçar o espanhol para além dos grandes rios do interior. Odiava ao castelhano porque era um concorrente no negócio, mas com ele mercadejava nas feitorias do litoral, quando por aí passavam as naus à cata de negócios ou de refresco.

Pelas várias fases da evolução de São Paulo, no tipo étnico que o planalto formou e desenvolveu, predominou por dois séculos o determinismo histórico que aparentava o caçador de índios, o buscador de ouro, guerrilheiro dos sertões da Bahia, com o primitivo mamaluco da progênie patriarcal de João Ramalho e de Antônio Rodrigues. Até os meados do século XVIII foi o elemento dinâmico da formação nacional, e que só desapareceu quando o seu próprio expansionismo enfraqueceu e imobilizou a bandeira. Pelo vastíssimo território ficaram, entretanto, dispersos e incognoscíveis, grupos ou indivíduos marcando a passagem e o rastro do antigo paulista. Martius ainda no século passado os encontrou nas mais longínquas regiões da Amazônia. Eram os descendentes do homem excepcional que Tomé de Sousa deparou nos desertos do planalto piratiningano. Dele herdaram as qualidades físicas que caracterizaram os mamalucos de São Paulo: fortaleza, longevidade, paixão desordenada do enriquecimento rápido e esse nomadismo que sugere uma semente judia vinda dos cristãos-novos do primitivo povoamento.

Infelizmente, além da carta do primeiro governador, poucas são as informações que nos chegaram relativas ao Patriarca. Poucas e embrulhadas.

Pedro Taques, de uma vez, diz que João Ramalho, náufrago lendário, viera na frota de Martim Afonso e que era fidalgo, com foro de cavaleiro. Acrescenta que era sua irmã Joana Ramalho, mulher de Jorge Ferreira, também cavaleiro fidalgo e que foi mais tarde governador da Capitania.*

Na *História da capitania de São Vicente*, dá o próprio linhagista um desmentido às informações da *Nobiliarchia*: já então Ramalho, "homem nobre, de espirito guerreiro e valor intrépido, chegara a São Vicente muito antes de Martim Affonso". Em outro título da *Nobiliarchia* escreve, porém, Pedro Taques, que Antônio Rodrigues, genro de Piquerobi, chegara à capitania com Ramalho (sem prenome) havia trinta anos, quase antes de aí chegar Martim Afonso.**

Alguns documentos pertencentes ao arquivo do general Arouche, citados por Silva Leme, não resolvem de maneira satisfatória a grande confusão desses informes. Diante de tanta diversidade de opiniões exclamava o velho militar que "ficava na incerteza e confessava ignorar quaes eram os seus antepassados mais remotos".[57]

O jesuíta Antônio de Sá, citado por Cândido Mendes, em carta dirigida aos irmãos da Companhia, na Bahia, e datada de junho de 1559, refere-se a um fato que se passara "antes que muriese Juan Ramallo"...[58] Parece que esse Ramalho era, porém, do Es-

---

* Rev[ista] T[rimensal do Instituto Historico, Geographico e Ethnographico do Brasil], t. XXXIII, parte II, [Rio de Janeiro, Garnier, 1870,] p. 81.
** Ibidem, t. XXXIV, parte I, [Rio de Janeiro, Garnier, 1871,] p. 8.

pírito Santo, donde é escrita a carta do jesuíta. Assim de fato deve ser, pois em 1560 transferira-se um João Ramalho para a vila "de São Paulo de Piratininga, onde em 1562 foi nomeado pela Câmara e povo de S. Paulo para capitão da gente que teve de ir ao sertão fazer guerra aos índios do Paraíba".*

Aí, em 1564, a 15 de fevereiro, Ramalho recusa o cargo de vereador, alegando ser homem velho, maior de setenta e oito anos. Para não falar no célebre testamento de 3 de maio de 1580...

Diante de tanta confusão de nomes e datas é permitido admitir a existência de diversos Ramalhos. Em toda essa metade do século XVI — na história da América e tratando-se especialmente de embarcadiços —, a identidade de nomes é fato corrente. No Chile, por exemplo, pela mesma época, aparecem diversos Juan Fernandez, homônimos do descobridor das ilhas que têm esse nome. Toríbio Medina cita nada menos de seis Juan Fernandez. Observação análoga se pode fazer a respeito de Diogo Garcia, nome que aparece algumas vezes nesse pequeno estudo, desde o Diogo Garcia que acompanhou Solis ao Rio da Prata, até o Diogo Garcia, de Moguer, que negociou com o "Bacharel" e seus genros o embarque de uma grande leva de índios escravizados.

A respeito desse mesmo "Bacharel" a confusão é completa. Parece que um dos seus genros foi Gonçalo da Costa; os descendentes deles seriam mestiços de sangue índio. Todos os documentos se referem ao "Bacharel" sem o designar de outro modo; mas curioso é que entre os portugueses que viviam em São Vicente — pelo depoimento de Sebastião Caboto feito em Sevilha em 29 de julho de 1530, de volta da viagem ao Prata — se sabe de um certo Fernão Malo, a quem deu uns presentes, no referido porto. Malo, Ramalho? Assonância tênue, que nos levaria a admitir que também Ramalho

---

* [Manoel Eufrazio de] Azevedo Marques, *Apontamentos* [*Historicos, Geographicos, Biographicos, Estatisticos e Noticiosos da Provincia de S. Paulo*], baseados em documentos da Câmara de São Paulo [Rio de Janeiro, Laemmert, 1879, vol. II, p. 27].

fosse um dos genros do "Bacharel". Baralhada inextricável que viria talvez destruir a lenda imaginada pelos linhagistas e historiadores paulistas. Capistrano de Abreu costumava dizer que uma carta anchietana parecia indicar que o padre Manuel de Paiva era parente de João Ramalho, ambos originários de Coimbra, como se verifica pela carta de Tomé de Sousa. Seria ainda outro, ou o mesmo, o "homem por graves crimes infame e actualmente escommungado", de que fala o padre Simão de Vasconcelos?[59]

Enquanto na longínqua Capitania de São Vicente lentamente germinava a semente plantada pelo primeiro donatário e por Tomé de Sousa, na cidade do Salvador expirava o tempo de governo deste último. Em 13 de julho de 1553, tomava posse o seu sucessor, Duarte da Costa. Um ano depois já se sentia que era diferente a administração da colônia. Escrevia então o bispo do Salvador ao rei d. João III: "afirmo a V. A. que quem vio esta terra em tempo do bom Tomé de Sousa e a vê agora que tem tanta cousa de se carpir quanta teve Jeremias de chorar sobre a cidade de Jerusalem"...[60]

A sua estadia no Brasil tinha sido das mais proveitosas para a nova terra; tivera, porém, de lutar contra tudo e contra todos. Quatro anos de governo tinham-lhe esgotado a paciência e as forças. Narra frei Vicente como deixou o governador o seu bastão de mando. Era costume ir um meirinho a bordo dos navios que chegavam ao porto do Salvador para trazer em primeira mão ao chefe do governo as notícias mais interessantes. O meirinho sabia que por várias vezes Tomé de Sousa solicitara da metrópole a sua volta, alegando doenças, prejuízos na sua fazenda, saudades da família. Pensando ser-lhe agradável correu pressuroso a dar a grata notícia da chegada de d. Duarte. Respondeu Tomé de Sousa, depois de alguma reflexão: "Vedes isso, meirinho? Verdade é que eu o desejava muito e me crescia a agua na bocca quando cuidava em ir pera

Portugal; mas não sei que é que agora se me secca a bocca de tal modo que quero cuspir e não posso".[61]

Era, já naquele tempo, a agridoce sensação dos que são forçados a abandonar os chamados "postos de sacrifício".

(1926–1931)

Pires e Camargos

Em 1641, Fernando de Camargo, "o Tigre", matava com um só golpe de adaga, e junto à porta travessa da matriz de São Paulo, a Pedro Taques de Almeida. Era um desforço, talvez resultado de uma conspiração, e se seguia a outro conflito desenrolado um ano antes nesse mesmo largo da Sé, em que grupos rivais, pertencentes a duas famílias das mais ilustres da vila, se encontraram em batalha aberta, de que resultaram mortes e ferimentos. Esse primeiro conflito se originou na própria porta da matriz e, desenvolvendo-se pelas ruas da vila, voltara a se fechar num círculo vicioso — diz o cronista — terminando junto aos degraus da igreja. Iniciara-se assim, numa cena de extrema violência, a luta entre Pires e Camargos, que tão profundamente veio a perturbar a vida da capitania.

Poucas informações até nós chegaram dessa época de terríveis ódios. As narrativas do linhagista Pedro Taques são forçosamente suspeitas pela influência ainda sensível dos laços de família que o ligavam aos Pires. As notícias oficiais fornecidas pelos arquivos denotam prudente neutralidade, que não embaraçasse a ação conciliatória da metrópole. Conhecemos do drama um ou outro episódio, que a tradição conservou, mas é difícil descobrir, no emaranhado dos fatos truncados e das datas erradas, o fio da intriga ou o móvel íntimo e secreto que dominava os personagens.

A opinião geral é que se trata de um caso de politicagem de aldeia, agravado pela rudeza dos costumes e pela índole insofrida dos homens desse tempo. É o que vemos ainda hoje na politicalha desordeira das vilas do sertão. O erudito sr. Afonso d'E. Taunay atribuiu ao conflito um caráter etnográfico.[62] Portugueses contra espanhóis. Buenos e Camargos, representando o atavismo castelhano; Pires e Lemes, o contingente português.

Outros vêem, açulando a fúria dos partidos, a manobra jesuíta que se apoiava no devotamento dos Pires à causa da Companhia. Explicações que pouco explicam, diante da secura da documentação da época, em que pouco se apanha da psicologia do piratiningano. Buenos e Pires já se tinham entrelaçado pelo casamento antes das hostilidades das facções, não falando nas primitivas origens mamalucas e comuns dos dois grupos. A dedicação dos paulistas aos padres da Companhia era variável e incerta, como já o tinham experimentado as reduções do Paranapanema e do Paraguai, destruídas pelas correrias da gente de São Paulo. O amor ao mandonismo na direção dos cargos públicos pareceu à metrópole um engodo com que conciliar ódios e ambições. Enganou-se. Os conflitos surgiam a propósito de eleições, apenas como pretextos para vinganças e violências. O acordo e combinação imaginados em 1655 por d. Jerônimo de Ataíde, conde de Atouguia e governador-geral do Brasil, para uma representação dividida na Câmara da vila, deu resultados passageiros, e, apesar do perdão concedido aos culpados, em pouco tempo a situação voltou ao ponto insolúvel do começo. Os esforços do ouvidor João Velho de Azevedo não impediram que já em 1659 novos motins ensangüentassem as ruas de São Paulo. Faltam-nos, pois, dados para um juízo seguro sobre esse turbado período da nossa história.

Apenas um ou outro documento lança alguma luz sobre o mistério do passado. A imaginação tem de completar a obra da interpretação histórica, e mais uma vez as paixões dos homens, como simples homens, na sua força e na sua fraqueza, explicam talvez o que os cronistas não souberam ou não quiseram ver. O caso das lutas entre Pires e Camargos, no começo, parece sobretudo uma questão de honra, suscitada por um adultério, simulado ou verdadeiro.

Na sua *Nobiliarchia paulistana* refere Pedro Taques romântico episódio em que foram atores alguns dos principais membros das famílias inimigas. As datas são citadas em desordem, mas outros documentos corrigem com facilidade os lapsos do linhagista.

Na primeira metade do século XVII vivia em São Paulo Alberto Pires, filho de Salvador Pires de Medeiros e de d. Inês Monteiro de Alvarenga, cognominada "a Matrona". Casara-se pelos anos de 1630 a 1640, como sugere Silva Leme, com Leonor de Camargo Cabral, da família dos Camargos. Conta a tradição que o autor da *Nobiliarchia* reconhecia como comunicada de "pais a filhos", que num dia de entrudo Alberto Pires, gracejando com a esposa, involuntariamente a feriu com uma pancada na fonte esquerda, que a prostrou morta a seus pés. Receando ser acusado de um assassínio, teve Alberto Pires a sinistra lembrança de imaginar todo um drama de adultério que o desculpasse de qualquer suspeita criminosa. Mandou chamar seu cunhado Antônio Pedroso de Barros para "entrudar", diz Pedro Taques. Esperou-o numa cilada do caminho e traiçoeiramente o matou com um tiro de bacamarte. Juntou em seguida os dois cadáveres, mandando chamar a toda pressa parentes e amigos para proclamar que tinha punido os adúlteros "em desagravo da sua honra".

Parece que o estúpido estratagema de Alberto Pires foi logo desvendado por qualquer circunstância. Daí recriminações, insultos e desafios entre representantes das duas famílias. Estava travada a luta. D. Inês Monteiro conseguiu homiziar o filho no seu sítio da serra do Ajubá (?), mas, perseguido, foi ele afinal entregue à justiça e em seguida embarcado de Santos para o Rio de Janeiro com destino à Bahia. D. Inês não o abandonou. Seguiu por terra até Parati, onde devia passar a sumaca que conduzia o criminoso. Em vez de chegar a Parati teve a embarcação de arribar à ilha Grande, acossada por um temporal. Aí tiveram os tripulantes notícia de que d. Inês aliciava capangas para livrar o filho, e, comprados por seu turno ou amedrontados, resolveram atirá-lo ao mar com uma grande pedra amarrada ao pescoço, voltando em seguida a Santos.

D'esta catastrophe [diz Pedro Taques no seu arrevesado e pomposo estilo] se originou a destruição da grande casa de D. Ignez Monteiro, uma das maiores d'aquelle tempo, da qual ainda hoje existem algumas cepas de sua grandiosa vinha, que occupava um campo com quasi meia legua em quadro, que annualmente brotam, depois que nos mezes de Agosto e Setembro costumam lançar fogo aos campos, para do verdor d'elles terem os gados vaccuns e cavallares abundancia de pastos, verificando-se o antigo rifão que diz: campo que já foi vinha.

Tal é o caso como narrou o cronista.[63] É informação suspeita, porque Pedro Taques pertencia a uma das famílias protagonistas do drama, e houve certamente empenho em ocultar a causa real da morte de d. Leonor. A trama urdida é absurda para explicar o duplo assassínio livrando de culpa, segundo os costumes da época, o marido ultrajado. Houve indubitavelmente adultério que se quis encobrir. Da situação falsa surgiram ódios e paixões que por muitos anos não pôde o tempo acalmar ou apagar.

Deram-se em seguida a esses trágicos acontecimentos os conflitos e morticínios de que foi teatro o largo da Matriz de São Paulo. De um lado, mais terríveis e rancorosos, estavam os Camargos, que "apesar de menos numerosos eram de mais qualidade e poder na Villa", escrevia o conde de Atouguia a Sua Majestade em carta de 24 de janeiro de 1656.[64] No outro partido sobressaíam alguns nomes dos mais notáveis da grei paulistana, como os de Fernão Dias Pais, João Pires, Lourenço Castanho Taques e Guilherme Pompeu de Almeida. Como veremos, no meio da luta destaca-se a figura de matrona antiga, vingativa e encarniçada, de d. Inês Monteiro, recusando todo perdão e açulando os seus partidários.

A situação tornou-se de tal modo intolerável que os grupos rivais enviaram à Bahia, junto ao governador-geral, dois representantes: Francisco Nunes de Siqueira e José Ortiz de Camargo, pedindo medidas para o apaziguamento da capitania. Trouxeram eles a São Paulo a provisão de 24 de outubro de 1655, que devia regular o processo eleitoral para a constituição da câmara da vila, questão que vinha servindo de pretexto para a discórdia entre os partidos inimigos. Esse acordo é bem conhecido e estabelece que cada uma das facções teria um juiz e vereadores escolhidos dentre os seus partidários, além de um juiz e procurador neutrais. Com a provisão traziam os representantes dos Pires e Camargos cartas escritas pelo governador aos elementos principais das duas parcialidades.

Dentre estas cartas, que fizemos copiar no arquivo da Biblioteca Nacional, há uma dirigida a Inês Monteiro, mãe de Alberto Pires, e que merece especial atenção por dar a perceber a verdadeira causa das desordens. Escrevia o governador:

> Tenho entendido que é VM. a principal pessoa em cujo arbitrio está a ultima conclusão da paz, que procuro ás duas famílias dos Pires e Camargos de que tanto pende a quietação de toda essa capitania; por ser VM. a mais rija parte que ha nos casos de que resultaram todos os desconcertos que uma e outra parcialidade têm padecido. E desejando eu que a reducção de ambas a uma universal amisade,

seja o fim de todos os males e motivos que trouxeram a esta terra Francisco Nunes de Siqueira e Joseph Hortis de Camargo; lhes mandei passar a provisão que levam. Mas porque não poderá ella ter o effeito que se pretende sem VM. ceder da accusação que faz: para que essa Republica deva a VM. a maior parte de sua felicidade e socego; e se veja que prefere VM. as conveniencias do bem commum, ao sentimento particular de sua mesma queixa: me pareceu pedir a VM. se sirva dar perdão a todas as pessoas culpadas na dôr que obriga a VM. a accusal-as: pois evitar VM. todas as consequencias da falta delle, e fazer esse beneficio a sua patria será para VM. o maior allivio assim como para mim o maior favor. E creio eu que será esse um singular merecimento para Sua Magestade (a quem logo darei conta delle) fazer a VM. e a toda sua família grandes mercês. Espero que possa com VM. mais a benevolencia desta carta, e a justificação de todos os fundamentos da provisão, q... todos os respeitos que se lhe p... representar [contr]ario a fim de an... sendo meu este empenho... também s[en]do a obrigação de o agradecer a VM. e segurar-lhe que assim neste Governo como depois na côrte me terá VM. sempre com grandissima vontade de lhe ser propicio e procurar todos os augmentos a sua casa. Guarde Deus a VM. muitos annos. Bahia — Dezembro 8 de 1655 — O conde de Attouguia.*

Mais. Na carta acima mencionada e escrita ao rei de Portugal acrescenta o conde de Atouguia que "não era justo que por porfia de uma só mulher que era a parte obstinada se perdesse toda uma capitania".[65] Meses mais tarde, a 6 de maio de 1656, dirigia-se novamente o governador aos oficiais da Câmara da vila de São Paulo acerca de Inês Monteiro: "Nella me dão VMs. conta" — escrevia respondendo à carta dos vereadores — "da obstinação de Ignês Monteiro e das influencias que teve para a continuar. Não creio que ...

* Biblioteca Nacional, ms. 1, 41, 42. Cf. Doc[umentos] Hist[oricos, 1648-1661], vol. III, [Rio de Janeiro, 1928,] pp. 303[-4].

[perd]ure ainda nella, porque entendo que poderá com ella mais a persuação de vms. do que a de todos que a inclinaram a não conceder o perdão que se lhe pedia".[66]

Era assim d. Inês Monteiro de Alvarenga a personagem central das lutas entre Pires e Camargos. A sua paixão teimosa e insaciável, não dando tréguas aos assassinos ou aos mandantes do assassínio de seu filho, se deve atribuir a renovação dos conflitos apesar das ameaças e amistosas intervenções dos altos poderes da colônia. A esse ódio deviam corresponder os ressentimentos dos adversários diante de uma questão de família, envolvendo a própria honra dos Camargos na pessoa de d. Leonor, acusada de adultério. Esses ódios, mais do que meras pendências eleitorais, explicam a longa perduração por quase um século dos motins e tumultos que desassossegaram São Paulo.

A cronologia do caso é, porém, duvidosa e atrapalhada. Faltam documentos, e os poucos que chegaram até nós, de uma secura desesperadora, pouco adiantam sobre os motivos reais inconfessáveis dos acontecimentos. Pedro Taques diz que as suas informações vêm da memória dos velhos, comunicada de pais a filhos. Há, porém, algumas datas que podem servir como marcos miliários para a descoberta da verdade. Silva Leme, por exemplo, sugere que Alberto Pires se tivesse casado entre os anos de 1629 a 1640, sendo ele o filho mais velho e atentas as datas em que contraíram matrimônio seus irmãos e irmãs. Por outro lado as eleições de 1640 — talvez já por causa do assassinato de d. Leonor de Camargo — foram violentas e devem ter provocado os motins desse ano a que se refere a *Nobiliarchia paulistana*. A respeito do assassinato de Pedro Taques no largo da Sé, não parece haver discordância na data de 1641, marcando o epílogo das lutas já travadas no ano anterior. Adotadas essas datas, já se percebe um seguimento lógico no desenrolar dos acontecimentos. O crime passional de Alberto Pires foi a origem das desordens. Quando se deu o assassinato de d. Leonor reinava a mais completa harmonia entre as duas famílias. Tinham-se ligado pelo casamento, convidavam-se para entrudar juntos. Se já tivessem surgido desavenças entre elas, as paixões vivazes e rudes de época não permitiriam tão rápida reconciliação. Ainda mais. Na carta já citada ao Rei, o conde de Atouguia, em janeiro de 1656,* refere que havia a família Pires dado princípio "as mortes e sedições q naquella Villa forão resultando". Não foi, por conseguinte, o assassinato do largo da Sé o início das lutas, mas sim a morte de um membro da família Camargo, e que deve ter sido a vítima de Alberto Pires, afogado por sua vez quando transportado preso para o Rio de Janeiro.

Quanto ao caso de Antônio Pedroso de Barros, suposto cúmplice de d. Leonor, parece mais difícil apurar a verdade. A *Nobiliarchia* narra com detalhes a cena romântica do assassinato dos adúlteros, mas diz que Alberto Pires e d. Leonor de Camargo se tinham casado na matriz de São Paulo a 27 de janeiro de 1682. Essa data está errada, como o confessa o próprio Pedro Taques. Conhecemos o testamento e inventário de Pedroso de Barros, nos anos de 1651 e 1652, e em que se declara que morrera em conseqüência de ferimentos resultantes de luta com escravos índios revoltados. A própria atitude irreconciliável de d. Inês Monteiro, que já provocara em 1656 uma intervenção do governador, vem invalidar a data como citada pela *Nobiliarchia*. Teria havido na pequena vila, por esses anos, um outro Antônio Pedroso de Barros? É pouco provável. Será mais razoável atribuir essa confusão de datas a erros de cópia, muito freqüentes nesses velhos documentos.[67]

Os anos passavam, e a luta fratricida não esmorecia. O alvará e a provisão régia de 1655, expedidos pelo conde de Atouguia e que

* *Annaes do Museu Paulista* [São Paulo, Diario Official, 1927], t. III, [segunda parte,] p. 291.

já citamos, não conseguiram acalmar completamente a exaltação reinante. Após uma pequena trégua recomeçaram as hostilidades, exploradas com habilidade pelo "interesse sórdido" — diz Azevedo Marques — "ou a perversidade de magistrados que o Governo da metrópole enviava ao Brasil com o título de ouvidores geraes e corregedores". Nesse ambiente de motins e revoltas perecia a vila, já em começo de abandono pelas expedições ao sertão, à cata de índios e ouro.

> Achava-se esta Villa no mais miseravel estado [refere uma informação do ouvidor, de 1660] porquanto a mayor parte dos moradores a tinhão desamparado e se hião mettendo no sertão e matos, fazendo novas povoações e domicilios, vivendo sem sucego muy atrazados e deminutos em seus cabedaes, e lavouras com que o commercio e vendas de S. Magestade se perdião.

Anos mais tarde, em 1674, voltava a se ocupar de novo dos Pires e Camargos o Conselho Ultramarino. São dessa época as informações prestadas ao Príncipe Regente no parecer seguinte:

> Snor: <u>Fernando de Camargo</u>, morador na villa de S. Paulo, fez petição a V. M. em que diz, que por causas e motivos, que ouue entre as famílias dos <u>Camargos</u>, e a dos <u>Pires</u>, que são as mais dilatadas e principaes daquella villa, chegarão a estado que recorrerão com procuradores de parte a parte ao Conde de Athouguia, como Governador e capitão geral daquelle Estado, dando-lhe conta dos successos, que hauiam precedido, para que em nome de V. A. acudisse a compor a desunião que havia entre as famílias referidas, e o dito Governador mandou passar huma Provizão, em a qual deu seguro real em nome de V. A. a todos de huma, e outra parte (emquanto V. A. não determinasse o contrario), dispondo tudo em tão boa ordem, que com a dita Provizão se acabarão as inimizades e se aparenta-

rão os de huma familia com as da outra, ficando a villa em boa paz, e quietação. E porquanto algumas justiças, e principalmente os ouvidores geraes do Ryo de Janeiro, quando vão em correição á dita villa, como Corregedores da Comarca, querem e intentão prender alguns daquellas familias pelos successos passados, contra o çeguro Real que tem, a respeito dos intereçes que considerão haver de huns, e outros, p^{la} qual cauza se retirão da villa, e andão absentes pellos matos, fugindo sempre á justiça, como se tal çeguro não tivessem, estando já todos pacificos e aparentados.

Pede a V. A. o dito Fernando de Camargo, como principal e mais antigo assendente desta familia, que em consideração do referido, seja servido mandar passar Provizão, em que ordene aos Ouvidores Geraes do Ryo de Janeiro, e mais justiças dem inteiramente cumprimento, à Provizão do Conde de Athouguia, emquanto V. A. não determinar o contrário, sob penna de privação de seus cargos.

Com a referida petição aprezenta o supplicante copia da Provizão do Conde de Athouguia, porque consta ter por bem dar a forma com que se havia de fazer a eleição dos Officiaes da Camara da villa de São Paulo, e da Capitania de São Vicente; perdoar os criminozos das familias dos Pires e Camargos, que aly não tivessem parte; encarregar aos Prelados, e ministros da mesma villa, e capitania procurassem perdão das que ouvesse contra os culpados de huma, e outra parte e em particular aos condenados em penna capital pelo Ouvidor Geral do Ryo de Janeiro João Velho de Azevedo suspender a execução das sentenças aos mesmos condenados, em quanto V. A. dava conta; e dava çeguro Real para se livrarem, querendo o fazer, pella via ordinária, té se reporem no estado antecedente, não aprovando V. A. tudo o em ella contendo pelos respeitos declarados.

Ao Conç° Pareçe que visto estas familias estarem quietas, e compostas, e aparentadas ja hũas com outras, o que se obrou por meyo da Provizão, que em nome de V. A. mandou passar o Conde de

Athouguia, sendo Governador geral do Estado e de prezente esta gente de S. Paulo obbediente ás ordens de V. A.; que foy servido mandar-lhe escrever p.lo bem, que constou vão continuando no descobrimento do Certão, e de que tem dado conta de varias entradas; por tudo lhe deve V. A. mandar confirmar a dita Provizão de perdão, para que os Ouvidores do Ryo de Janeiro os não obriguem pellas culpas antiguas de que a Provizão faz menção, para que vendo-se perdoados por V. A. com esta mercê fiquem com mayor vontade, a se empregarem no serviço de V. A., e proseguirem o que se intenta; pois em outra forma não se lhe concedendo he certo não consentirão Ministro da Justiça naquella vila, perdendo lhe o respeito, como se tem experimentado por algumas vezes, e com a confirmação deste perdão vivirão estes moradores socegados, e obbedientes ao serviço de V. A. Lisbôa, 22 de Mayo de 1674 — Salvador Correia de Saa y Benevides — Feliciano Dourado — Pedro Alvares Seco de Macedo.*

A esse parecer juntou o Conselho Ultramarino uma informação de Manuel Barreto Sampaio, que transcrevemos, julgando-a inédita, salvo melhor juízo.[68] Diz ela:

> V. S. me ordena da parte de S. A. lhe dê plenaria informação da gente de São Paulo, districto do gouverno do Rio de Janeiro, de seos serviços, e progressos no descobrimento daquelle certão, e da proxima noticia de estar hũ cabo desta gente nas cabeceiras do Ryo de Tocantins, e Grão Pará segundo as noticias e papeis que ouuer no Conselho desta gente, e seu procedimento, para S. A. mandar deferir á consulta sobre a confirmação do perdão, que pede Fernão de Camargo, em nome das familias deste apellido, e da dos Pires, todos daquella villa, em virtude da provisão, que lhes passou em o anno de

---

* Archivo da Marinha e Ultramar (de Lisboa): Capitania do Rio de Janeiro, [ms. 544G], n. 1216. [Trecho publicado em *Annaes da Bibliotheca Nacional do Rio de Janeiro*, vol. XXXIX, 1917, Rio de Janeiro, Bibliotheca Nacional, 1921, p. 132.]

655 o Conde de Athouguia, sendo Governador e Capitão geral do Estado do Brazil, pelas cauzas, que se apontão na provisão, de que se envia a copia.

A villa de S. Paulo contém em si, e em seu reconcavo mais 7 villas, e todas terão 20.000 vizinhos; he annexa á capitania de S. Vicente, onde assiste capitão mór e ouuidor de capa a espada posto pelo Donatario o Marquez de Cascaes; governa-se a de S. Paulo na fórma das demais do Reino com officiaes da Camara e juizes ordinarios pela ordenação; e sobre a eleição dos officiaes he que tiuerão as ditas familias os debates e controversias que a provisão acuza: os ouvidores do Ryo de Janeiro vão em correição a estas villas, como corregedores da comarca. A cauza de não quererem consentir algumas vezes estes ouuidores para que persistão na dita villa (posto que os deixem entrar nella em correição), he que sendo amantes da justiça, experimentão que estes ouuidores a alguns criminosos, que a ella se acolhem, os multão a dinheiro, sem lhes darem o castigo, que por seos crimes merecem, com que os ouuidores publicão, que estes moradores lhes não consentem fazer ali estas vexações. Sendo que os moradores daquella villa viuem conforme ás leis do Reyno, e muito obedientes ás ordens de S. A. e depois da concessão do perdão do Conde de Athouguia, não ouue até o presente controuersia alguma, antes estão unidas por casamento humas familias com outras, dando-se ao descobrimento do certão, e á fabrica, e lauoura dos frutos da terra de que he abundante, prouendo o Ryo de Janeiro, e mais capitanias de farinhas, carnes, algodoens, legumes, e outros generos até á Bahia, e por sua industria tem fabricado as villas de que se faz menção, e outras muitas povoações, sem ajuda do braço de S. A.

Em varios tempos todas as vezes, que forão chamados para o serviço de S. A. o fizerão com muita promptidão, assi com as pessoas, como com o soccorro de mantimentos, o que se experimentou ao sitio da Bahia e guerras de Pernambuco, em que tiverão diferentes encontros com o inimigo, cortando aquelles certões e fazendo lhe grande damno.

Desta villa sahio o Mestre de Campo <u>Antonio Raposo</u>, em descobrimento dos certões, empenhando-se de tal modo, que vindo a parar em Quito dahy pelo Ryo das Almanzonas, veyo sair ao Maranhão, em cuja viagem passarão grandes trabalhos, e gastarão mais de tres annos. Estes moradores são aquelles, que por varias vezes vierão á Bahia a desbaratarem o gentio Tapuya, que lhes destruia o reconcavo, e estes mesmos desbaratarão todo o gentio que assistia na parte do sul para poderem os Portuguezes viverem seguramente em suas fazendas, e cazas como fazem actualmente sem molestia alguma.

Proximamente nos annos de 672 e 73 vierão por ordem dos Governadores do Brazil <u>Alexandre de Sousa</u> e <u>Affonso Furtado</u> outra vez á Bahia com mais 400 pessoas brancas, fóra Mamalucos, e Indios a dar guerra ao gentio barbaro, que senhoreava o reconcavo, e tinha feito crueis estragos e hostilidades em seos moradores, por cujas cauzas se despejarão as villas de Cayrú, Camamú e Boypeba e com varios sucessos, destruirão as nações dos Tapuyas, Tupiz, Bangayos e Moracas, deixando aquellas terras liures, e os moradores quietos, sendo cabos desta gente <u>Estevão Bayão Ribeiro Parente</u> e <u>Braz Rodrigues de Arsão</u>, os quaes com a sua gente persistem nas terras que o gentio possuia começando nellas a fazer colonias, e pedindo licença a S. A. para erigirem villas a sua custa.

Tambem a S. A. se fez presente como a estes moradores estão dispostos ao descobrimento dos aueres daquelles certões, tanto assy que <u>Fernão Dias Paes</u>, o mais rico e poderoso de escravos se dispoz á sua custa por servir a S. A. a entrar em 673 no certão com gente consideravel ao descobrimento das minas das Esmeraldas e serra do Prata, e a este cabo escreveo S. A. carta de agradecimento por este serviço e o mesmo fez á camara de São Paulo, e a varios moradores pelo aviso que fizerão de se disporem a este emprego. Outras muitas tropas destes moradores tem cortado aquele certão com consideravel despeza, e abertos caminhos, que os faz hoje mais correntes para o descobrimento, que se pretende. Ultimamente passou hum cabo com 200 brancos, 200 mestiços, e 400 arcos desta villa á sua custa cortando immensidade de caminhos, e vindo parar nas cabeceiras do Ryo dos Tocantins, e Grão Pará, onde está assistente com esta gente, e se tem noticia que derão com mineraes, por terem formado cazas e aberto estradas para a Villa de S. Paulo, como avizou o Governador do Maranhão Pedro Cezar, por cuja cauza S. A. foy servido enviar por via do Maranhão ao Padre Antonio Raposo, natural da Villa de S. Paulo com cartas a este cabo, e para trazer resposta e aviso da cauza da sua demora naquelle sitio e partio em 8 de Maio passado.

Esta he agente de S. Paulo, seu procedimento, e que nunca negarão avassalagem devida a S. A. sendo por tudo benemeritos da mce. que pretendem alcanzar. E esta he a noticia que posso dar a V. A. plos papeis desta Secretaria para assy o poder fazer prezte. a S. A. na forma que V. Sa. me ordenou, cuja pessoa gde. Nosso Senhor, da Secretaria, 6 de Junho de 674. Manoel Barreto de Sãopayo.

Ao findar o século reacenderam-se, porém, os distúrbios, ainda com maior violência. Serviram já então como pretexto os chamados motins da moeda, provocados pela criação da moeda provincial e o curso do dinheiro a peso. Desde março de 92 decidira a Câmara de São Paulo conservar a moeda na mesma altura até virem ordens expressas da Corte. Em São Paulo, queixava-se o governador-geral Câmara Coutinho, "não só não deram execução a baixa da moeda, mas não a quizeram acceitar nem me responderam".[69] Acrescentava, em outra ocasião, "a Villa de São Paulo ha muitos annos que é Republica de per si, sem observancia de lei nenhuma assim divina como humana".[70] O planalto de fato se rebelava, com a sua tradicional independência, contra as medidas financeiras adotadas pela metrópole, e que já tinham aceitado com mais submissão as vilas do litoral. Como sempre, a questão se azedou entre os grupos que representavam tendências diversas, alimentadas pelo fermento dos antigos ódios.

Chamaríamos hoje aos Pires legalistas, por concordarem com as ordens de suas majestades. Chefiava-os Gaspar de Godói Colaço que era, na opinião do governador Artur de Sá, "he hum dos melhores homs que ha naquellas Capitanias, tanto pello seu modo de vida como por ser m[to]. observante de todos os preceytos e ordens de V. Mag[de]".[71]

Encabeçava o movimento contrário Pedro Ortiz de Camargo, que resistia a todas as ordens vindas da Bahia e vivia em São Paulo exercendo o cargo de juiz ordinário. Acompanhava-o na resistência revolucionária outro terrível paulista, Bartholomeu Fernandes de Faria, régulo de Jacareí, que mais tarde iria se celebrizar numa luta feroz contra o monopólio do sal. Ao governador do Rio mandava dizer Ortiz de Camargo, com o seu rude orgulho de piratiningano tradicional, que era "excuzado" querer ele vir a São Paulo porque os paulistas "se sabiam muito bem governar" e que assim ficasse no Rio com a sua infantaria.*

Ao chegar o delegado regional a São Paulo, já estava travado combate entre as duas facções, morrendo Ortiz de Camargo pela mão de Gaspar Colaço. Duas balas de bacamarte tinham-lhe atravessado o coração, e ainda teve energia bastante para ir cair a cem passos de distância, ao pé do pelourinho "aonde merecia ser justiciado" — acrescentava o fiel vassalo do Rei — "porque tinha feito

---

* Basílio de Magalhães, ["Documentos relativos ao 'Bandeirismo' paulista e questões connexas, no periodo de 1664 a 1700, — peças historicas todas existentes no Archivo Nacional e copiados, coordenados e annotados de ordem do Governo do Estado de S. Paulo"], Rev[ista] do Inst[ituto] Hist[orico] [e Geographico] de São Paulo, vol. XVIII [1913; São Paulo, Diario Official, 1914, p. 353].

quatro mortes violentas, fora m^tos mais crimes de Latrocinios, e violencias que não tem numero".⁷²

Terminava assim, com esse embate violento, a luta de quase meio século entre as famílias rivais. A morte de um Camargo, em 1698, pela pena de talião, fechava o ciclo de ódios e represálias sangrentas que iniciara em 1641 o assassinato de Pedro Taques, junto à porta da matriz.

Triunfavam afinal os Pires, senhores da vila e dos cargos de governo, mas só em 1722 uma carta régia de 27 de abril, concedendo perdão geral aos que ainda estavam envolvidos nessas desordens, pôs termo final à longa luta fratricida.

(1926)

Cristãos-novos em Piratininga

Sob este título, em artigo publicado no *Correio da Manhã* — artigo amável, benévolo e que muito lhe agradeço — o ilustre sr. Oliveira Vianna contesta uma opinião formulada em meu livro *Paulística* sobre a influência judia na constituição étnica do tipo paulista. Para o distinto historiador a concorrência do sangue hebreu na formação antropológica do Piratiningano é inferior à dos outros elementos europeus de tipo ariano. Não me convenceram, porém, os argumentos aduzidos pelo autor das *Populações meridionais*.[73]

A hipótese que aventei faz parte de um estudo que é um mero ensaio, na expressão inglesa da palavra, isto é, a simples proposta de uma opinião que não quer se impor e antes deseja ser discutida, sem nenhum dogmatismo peremptório. As origens das populações do planalto paulista e o seu cruzamento, o caldeamento das raças e sub-raças, o modo por que se desenvolveram no meio especial que as cercava — são talvez os problemas máximos da história de São Paulo. Neste como que laboratório de serra acima as circunstâncias de lugar e tempo tornaram de inestimável valor, sob o ponto de vista da biologia, da história e da etnografia, essa longa experiência dos séculos. O tipo criado, com as suas virtudes e defeitos, destaca-se em traços bem nítidos, em meio dos outros grupos que povoaram o território da colônia. Em nenhum outro o amálgama foi tão complexo e os seus elementos tão difíceis de discernir. Ainda agora está ele em plena elaboração pelo afluxo de novas raças e novas influências.

Historicamente, a importância do contingente hebraico na colonização primitiva do país é incontestável. As perseguições dos séculos XVI e XVII lançaram fora da Península Ibérica uma numerosa população de judeus e cristãos-novos. Essa dispersão que se espalhou em todas as direções do mundo chegou a ponto de se identificarem em muitas regiões os termos português e judeu, como observa Lúcio d'Azevedo.

Logo após o descobrimento foi a Terra de Santa Cruz arrendada a Fernando de Loronha e a outros cristãos-novos que se entregaram à exploração comercial "de páo vermelho, a que chamam Brazil, bogios, e papagaios".[74] Eram então os judeus os naturais arrematantes dos impostos do erário português. O contrato realizado com Loronha intensificou a imigração hebraica para as primitivas feitorias da costa brasileira, vindo ela sobretudo de São Tomé e da Madeira. Com esses elementos desenvolveu-se pelo litoral a cultura da cana, que foi ao princípio a nossa principal indústria. Judeus e degredados forneciam a necessária mão-de-obra. Com a natural tendência para o açambarcamento e na sua maçonaria de perseguidos constituíram os colonos judeus em pouco tempo a verdadeira casta dominante na colônia. Até não lhes faltou talvez o apoio secreto das autoridades enviadas pela metrópole: escritores hebraizantes reivindicam para a sua raça o próprio Tomé de Sousa, primeiro governador...

Em 1591, por ocasião da primeira visitação do Santo Ofício, em 121 casos denunciados, vinte por cento eram de cristãos-novos: no monitório do Inquisidor-Geral, os crimes a denunciar referem-se sobretudo às pessoas que crêem, guardam e seguem a lei de Moisés, "que não comem toucinho, nem lebre, nem coelho, nem aves afogadas, nem inguia, polvo, nem congro, nem arraya, nem pescado, que não tenha escama, nem outras cousas prohibidas aos judeus na ley velha"... ou "se degollão a carne, e aues, que hão de comer, á forma e modo Judaico, atravessando-lhe a garganta, provando, e tentādo primeiro o cutelo na unha do dedo da mão, e cubrindo o sangue com terra por ceremonia Judaica..." e mil outros detalhes peculiares a esses processos.*

No primeiro quartel do século XVII grandes plantações de cana pertenciam a judeus ou cristãos-novos. Foi esse um dos elementos de sucesso com que contou em 1624 a invasão holandesa. Quando a repulsa nativista tentou expulsar o estrangeiro, os judeus tomaram francamente o partido do invasor. Eram tão numerosos e ricos que, quando forçados a deixar o Brasil pela vitória portuguesa, com a sua retirada declarou-se forte crise na indústria e no comércio da colônia, deslocando-se para outras regiões da América o centro de gravidade econômica do continente. A ilha de Barbados, por exemplo, veio substituir na indústria açucareira o Brasil que os judeus abandonaram.

Para essa gente perseguida, timorata e dócil na adversidade, a capitania de São Vicente devia oferecer um abrigo seguro e para aí afluíam desde os primeiros tempos da colonização. Atas da Câmara de São Paulo, de 1578, 1582, referem a existência de "judeus cristãos" em meio da população da vila primitiva.**

As denunciações da Bahia, durante a visitação do deputado do Santo Ofício, de 1591-1593, por diversas vezes falam nos judeus da

---

* [Heitor Furtado de Mendōça], *Primeira Visitação do Santo Officio* [*ás Partes do Brasil*], *Confissões da Bahia* [*1591-92*, São Paulo, Paulo Prado editor, 1922], p. 40 [da introdução].
** *Actas da Camara* [*da Villa de S. Paulo 1562-1596,*] vol. I, [Archivo Municipal de São Paulo, Duprat, 1914,] pp. 119, 191.

Capitania de São Vicente. Francisco Mendes — denunciava Maria da Costa — era cristão-novo, morador em São Vicente, e "he da geração de huns cristãos novos que chamão os Valles em Sam Vicente".* Constituíam um agrupamento já sensível no núcleo inicial da população do planalto. De fato nenhum outro sítio povoado do território colonial oferecia melhor acolhida para a imigração judia. Em São Paulo não os perseguia esse formidável instrumento da Inquisição, que nunca chegou à capitania do Sul. Aqui encontravam, além da liberdade que o sertão garantia, a indulgente proteção que sempre para os cristãos-novos mostrava a Companhia de Jesus, proteção que chegou a provocar graves conflitos entre os jesuítas e o Santo Ofício. Aqui, pois, se estabeleceram em paz, à sombra da independência paulista, e o seu cruzamento com os vários elementos que vieram compor o tipo étnico específico é atestado por traços característicos da psicologia do habitante de São Paulo e do meio social em que se desenrolou o drama da sua história.

É certo que nos faltam "pesquisas antropométricas sobre os despojos dos cemitérios bandeirantes" — como sugere o sr. Oliveira Vianna — para que entremos, nesse assunto, no domínio das afirmações positivas.[75] Mas as conjunturas oriundas dos documentos da época, o conhecimento que temos da mentalidade dos homens desse tempo, a linha constante das suas tendências raciais e o que nos ensina o mal definido poder divinatório da imaginação histórica — são talvez de mais importância que simples e discutidas mensurações cranianas, por exemplo, que a ciência confessa insuficientes para uma classificação científica dos grupos humanos. O fato é que já em 1580, numa população portuguesa de cento e vinte fogos, havia cristãos-novos e judeus; o certo é que o núcleo hebraizante forçosamente se avolumou com os inquéritos da Inquisição

---

* [Heitor Furtado de Mendôça], *Primeira Visitação do Santo Officio* [*ás Partes do Brasil*], *Denunciações da Bahia* [*1591-593*, São Paulo, Paulo Prado editor, 1925], p. 314.

do Norte do país e rechaçava conversos e hereges para regiões mais afastadas e seguras. Aqui não havia preconceitos nem de raça nem de religião. Náufragos, desterrados, rebeldes, aventureiros, vivendo à lei da Natureza, em contato e ajuntamento contínuo com o indígena, encontravam tranqüilamente o ensejo para uma vida livre e proveitosa. A contribuição judenga trouxe para esse caldeamento o elemento inteligente, voluntarioso, irrequieto e nômade que outras influências mal explicam, e, sobretudo, a rediviva preocupação de enriquecimento tão peculiar ao judeu e que em toda a parte o assinala como um pioneiro de civilização e progresso.

Na psique coletiva das tribos de Israel e do povo paulista há aspectos de uma impressionante semelhança. São, por exemplo, o perseverante, tenaz e resistente arrivismo (no sentido menos pejorativo da expressão) e a notável faculdade de adaptação utilitária que de caçador de índios, de mineiro, de povoador e conquistador converteram o habitante do planalto no moderno "grileiro e bugreiro" a que tão sagazmente se refere o autor das *Populações meridionais*.[76]

Não há contribuição étnica do tipo judaico na formação do paulista, acrescenta, porém, o sr. Oliveira Vianna, porque não há raça judia. Aqui o problema é dos mais vastos e intricados, pois se refere a essa controvertida questão das raças que tanto tempo tem preocupado a antropologia. A ciência, apesar das suas conquistas modernas, ainda não conseguiu resolver o problema. A começar pelo próprio termo "raça", ainda mal definido. Um autor alemão, Luschan, diz: "Para mim, só há uma comunidade religiosa israelita, mas não existe raça judia". É a opinião de Ripley[77] e de Pittard, citados no artigo do *Correio da Manhã*. Sombart, Ruppin e outros afirmam o contrário. Sombart diz que toda a dúvida parece vir de uma questão de palavras. Não há "raça judia"? De acordo. Mas há sem dúvida uma especificidade antropológica judia, a que falta talvez um termo adequado, como o de grupo étnico ou outro. A. Ruppin resume admiravelmente o caso:

Se se entende pela palavra "raça" uma comunidade cujos característicos antropológicos se formaram na época pré-histórica, e que posteriormente se conservou ao abrigo de toda mistura com outras comunidades — pode-se dizer que não há entre os povos de cor branca nenhuma diferença de raça, porque durante o correr dos séculos os homens sempre se misturaram uns com os outros. É assim absolutamente duvidoso que os judeus, desde a sua entrada na História, tenham constituído uma raça homogênea, conservando sempre intacta essa homogeneidade. Mas o que é certo é que os adeptos da religião de Moisés formavam — ainda em fins do século XVIII e em conseqüência de uma rigorosa endogamia — uma comunidade que pelos seus caracteres antropológicos diferia nitidamente das populações cristãs que a cercavam. Faltando melhor expressão para designar os grupos humanos que apresentam uma homogeneidade antropológica, é permitido afirmar que o conjunto das pessoas descendentes genealogicamente dessa comunidade constitui uma raça judia.*

    Em São Paulo, a mescla dessultória de portugueses, espanhóis, flamengos, franceses e italianos teve visivelmente como contribuição étnica uma sensível dosagem de sangue israelita. Mais do que em outro sítio da colônia, as condições de meio e de isolamento perpetuaram essa endogamia tão importante para a fortaleza biológica dos agrupamentos humanos. Nem se diga que o sentimento católico dos primitivos paulistas devia impedir esse cruzamento com elementos heréticos, e contra os quais se movia a mais violenta guerra em outras regiões do mundo cristão.

    O sentimento religioso do piratiningano só ia até o limite do seu interesse individualista. Desde os primeiros tempos, quando no planalto dominavam os mamalucos de Ramalho, era mitigada pelo

---

* A. Ruppin, *Die Mischehe*. [Nascido na Alemanha, Arthur Ruppin (1876-1943) é tido como o pai do movimento sionista, assim como da sociologia judaica.]

egoísmo a devoção do colono sempre em luta com os padres da Companhia. Quando deles se apoderou a sanha escravizadora, e essa "fome de espaço" de que falava Ratzel, os templos e os aldeamentos das reduções jesuítas do Sul não puderam proteger a indiada contra a fúria paulista. Mesmo nos arredores da vila de Piratininga, em 1633, Antônio Raposo, o capitão das bandeiras de extermínio no Sul, assalta, com outros homens de prestígio e posição, o colégio e a igreja dos jesuítas do aldeamento de Barueri. Expulsos os padres e lançados fora do templo os móveis e as alfaias, retiram-se os assaltantes levando os índios do colégio. Em 1654, encontrou o padre Antônio Vieira, no Pará, os restos da formidável expedição de Raposo que explorara os sertões desde o Sul até o Gurupá.

> Três anos e dois meses puseram neste grande rodeio, que deram ao interior da América [escrevia Vieira, do Maranhão] e em tantas quaresmas e páscoas, em tantas enfermidades, guerras, mortes e outros infortúnios e perigos que passaram de vida e alma, nenhum dêstes homens se confessou nem recebeu ano algum sacramento [...] Nenhuma comunidade de calvinistas, nem luteranos, nem ainda de turcos, partiram a outra muito menor viagem, por mar ou por terra, que não levassem consigo os ministros da sua seita...[78]

Dessa gente era o mamaluco que, em 1554, ameaçado com os rigores do Santo Ofício, respondera a José de Anchieta: "acabarei com as Inquisições a flechas".[79]

(1926)

Bandeiras

A seus amigos e discípulos de São Paulo, que o acusam, familiarmente, de antipático ao movimento bandeirante, costuma Capistrano de Abreu responder, com a fina e tolerante bonomia que lhe sorri dentre a barba hirsuta: há bandeira e bandeira. Do grande drama de diferentes ciclos que caracterizam o esforço paulista, ele nega admiração e aplauso às descidas de gentio indefeso e já catequizado, com as quais se iniciam na capitania vicentina a cultura e criação latifundiárias, só possíveis com o braço escravo. Dessas expedições de caça ao silvícola pergunta o ilustre mestre: "compensará tais horrores a consideração de que por favor dos bandeirantes pertencem agora ao Brasil as terras devastadas?".[80] É a interrogação para sempre ligada ao estudo e crítica do chamado bandeirismo paulista.

Não durara muito o período idílico dos primeiros anos do descobrimento, em que os fidalgos da expedição manuelina acolhiam "com muito prazer e festa"[81] o gentio que lhes vinha ao encontro, e sobre os tupiniquins adormecidos no convés da sua nau capitânia mandava Pedr'Álvares estender o manto simbólico de soberania e proteção.

A guerra, a gana de fortuna rápida, e sobretudo a ânsia de catequese que procurava prisioneiros para os resgatar e livrar da antropofagia, como no regímen das sinistras *encomiendas* espanholas, trouxeram rapidamente a escravização organizada do indígena. O índio deixara de ser o "papel branco", a que se referia Manuel da Nóbrega, apto para nele se escreverem "as virtudes mais necessárias".[82]

De Portugal viera o mal da escravidão africana, engravecido rapidamente ao findar o século XV pela circunavegação da África, e que aumentavam, na expressão de Costa Lobo, "a área da colheita e a da sua freqüentação". Somente em Évora, cita o historiador, com a escassa população da época um viajante assinalava a existência de três mil escravos de ambos os sexos; a legislação protegia e acoroçoava a exploração do braço escravo.[83] Como no Direito Romano, era ele considerado cousa venal: um dos títulos das Ordenações Manuelinas referia "como se podem engeitar os escravos, e bestas, por os acharem doentes ou mancos".[84] As primeiras expedições que aportaram ao Brasil trouxeram certamente escravos de África: devia havê-los até na própria frota de Cabral, diz Varnhagen. Por seu turno, depois do arrendamento da nova terra a Fernão de Noronha, e o comércio tornando-se livre pela longa costa, as naus portuguesas, espanholas e francesas que procuravam refresco em caminho das Índias ou chegavam à cata de pau-de-tinta, algodão, macacos ou papagaios iniciaram logo o tráfico de escravos índios. Em 1511 a nau *Bretoa* vem a Cabo Frio e aí carrega mil toros de brasil, papagaios, gatos-do-mato — e trinta e cinco escravos.[85] Para o Sul, antes da chegada da esquadra colonizadora de Martim Afonso, portugueses e castelhanos, morando em meio da indiada das futuras donatarias de São Vicente e Santo Amaro, faziam ocasionalmente o tráfico de índios escravizados. Nas águas do pequeno porto de São Vicente, em 1527, Diego Garcia, piloto natural de Moguer e companheiro de Solis, negocia e contrata, na sua língua travada, "una carta de fletamiento para que las truxese en España con la nao grande ochocienthos esclavos".[86] Fez o negócio o enigmático "Bacharel", associado com seus genros.

Chegado o donatário, e dadas a "todolos homẽs terras para fazerem fazendas",[87] deu-se começo ao povoamento e colonização da capitania, fundando-se nos arredores da nova povoação os primeiros engenhos de açúcar. A escravidão foi logo tolerada e aceita pelas autoridades da colônia: em 3 de março de 1533, Martim Afonso, já ausente, concede por seu locotenente licença a Pero de Góis para "mandar para Portugal nas náos d'El-Rei, dezesete peças de escravos indígenas".[88] Em 1548 uma carta de Luís de Góis ao rei de Portugal assinala para a nova capitania mais de três mil escravos, numa população branca de seiscentas almas. A partir de 1570 começa o problema da escravidão indígena a preocupar a metrópole: João Francisco Lisboa cita "sessenta e uma providencias legislativas sobre os Indios, promulgadas durante quasi tres seculos, desde d. Sebastião até os nossos dias, sob a denominação de leis, cartas regias, provisões, alvarás, edictos, decretos, regimentos, e directorios".[89]

Ao mesmo tempo que para o amanho das terras, misteres da criação e mineração incipiente, a mão-de-obra do indígena era indispensável; a guerra, por seu turno, tornou necessária a arregimentação dos prisioneiros escravizados. Nos primeiros anos da capitania vicentina, as chamadas "guerras de Iguape" perturbaram profundamente esse rude começo de vida civilizada. O espanhol Rui de Mosquera e seus sócios atacam e saqueiam a vila de São Vicente, em 1534; ao Norte as correrias dos Tamoios, a que não eram estranhos os franceses do Rio de Janeiro, traziam em contínuos sobressaltos as bandas da Bertioga, mal protegidas pela fortaleza que o donatário construíra nessa barra. Serra acima, nos campos à beira das matas virgens, onde tinham suas roças os mamalucos de Ramalho e os índios mansos de Tibiriçá, a luta contra o gentio inimigo ainda foi mais viva e contínua.

Desse conjunto de circunstâncias surgiu a bandeira como uma necessidade inelutável, fornecendo braços para a cultura das sesmarias e sítios, e arcos e flechas para defesa e sustento do colono. Colocado à porta do sertão ignoto, que se alongava pelo curso dos rios misteriosos, a primeira preocupação do europeu deve ter sido proteger as suas lavouras, pastagens e povoados contra o gentio insidioso que o rodeava. Santo André da Borda do Campo, onde se afazendaram os descendentes de João Ramalho, era um simples amontoado de "cabanas cobertas de folha de palma, feitas de taipa de mão" — como as descreve Teodoro Sampaio —, mas defendiam essas palhoças, muros, baluartes e guaritas.[90] O bem do povo, rezam as atas da Câmara de Santo André, o exigia porque — consideravam no seu bronco falar quinhentista — "tynhāomos nova q̃ nobos hymdyos vynhão escōtra nos".

Por sua vez, no alto da escarpa abrupta, a "paupérrima e estreitíssima casinha" que foi o futuro Colégio de São Paulo de Piratininga certamente lembrava uma tosca cidadela dominando as várzeas e os campos da redondeza, ainda inçados de bugres suspeitos ou hostis. Daí, como de um burgo de guerra, se dominava o largo horizonte, donde era sempre possível uma surpresa ou um ataque. A carta de Anchieta de 16 de abril de 1563, escrita de São Vicente a Laynez, narra uma dessas expedições contra os índios inimigos que moravam nos arredores de Piratininga. Fora ela organizada na quaresma de 1561 com o auxílio poderoso de Marfim Afonso Tibiriçá, "o qual juntou logo toda a sua gente, que estava repartida por tres aldêas pequenas, desmanchando suas casas, e deixando todas as suas lavouras para serem destruidas pelos inimigos". Na Sexta-Feira da Paixão, 4 de abril, deu-se o ataque "com grande corpo de inimigos pintados e emplumados, e com grandes alaridos"; a pequena vila esteve cercada por dois dias, e só depois de encarniçado combate foram os atacantes rechaçados e vencidos. Esta guerra — escreve Anchieta — foi causa de muito bem para os nossos antigos discípulos... "Parece-nos agora" — acrescenta — "que estão as portas abertas nesta Capitania para a conversão dos gentios, se Deus N. S. quizer dar maneira com que sejão postos debaixo de jugo, porque para este genero de gente não ha melhor pregação do que espada e vara de ferro, na qual mais do que em nenhuma outra é necessario que se cumpra o — *compelle eos intrare*".*

Em maio de 1562 João Ramalho é eleito pela Câmara e povo de São Paulo para capitão da gente que tem de ir à guerra contra outros índios inimigos das bandas do Paraíba; em junho desse mesmo ano a vila tem de repelir os ataques de Guaianases e outras tribos dos arredores. As atas da Câmara dessa época revelam os contínuos sobressaltos em que vivia o pequeno núcleo de população branca do planalto. Em 1564, os camaristas dirigem longa representação a Estácio de Sá, capitão-mor da armada real destinada ao povoamento do Rio, reclamando em termos enérgicos providências contra os assaltos de Tamoios e Tupiniquins, que matam e roubam impunemente em todo o território da capitania, "não lhes fazendo a gēte desta quapitania mall nhu".[91] Essa representação ameaça, caso não venham auxílios imediatos, abandonarem os moradores a vila de Piratininga, "para irmos todos caminho das villas do mar". Mais tarde, em 1585, a situação exige a organização de verdadeira campanha, sob o mando do capitão-mor Jerônimo Leitão, locotenente do donatário, contra as tribos de Carijós, Tupinaés e outras que infestavam diversas regiões da capitania. Depois das expedições escravizadoras do litoral, foi talvez a primeira guerra de caça ao gentio, requerida e aconselhada pelos camaristas da vila de São Paulo. "Requeremos" — diz uma ata de

---

* *Revista* [*Trimensal de Historia e Geographia ou Jornal*] *do Ins*[*tituto*] *H*[*istorico e Geographico Brazileiro*, Rio de Janeiro, 1858,] t. II [pp. 543, 544, 546].

abril de 1585 — "q̃ sua merce con a gente desta dita capit.ª faca guerra campal aos indios nomeados carijos os quaes a tem a m.ᵗᵒˢ anos merecida por terem mortos de quareta anos a esta parte mays de cento e cinq.ᵗᵃ homes brancos assi portuguezes como espanhõis atee matarã padres da companhia de jesus...". Alegavam mais os paulistas que é "grande necesidade en que esta terra esta a qual he q̃ esta terra perece e esta en m.ᵗᵒ risquo de se despovoar mais do q̃ nunca esteve e se despovoa cada dia por causa dos moradores e povoadores della não terem escraveria do gentio desta terra como tiverão e com q̃ sempre se servirão [...] o q̃ agora não hay morador q̃ tão som.ᵗᵉ para fazer rocas p.ª se sostentar quanto mays fazer canaveais os quais deixão todos perder a mingoa de escraveria...". Requeriam também que os índios prisioneiros não ficassem aldeados "sobre si porque estando o dito gentio sobre si nenhu proveito alcancão hos moradores desta terra porque pera hire a abenturar suas vidas e fazendas e pollos en suas liverdades sera melhor não ir la e trazendo os e repartindo-os polos moradores como dito he sera m.ᵗᵒ serviso de deus e de sua mag.ᵉ ...".⁹² Não se fez rogado o capitão-mor. Durante seis anos o seu pequeno exército assolou as aldeias do Anhembi, que eram, conforme os jesuítas espanhóis, citados por Basílio de Magalhães, em número de trezentos, com mais de trinta mil habitantes...⁹³

Estava iniciada e organizada, em larga escala, a escravização do índio. Com esse ardimento e afã, que sempre foram atributos da raça, os bandos paulistas se atiraram às expedições de resgaste. Como mais tarde os dominou a vertigem do ouro, assanhava-os então o cheiro do sangue e a febre da caçada humana... Despovoou-se a pequena vila piratiningana com as contínuas entradas pelo sertão. "Esta villa estava despejada pellos moradores serẽ idos ao sertão", queixavam-se os camaristas a 1º de julho de 1623.⁹⁴

As peças aprisionadas, depois de repartidas pelos sertanistas, deviam ser registadas na Câmara de São Paulo. Esta proibia a remessa de escravos fora da vila para as povoações da marinha e para a Capitania do Rio de Janeiro, visto — reza a ata da Câmara de 8 de abril de 1624 — ser em "grande prejuizo do servico de d^s e de sua magd^e e desfalcto das minas".[95]

Nessa faina terrível desbravaram os paulistas os ínvios territórios do Sul; desbarataram as reduções jesuítas do Uruguai, Guairá e Tapes, nas incursões memoráveis de Manuel Preto e Raposo Tavares. Aos mais recônditos confins dessa região levaram o terror e a desolação. Como sempre na sua história econômica esse excesso de atividade numa só preocupação trouxe para a capitania a crise inevitável de superabundância; o índio escravo se desvalorizou, chegou a ser vendido por quatro mil-réis.

É essa talvez a página negra da história das bandeiras. São homens munidos de armas de fogo, protegidos pelas célebres couraças de couro acolchoadas de algodão,* atacando o selvagem que se defendia com arco e frecha — diz Capistrano;[96] é o choque inevitável da raça forte e conquistadora, exterminando e escravizando o gentio imbele, disperso e mal armado. Quando este, aparelhado pelos esforços de Montoya, opôs resistência, o bandeirante retirou-se, abandonou o negócio arriscado e passou-se das águas do Paraná para o Paraguai...

Além desses traços que tão bem as distinguem, as primitivas entradas de caça ao índio, que irradiaram em todas as direções do país, tinham sem dúvida desde o seu início um cunho francamente guerreiro, sob a férrea disciplina dos capitães comandando os "filhos de catorze anos ariba",** mamalucos ou mazombos, ou soldados reinóis, armados de espingarda, espadas e espadelas, e

---

* [J. M. da Silva Paranhos, Barão do] Rio Branco, "Esquisse de l'Histoire du Brésil" [em *Le Brésil en 1889*, Paris, Charles Delagrave, 1889], p. 127. [Citação de Montoya, da *Conquista espiritual*, cit., p. 92.]

** *Actas da Camara* [*da Villa de S. Paulo 1596-1622*], vol. II, [Archivo Municipal de São Paulo, Duprat, 1915,] p. 261.

escravos índios de arco e frechas. Ressoa como um rufo de tambor o endereço da carta régia de abril de 1674: "Cabo da tropa da gente de São Paulo que vos achaes nas cabeceiras do rio dos Tocantins e Grão-Pará: Eu, o Principe, vos envio muito saudar...".[97]

A metrópole repetidas vezes recorreu a esses bandos aguerridos para se defender contra agressões do gentio revoltado, para a conquista de novas terras, e ao que poderemos chamar o policiamento do vastíssimo território da colônia. Obedecendo aos encorajamentos oficiais, são conhecidas as expedições organizadas em São Paulo, de 1671 a 1674, a instância dos governadores-gerais para a pacificação dos indígenas do recôncavo da Bahia e que partiram sob o mando de Estêvão Baião Parente, de Brás Rodrigues de Arzão; de 1689 a 1694, seguiram as levas de João Amaro e do mestre-de-campo Matias Cardoso que, atravessando mais de quinhentas léguas do sertão, empreendeu a redução dos índios da Paraíba, do Piauí, Ceará e Rio Grande do Norte. E destacando-se, entre muitas outras, salienta-se a tenaz empresa de Domingos Jorge Velho, contratada em 1687 e realizada anos mais tarde, contra os quilombos de Palmares, em Pernambuco.

A todas essas bandeiras de guerra não faltou o apoio oficial, nem o amparo dos prepostos do rei que as animavam com recursos e promessas. Em carta de fevereiro de 1677, dirigida aos "homens de São Paulo", acenava-lhes o governo da Bahia com três vantagens para empreenderem sem demora a conquista dos índios do Norte, a saber: "a vingança dos Patricios" (?); "o particular serviço que farão a Sua Alteza e beneficio a este povo"; e finalmente "a conveniencia propria de ficarem por escravos seus todos os prisioneiros".[98]

Para o Sul, em 1676 bandos armados de mamalucos paulistas, chefiados por Pedroso Xavier, atacavam Vila-Rica do Espírito Santo, no Paraguai, e derrotavam mil espanhóis sob o comando de d. Juan de Andino, observando o governador d. Felix Garbalion "los paulistas no hacen mucho caso del oro, y preferen maloquear indios".

A essas qualidades guerreiras, que a metrópole soube tão bem aproveitar, juntavam os paulistas um forte incentivo que era o velho ódio ao espanhol. Assim essas expedições de morte e extermínio — de despovoamento, como diz Capistrano[99] — vieram pelas suas conquistas corrigir a linha divisória de Tordesilhas e fazer recuar o avanço castelhano que se insinuava pelos grandes rios do sertão meridional.

A ata da Câmara de São Paulo, de 2 de outubro de 1627, já avisava as autoridades da metrópole que "os ispanois de villa riqua e mais povoasois vinhão dentro nas teras da croa das teras de portugall e cada ves se vinhão aposuando mais delles desendo todo o gentio que esta nesta coroa pª seus repartimt⁰ˢ e servisos...".[100]

De duas bandeiras sabemos pelos documentos espanhóis e jesuítas, que lhes fixaram os minuciosos roteiros, a formidável arrancada que as levou ao interior profundo do continente, preando índios, mas também conquistando territórios para o rei de Portugal.

Em 1691, afundaram-se essas duas expedições pelas mais longínquas regiões do país. Uma delas, talvez a que se tornou afamada pelas narrativas de Pedro Taques, levava como cabo-de-tropa o sertanista Manuel de Campos Bicudo, "paulista" — diz Taques — "intrepido contra os barbaros gentios dos sertões do Rio-Grande, e Rio Paraguay, que os penetrou vinte e quatro vezes".[101] A outra seguiu sob as ordens de Antônio Ferraz de Araújo e Manuel de Frias, e conhecemos-lhes a longa jornada pelo documento publicado pelo padre Pastells.[102]

Descido o Tietê até o rio Paraná, navegaram em seguida os paulistas rumo sul até a barra do Pardo (o Imuncimá, do roteiro espanhol). Subiram o curso encachoeirado deste último, inúmeras vezes puxando as embarcações à sirga, atingindo, pelo Anhanduí-Guaçu, depois de oito dias de viagem, a região da antiga Xerés, destruída em 1648 pelos bandos de São Paulo. Aí deixaram as canoas, gente para guardá-las e fazer sementeiras de precaução para a volta; em seguida, a pé, em doze dias através de campos e vacarias alcançaram o rio Boinhaí (Aquidauana?). Era o antigo trajeto das primitivas expedições que procuravam os sertões de Mato Grosso, trajeto abandonado no século XVIII, segundo a diretriz seguida pelos irmãos Lemes e que chegava ao rio Paraguai pelo varadouro de Camaquã e navegação do Coxim e Taquari.

Alcançadas as margens do Aquidauana, construíram os paulistas novas canoas e plantaram novas roças para, depois de dez dias de navegação rio abaixo, atingirem afinal o largo curso do Paraguai que depois de uma viagem de oito dias os levou à lagoa de Mandioré. Aí, desembarcando no porto dos índios Itatinés, enterraram as canoas nos grandes areais, como recurso para as necessidades do retorno, e começaram a viagem a pé, em jornadas de uma a duas léguas, parando ao meio-dia, à moda paulista, para a caça, única alimentação possível. Esta última parte da expedição, mais do que as outras, ofereceu inúmeras dificuldades; só ao cabo de trinta e nove dias alcançaram as bandeiras a redução de São Francisco Xavier dos Pinhocas, onde se deu o encontro com as forças inimigas. Já antes chegara aos padres da redução a vaga notícia da passagem pelo rio Paraguai de troços mamalucos, caçando índios, avassalando terras para a coroa portuguesa e ameaçando de implacável destruição a velha cidade de Santa Cruz de la Sierra, no coração dos domínios castelhanos. Ao governador da cidade avisou o padre Tarce da aproximação dos bandos inimigos e esse despachou para a resistência cento e trinta soldados, que se juntaram em São Francisco Xavier a quinhentos índios Chiquitos, armados de flechas. Antes do início das hostilidades um dos chefes paulistas enviou ao jesuíta a seguinte carta: "Muy Reverendissimo Padre Superior da nação dos Chiquitos: Aqui chegamos duas bandeiras de Portuguezes, soldados nobres e fidalgos; não viemos fazer mal aos Padres, senão recolher o gentio que anda por estas terras, e assim bem pode Vossa Paternidade retirar-se á sua casa, trazendo-nos todos os seus filhos em completa segurança. Deus guarde a Vossa Paternidade por muitos annos. Beija as mãos de Vossa Senhoria Reverendissima, o Capitão Antonio Ferraz".[103] Recebido esse aviso — narra o jesuíta — o nosso exército dirigiu-se para o quartel inimigo, do qual, às três da tarde, ficou a uma légua de distância. Adiamos o ataque — acrescenta — para o amanhecer do dia seguinte, permitindo aos espanhóis que se confessassem com os seis capelães que os acompanhavam. Inopinadamente, porém, um tiro de arcabuz, matando um dos soldados castelhanos, deu o sinal para a luta. Aqui discordam as informações que possuímos sobre as peripécias do encontro. Um memorial do Arquivo de Sevilha consigna uma completa derrota da expedição paulista, que, de cento e cinqüenta homens presentes, ficou reduzida a seis, três gravemente feridos, feitos prisioneiros, e três que figuram a dar alarme aos companheiros que tinham ficado atrás, conduzindo já mil e quinhentos índios aprisionados. O inimigo derrotado — diz a informação jesuíta — apressou-se a passar de novo o rio Paraguai, abandonando a empresa.

Pedro Taques, descrevendo a luta, que diz ter sido dirigida por Manuel Campos Bicudo (a que não se referem os padres), conta o caso de maneira diferente, apesar de confessar a derrota e retirada dos paulistas, que perderam, além das mortes, nove companheiros aprisionados. Marchava — diz ele — diante de um corpo de mais de dois mil índios guerreiros com armas de fogo, de arcos e flechas, fundas e outros instrumentos bélicos, e, como um mestre-de-campo general, o padre superior da redução, montado num famoso cavalo. "Chegando ao nosso campo adiantou os passos o capitão-mór

Manoel de Campos Bicudo para ter-lhe mão no estribo. A este obsequioso cortejo correspondeu o padre superior com o furor de lhe dar com a estribeira nos narizes, que para logo lançaram sangue, o injuriado Campos, sem mais accordo que a resolução que lhe ministrou a offensa, fez pé atraz e tomando a sua arma de fogo fez tiro ao tal mestre-de-campo jesuíta, que ainda estava montado; e quando o corpo cahiu do cavalo em terra, já a alma o tinha deixado. Ao echo d'este tiro se pôz o campo todo em descargas e se travou uma quasi batalha; porém os indios não sustentaram o ardor das nossas repetições, porque, desanimados da cabeça, que lhes infundia o valor, se puzeram em retirada; e os nossos o fizeram a melhorar de sitio, procurando o receptaculo de uma matta espessa vizinha."*

As duas narrativas, de fontes opostas, confirmam o malogro da expedição paulista. Ambas se identificam pela prisão de Gabriel Antunes Maciel, sobrinho do capitão-mor, e que, após um longo cativeiro de nove anos nas prisões de Assunção, passou a Lima, conseguiu embarcar-se para Espanha e, arribando em viagem à Bahia, afinal regressou a São Paulo. Uma carta do capitão-general dessa capitania, d. Luís Antônio de Sousa, dirigida em 17 de julho de 1771 ao governador do Paraguai sobre a posse do Território de Iguatemi, refere-se a uma entrada, em 1680, de André de Frias Taveira, "natural da ilha da Madeira, com Jerónimo Ferraz, natural da Villa de Sorocaba", e que sofrera sério revés nas margens do rio Juguy (ou Jejuí?), onde perderam muitas vidas, ficando prisioneiro Gabriel Antunes Maciel.[104]

Há, pois, três versões, só acordes no nome do prisioneiro de Assunção. Para nós, baste o fato incontestado, entre centenas de outros, da presença de paulistas em armas, combatendo nas regiões longínquas do rio Paraguai, em caminho talvez de Santa Cruz de la Sierra.

* *Revista* [*Trimensal*] *do Inst*[*ituto*] *Hist*[*orico*], *Geog*[*raphico e Ethnographico do*] *Bras*[*il*], t. xxxiv, [parte primeira, Rio de Janeiro, Garnier, 1871,] pp. 188[-9].

II

É esse aspecto, a que modernamente chamaríamos de "esportivo", peculiar e admirável no bandeirante, na sua luta contra a natureza. Os aventureiros espanhóis do século XVI conquistaram o México, a América Central e o Peru — numa sombria tragédia de sangue e crueldade — comandando exércitos aguerridos e armando grandes massas de índios para combater o próprio índio.

Cortez invade o império asteca com cavalaria e até com canhões de bronze de grosso calibre e colubrinas de campanha; Pedrarias d'Ávila chega à América com vinte navios e mil e quinhentos homens; Balboa, para conquistar as costas do Pacífico, ajunta a seus soldados e índios toda uma matilha feroz de cães de fila. Só Pizarro inicia o ataque ao império dos Incas, com um pequeno troço de cento e oitenta espanhóis, mas logo a rainha regente de Castela o subvenciona com trezentos mil maravedis e mais duzentos ducados para o transporte de artilharia. Era pouco esse dinheiro espanhol desvalorizado, mas significava o apoio da metrópole que se associava à empresa.

O paulista, ao invés, palmilhou a maior parte da "terra inóspita e grande" dos sertões brasileiros quase só, na rudimentar organização da bandeira, sem nenhum auxílio oficial, e muitas vezes infringindo ordens severas de Ultramar.

No heroísmo quotidiano da luta contra o obstáculo, vivo ou inerte, que a cada passo lhe armava a natureza hostil e agressiva, está a verdadeira grandeza do bandeirante, fosse ele caçador de índios, guerrilheiro do gentio revoltado, ou buscador de ouro.

O que foi esse combate constante e pertinaz contra as mil dificuldades da terra e do céu desconhecidos, conta-o com minudência o relato de Antônio Knivet, marinheiro inglês do corsário *Cavendish*, náufrago e prisioneiro de Salvador Correia de Sá.

Em 1597, fez ele parte da bandeira de Martim de Sá, que partiu do Rio de Janeiro a 14 de outubro, para combater tribos inimigas de Tamoios. Essa bandeira, passando por Parati, subiu a serra do Facão, perto de Ubatuba, pelas veredas de índios que a levaram ao planalto. Aí vagou um mês à procura dos Tamoios invisíveis. Veio afinal dar em São José dos Campos, segundo o itinerário decifrado por Teodoro Sampaio. A fome e a doença já começavam a dizimar os expedicionários; nas aldeias de índios que encontravam só havia como mantimento batatas, e essas mesmo em pequena quantidade. Mais adiante, a bandeira enveredou pelos campos do alto da Mantiqueira, guiada por um bugre velhaco que a atraiçoava. Aí viajou outro mês, sofrendo horríveis privações. "Quem tinha um sapo ou cobra para comer" — diz Knivet — "considerava-se feliz. A penúria era tamanha", acrescenta,

> que se chegou a comer o couro dos escudos feitos de pele de anta e o couro que servia de cobertura aos paramentos do serviço religioso. A roupa do corpo caía aos pedaços, e teve de ser deitada fora. Da expedição já tinham sucumbido cento e oitenta homens. A desordem e a indisciplina completaram o desastre. Nas margens do Jaguari dispersou-se a expedição, e por outros trilhos começou a viagem de regresso...[105]

Idêntica deve ter sido a sorte de inúmeras expedições que se internaram pelo sertão, durante perto de dois séculos. "Morto no sertão" é o sinistro estribilho dos inventários daquela época.

> Cegos pela ambição, refere um escritor mineiro, arrostavam os maiores perigos; não temiam o tempo, as estações, a chuva, a seca, o frio, o calor, os animais ferozes, reptis que davam a morte quase instantânea, e, mais que tudo, o indômito e vingativo índio antropófago, que lhes devorava os prisioneiros e lhes disputava o terreno palmo a palmo, em guerra renhida e encarniçada. Para eles não

havia bosques impenetráveis, serras alcantiladas, rios caudalosos, precipícios, abismos insondáveis. Se não tinham que comer, roíam as raízes das árvores; serviam-lhes de alimentos os lagartos, as cobras, os sapos, que encontravam pelo caminho, quando não podiam obter outra alimentação pela caça e pela pesca; se não tinham o que beber sugavam o sangue dos animais que matavam, mascavam folhas silvestres e os frutos acres do campo...

Para essa luta sobre-humana, as circunstâncias do meio, da raça e da educação tinham preparado e afeiçoado admiravelmente o "herói providencial"[106] no tipo do bandeirante de São Paulo.

Do cruzamento do forte sangue português quinhentista, dos franceses, castelhanos e flamengos com as cunhãs, o mamaluco[107] surgiu perfeitamente aparelhado para o seu destino histórico. A montanha isoladora dos contágios decadentes do litoral; a atitude sempre sobressaltada de quem vivia na orla das imensas matas virgens, sombrias e espessas; a convivência diária e íntima com o gentio da terra de quem falava correntemente a língua; a feliz situação geográfica e topográfica, que o locava à margem e nas proximidades de grandes rios, descendo para o interior das terras; a aspereza fortificante de um clima de bruscas variações, em que às geadas das manhãs claríssimas sucedem sóis abrasadores do meio-dia — todos esses fatores conjugados criaram um admirável exemplar humano, belo como um animal castiço, e que só puderam realizar nessa perfeição física os homens da Renascença italiana, quando César Bórgia seduzia o gênio de Maquiavel.

A longevidade, expressão da sobrevivência dos mais aptos, foi notável nessa rude gente. O visitador Fernão Cardim, em 1585, dizia de Piratininga: "é cheia de velhos mais que centenarios porque em quatro juntos e vivos se acharam quinhentos annos".[108] "A excellencia do clima, dos ares e do temperamento" — dizia o governador Antônio Pais de Sande — "se infere bem de não hauer até hoje alli medico algum."[109] De Antônio Dias, Garcia Pais e Borba Gato sabemos que morreram mais que nonagenários. Em 1741, numa justificação de nobreza do dr. Pedro Dias Pais Leme, se inquiriram seis testemunhas, das quais quatro eram maiores de oitenta anos.

O cruzamento com o indígena corrigiu de modo feliz a excessiva rigidez, a dureza inteiriça e fragueira do colonizador europeu do século XVI; o índio, nesse amálgama, trouxe o elemento mais afinado, a agilidade física, os sentidos mais apurados, a intensa observação da natureza quase milagrosa para o homem branco. Um governador, em 1692, dizia: "Paulistas embrenhados são mais destros que os mesmos bichos...".[110]

Não tardou a se espalhar por toda a colônia, e até à metrópole, a fama paulista. A eles recorrem as autoridades para pacificação das tribos inimigas do recôncavo da Bahia e do norte do rio São Francisco, e para a destruição do quilombo dos Palmares. A eles aconselha Antônio Pais de Sande, em 1693, que se apele para o descobrimento das minas de Sabarabuçu, Paranaguá e outras das capitanias do Sul. O único meio para se conseguir esse descobrimento — escrevia o governador ao Conselho Ultramarino — é "seruir-se S. M. de encarregar aos mesmos moradores de S. Paulo este negocio, pois a confiança que faz daquelles vassalos os empenha ao effeito das obrigações della". E num trecho que bem frisa a independência e susceptibilidade dos habitantes de São Paulo nessa época longínqua, "a pessoa que S. M. nomear para ir a S. Paulo (que se suppõe) será hum sogeito de cuja authoridade, e prudencia se possa fiar negocio de tanto pezo, não levará comsigo mais que seus creados e as ordens e poderes reaes".[111]

Desses homens de ação três ou quatro sentimentos deviam compor a rudimentar psicologia. Antes de tudo, o anseio pela mais absoluta independência, acima das leis divinas e humanas; a ambição do mando, o irrefragável desejo de exercer a autoridade incontestada, de dominar sem peias — e o afã imperioso do lucro e da riqueza. Do fundo do subconsciente, das influências atávicas da Terra e do Sangue, vinha-lhes, sem dúvida, a ativa inquietação a que se devem os grandes descobrimentos e as grandes viagens da época, o irrequieto espírito de mudança, de levantar sempre o vôo na curiosidade do desconhecido e que fazia Ponce de León exclamar na Flórida: "Gracias te sean dadas, Señor, que me permites contemplar algo nuevo".

Esses sentimentos fortes fizeram o paulista tão temido quanto admirado. As lendas de Charlevoix e Vaissete, indignados diante dos excessos mamalucos, têm uma singular mistura de ódio e respeito.[112]

Quando em 1671, após o insucesso das bandeiras baianas de Roiz Adorno, as autoridades pediram a intervenção paulista para a pacificação dos Tapuias insubordinados, aos elogios à ação de Estêvão Ribeiro Baião Parente sucederam dentro de poucos anos as queixas e lamentações dos habitantes do recôncavo. Em 25 de maio de 1677 escrevia o governador a Baião Parente: "Sua Alteza não quer que seus moradores sejam vexados, nem ainda é justo que os Indios se tratem como escravos [...]. Que este é o fim, e o que sua Alteza encommenda, trazel-os do Sertão para os domesticar, e se fazerem Christãos. E se o intento de Vossa Mercê é outro pode-se recolher logo".[113]

Anos depois, em 1692, o capitão-mor de Porto Seguro avisava ao governador da Bahia das insolências que faziam, havia três anos, uns trinta paulistas, de que

> eram Cabeças um Domingos Leme de Moraes, e seu irmão Verissimo Moraes da Silva, que como Regulos se tinham levantado com ella, sem o dito Capitão-mor poder sahir fora de sua casa, nem os Officiaes de Justiça poderem administral-a matando a quem lhes parecia, sequestrando-lhes os bens, e finalmente, fazendo insolen-

cias, e tyrannias, que havia muitos tempos a esta parte, se não accordava de outro excesso semelhante...[114]

Nunca, porém, essa atividade dominadora e indisciplinada atingiu os requintes de crueldade e aspereza dos conquistadores espanhóis; a doçura portuguesa temperou de certo modo o que Blanco-Fombona denominou a hiperestesia de rapina e sangue dos aventureiros castelhanos.[115]

Handelmann, referindo-se aos preadores de índios de São Paulo, diz que, para eles, não há nenhuma "desculpa" e as suas conquistas constituem "uma das manchas mais negras da história do Brasil".[116] Que diria o historiador das terríveis expedições que devastaram o México e o Peru? Os dezessete anos de dominação alemã na província de Venezuela (de 1529–1546) excederam em sanha sangrenta e destruidora os mais negros relatos da conquista espanhola. Ainda neste século, são conhecidas as façanhas da colonização alemã e belga no interior da África. O drama de horror e loucura criminosa, em que todas as más paixões dos homens do século XVI foram açuladas como matilhas de cães contra as velhas civilizações americanas, torna quase inocente e livre de culpa a "fúria paulista" nos seus mais exaltados desvarios.

A pouco e pouco, pela própria diminuição do seu dinamismo, foi a bandeira desaparecendo, como fator vivo e característico, da conquista e povoamento do território da colônia.

O bandeirante transforma-se no colono e povoador das regiões do Sul, da ilha de Santa Catarina e da antiga capitania de São Pedro; ao Norte é ele o criador e fazendeiro dos caatingais baianos, até o Piauí, Ceará e Maranhão; o gado como elemento estabilizador fixa-o nos latifúndios desses sertões; para o interior profundo do país, a mina, em Goiás e Mato Grosso, extingue por seu turno e pela sua riqueza o nomadismo tradicional do antigo piratiningano.

Aí, no primeiro quartel do século XVIII, se destacam as figuras dos irmãos Lemes — últimos depositários da ambição de mando e independência do velho paulista —: um sucumbe, acuado como animal feroz, nas matas de Araritaguaba; o outro, degolado nas prisões da Bahia. Em 1740, num arraial goiano, morre miseravelmente o segundo Anhangüera.

Foram, talvez, os últimos bandeirantes.

(1923)

A decadência

Em 1697, escrevia o governador Antônio Pais de Sande ao Conselho Ultramarino: "He finalmente a villa de S. Paulo dignissima de se verificar nella o celebre vaticinio do grande padre Joseph de Anchieta, que ha ella de ser a metropole do Brazil...".[117]

Contradizendo a profecia anchietana, ao findar o século XVII já entrava a antiga capitania de São Vicente em lento deperecimento que, agravando-se por todo o século seguinte, ainda por mais cem anos a conservou adormecida na mais mofina e apagada decadência. As causas desse mal foram múltiplas e se originaram nas próprias glórias e triunfos da gente de São Paulo.

Na insaciada faina de escravizar, de procurar riquezas e de bandeirar pelos mais remotos recessos do continente, e na longitude das suas expedições, foram pouco a pouco se modificando no paulista os traços originais da sua feição primitiva. Deles o mais notável fora, nos primeiros tempos, o desejo de voltar ao lar, como aves rapaces que, finda a caça, sempre demandam o ninho. Com o alargamento e a repetição das empresas de conquista e resgate foi, porém, o habitante de São Paulo localizando-se nos remotos territórios que descobria e pacificava. Uns, na sua expansão para o Norte, se afazendavam nos sertões para além da Mantiqueira; nas ribeiras do rio das Velhas e do São Francisco — diz Capistrano[118] — ainda antes do descobrimento das minas havia mais de cem famílias paulistas entregues à criação de gado. De 1671 a 1674, Domingos Jorge presta mão forte ao português Domingos Afonso, o "Certão" por antonomásia, para abrir numerosas fazendas nessas regiões, iniciando pelo interior a colonização do Piauí. Outros, para as bandas do Sul, como Brito Peixoto e Sebastião Guerra, conquistam e povoam a ilha e costa de Santa Catarina estendendo-se as suas correrias até os campos rio-grandenses. De bandeirantes, isto é, despovoadores, passaram a conquistadores, formando estabelecimentos fixos — observa o mesmo ilustre mestre.

A imensa riqueza dos descobertos das Minas Gerais foi, para os paulistas, um sonho rápido e fugaz. Entre outras, a carta régia de 18 de março de 1664 lhes tinha prometido e dado a propriedade das jazidas que descobrissem, pagando o quinto à coroa. Essas promessas, que tanto animaram as expedições mineiras da gente de São Paulo, foram burladas por fatos posteriores que a vieram esbulhar da posse e gozo dos tesouros revelados por anos de incansáveis explorações.

Essas migrações, na faina de minerar, rapidamente despovoaram a capitania. Os descobertos auríferos dos últimos anos do século XVII, decorrentes talvez da célebre bandeira de Fernão Dias, e realizadas por Garcia Pais, Antônio Rodrigues de Arzão, Bartolomeu de Siqueira apressaram o movimento dispersivo. A mina vinha acabar com a bandeira, já enfraquecida pela migração dos criadores de gado.

A febre do ouro, a vertigem mineira, apoderou-se então, como uma pandemia, desses homens rudes e ambiciosos: "o oiro das Minas do Sul", diz Rocha Pita, "foi a pedra iman da gente do Brazil".[119] E o êxodo foi formidável.

Os bandos pioneiros de São Paulo e Taubaté espalharam-se pelas inúmeras faisqueiras onde pintava o ouro do sertão mineiro, e explorados os rios e córregos, escavada a terra, aos olhos cúpidos dos paulistas, repentinamente brilharam, como num sonho, as pedras preciosas... Era a mágica realização da Manoa del Dorado, da cidade do Metal, de Walter Ralleigh,[120] da promessa rutilante e espantosa das colinas de prata e ouro maciço, cuja descrição tanto incendiou a imaginação dos homens desse tempo, e ainda canta nos cérebros febris dos aventureiros de hoje.

De um só golpe, para assim dizer, desbrava-se e povoa-se um vasto território. São as minas de Itaberaba, Miguel Garcia, Ouro Preto, Ribeirão do Carmo, Rio das Velhas, Sabará, Caeté, Camargos, Bento Rodrigues, Inficionado, Piracicaba, Catas Altas, Bromado, Ribeirão de Santa Bárbara, Serro do Frio, Sumidouro, Guarapiranga — segundo a relação do coronel Bento Fernandes Furtado de Mendonça, no século XVIII.* O movimento minerador partira dos descobertos de ouro no distrito de Ouro Preto, de 1694 a 1695, e estendera-se pelo rio das Velhas, por Sabará, até o Norte, já em contato com o sertão da Bahia. Não só da capitania de São Paulo, mas do Brasil inteiro e da metrópole, acudiam os bandos pioneiros. "Das cidades, villas, reconcavos, e sertões" — cita Varnhagen[121] — "vão brancos, pardos, e pretos, e muitos Indios [...] A mistura he de toda a condição de pessoas; homens, e mulheres; moços e velhos; pobres e ricos: nobres e plebeos, seculares, clerigos e religiosos de diversos institutos, muitos dos quaes não tem no Brazil convento nem casa." O envés desse quadro não tardou a se revelar pelos anos de 1697 a 1701, com o aparecimento do flagelo da fome, de uma ironia trágica, em meio de tanto ouro. Os mineiros, diz uma carta do governador Artur de Sá e Meneses ao rei, não

---

* *Revista do Archivo [Publico] Mineiro*, ano IV, [Belo Horizonte, Imprensa Official de Minas Geraes,] 1899 [p. 94].

puderam minerar "pella grande fome que experimentaraõ que chegou a necessidade a tal extremo que se aproueitaraõ dos mais immundos animaes, e faltandolhes estes p^a. poderem alimentar a vida, largaraõ as minas, e fugiraõ p^a. os mattos com os seus escravos a sustentaremçe com as frutas agrestes que nelles achauaõ".* A própria miséria os atirava, porém, para os desertos mais longínquos do sertão, onde novas minas descobriam: "quanto mais entraõ p^a o sertaõ" — escrevia o governador — "dizem que [as minas] saõ mais ricas".[122] Por essa época o alqueire de milho chegou a custar quarenta oitavas de ouro, e o alqueire de feijão, o dobro.**
Em 1700 e 1701, novas crises de carestia assolaram as regiões mineiras, produzindo de novo a dispersão que, por seu turno, dilatou o território povoado e explorado.

Cerca de 1698, iniciava-se a abertura do caminho novo que devia ligar diretamente o Rio de Janeiro ao interior mineiro, de cujos trabalhos se incumbiu Garcia Pais, filho do célebre Fernão Dias. Essa estrada punha em cerca de quinze dias o Rio em contato com as zonas dos descobertos e vinha, para assim dizer, inutilizar a velha estrada bandeirante, descrita por Antonil no *Roteiro do caminho da villa de S. Paulo para as Minas Geraes, e para o Rio das Velhas*, que num longo trajeto de mais de dois meses,[123] "viajando à paulista", ligava a capitania de São Vicente ao sertão aurífero, galgando a Mantiqueira pelo vale do Embaú, onde hoje passa a Estrada de Ferro Minas e Rio. Era a metrópole se apossando dos proveitos do tesouro descoberto, já sem o concurso e intervenção da gente paulista.

* Basílio de Magalhães, *Revista do Inst[ituto] H[istorico e Geographico] de São Paulo*, vol. XVIII [1913. São Paulo, Diario Official, 1914, p. 334].
** ["Primeiros Descobridores das Minas do Ouro na Capitania de Minas Geraes — Noticia Compilada pelo Coronel Bento Fernandes Furtado de Mendonça e resumida por M. J. P. da Silva Pontes"] *Revista do Archivo [Publico] Mineiro*, ano IV, [Bello Horisonte, Imprensa Official,] 1899 [p. 88].

Outro fato notável foi a irrupção da guerra civil denominada dos "Emboabas" que, pelo ciúme da concorrência na mineração ou pela ambição de açambarcadores das carnes, fumo e aguardente — por cerca de dois anos, de 1708 a 1710 —, assolou o território das minas com o seu sombrio cortejo de morticínios e traições. Ainda está por fazer o estudo completo desse drama confuso — sobretudo na sua segunda parte —, mas nas duas fases a luta terminou sem dúvida pela derrota dos paulistas que se viram espoliados e enganados. Os representantes da metrópole, timoratos e astutos, usaram de manha na liquidação desse sangrento episódio, agradando a uns e outros. Aos paulistas enviou d. João V o seu retrato para a Câmara de São Paulo, visitando em efígie os leais vassalos "já que pessoalmente o não podia fazer";[124] aos revoltosos de Manuel Nunes Viana, o primeiro ditador que houve em terras brasileiras, caudilho de fronteira, deu o seu real perdão. O resultado positivo, porém, foi para a gente de São Paulo a perda das minas, fazendas e lavras que a sua contumaz energia revelara ao mundo.

A decepção não lhes afrouxou o ânimo conquistador e a tenacidade sempre rediviva da raça. Atiraram-se sem perda de tempo a outras conquistas, e as bandeiras afundaram-se pelos sertões longínquos de Mato Grosso e Goiás.

Em abril de 1718, Pascoal Moreira Cabral, tendo seguido em parte o roteiro de Antônio Pires, chega a Cuiabá e aí descobre ricas jazidas de ouro; Manuel Dias da Silva, após uma formidável arrancada que o levara de Goiás a Cuiabá e daí pelo sertão à Colônia do Sacramento, no extremo Sul, invade em nome do rei d. João V os campos da Vacaria, retirando os marcos espanhóis aí plantados;* em 1734, Fernando e Artur Pais de Barros, naturais de Sorocaba, empreendem a conquista dos Parecis, iniciam a fundação de Vila

---

* Gentil [de Assis] Moura, *Revista [do] Inst[ituto] H[istorico e] G[eographico Brasileiro]*, tomo especial [consagrado ao Primeiro Congresso de Historia Nacional, parte II, Rio de Janeiro, Imprensa Nacional], 1915 [pp. 239-40].

Bela e exploram no Guaporé a ligação das bacias do Prata e Amazonas levada a efeito em 1742 pela admirável expedição de Manuel Félix de Lima, descrita por Southey.[125]

Para os sertões de Goiás, desde 1682, se dirigia a bandeira do Anhangüera, atingindo o Tocantins e Araguaia, penetrando o planalto goiano por Jundiaí, Casa Branca, Franca, Rio Grande e atravessando as terras ubérrimas e predestinadas do Oeste de São Paulo. O filho e o genro, anos mais tarde, seguem a mesma trilha, vagando longamente pelos sertões à procura dos inatingíveis Martírios, regressando a São Paulo depois de três anos de lutas e sofrimentos.

Todos esses ousados empreendimentos, tanta heroicidade afoita e desregrada, iam aos poucos enfraquecendo a velha Piratininga, pelo afastamento dos seus melhores filhos. Abandonando as picadas tortuosas das primitivas entradas, a migração continuava pelos rios e pelas monções que partiam de Araritaguaba, em demanda das riquezas do sertão. Os fortes, os audaciosos e os sãos partiam na febre das conquistas; mulheres, velhos e enfermos ficavam na melancolia dos lares abandonados, nos afazeres mesquinhos da pequena cultura, ou na taciturna indolência índia das vilas que rodeavam os campos piratininganos. A pouco e pouco entrava São Paulo nesse longo sono secular que é a triste página da sua história.

No primeiro quartel do século XVIII a capitania paulista, criada em 1709, abrangia os territórios de São Paulo, Minas Gerais, Goiás, Mato Grosso, Paraná, Santa Catarina e Rio Grande do Sul, até a Colônia do Sacramento. Em 1720, foi desmembrado o território de Minas Gerais, que formou nova capitania; em 1738, foram separados os territórios do Rio Grande do Sul, a ilha e costa de Santa Catarina, anexados à capitania do Rio de Janeiro. Em 1748, considerações administrativas sugeridas pelo conde de Bobadela determinaram o desmembramento dos territórios de Cuiabá e Goiás da capitania de São Paulo, extinta por alvará desse ano e sujeita ao Rio de Janeiro. Era a confirmação oficial da decadência da gloriosa Piratininga, que a tirania estúpida dos capitães-generais e a voracidade do fisco iriam completar de modo lastimável. Até 1765 foi São Paulo governado pelo comandante da fortaleza de Santos, preposto do governador do Rio de Janeiro. É o mais triste e vergonhoso período da sua existência; mais tarde disse um governador que fora nesse tempo que os paulistas se barbarizaram de vez... Em 1765, restaurado de novo o governo separado de São Paulo, vem tomar conta da capitania d. Luís Antônio de Sousa Botelho Mourão, Morgado de Mateus.

Foi o primeiro dos governadores que Portugal nos mandava obedecendo a toda a sorte de conveniências, menos às da colônia que vinham administrar. "Dom Fulano é um fidalgo pobre: dê-selhe um governo", já dissera no século anterior o padre Vieira. Tivemos governadores bons e maus. Houve-os déspotas e bonacheirões, megalomaníacos e peralvilhos; um apelidaram de "Pilatos", outro de "Mexeriqueiro". De um deles dizia, em 1798, o bispo d. Mateus: " Daquella cabeça só póde sahir asneiras...".[126] A história de São Paulo passou a ser a história das diferentes administrações.

O despovoamento e a miséria tinham reduzido ao mais triste estado a velha capitania. Os maus governos vieram completar a obra da fatalidade histórica.

Além das exações do fisco português, como quinto real, bateias, fintas, talhas, o imposto dos dez anos (para a reconstrução de Lisboa e que perdurou por quarenta anos) e outros remetidos para o reino sem lucro nenhum para a colônia, além dessas inúmeras contribuições ordinárias e extraordinárias, dois males assolaram a capitania durante o governo dos capitães-generais: a carestia do sal e o militarismo.* Todo o sal consumido na colônia era

---

* Antônio [de Toledo] Piza, "Chronicas dos tempos coloniaes. A miseria do sal em S. Paulo. O Militarismo em S. Paulo", *Revista do Inst[ituto] H[istorico e Geographico] de São Paulo*, vol. IV [1898-99, pp. 279-320].

importado de Portugal, mediante monopólio concedido ao arrematante que mais desse em lance público. O contrato na verdade consignava um preço relativamente barato para a venda ao público, mas o contratante interessava logo no negócio alguns especuladores locais, que armazenavam o gênero açambarcando-o sem nenhum escrúpulo ou fiscalização. Por diversas vezes a alta produzida desse modo elevou o preço da mercadoria a quarenta mil-réis por alqueire em São Paulo, Sorocaba ou Itu, a duzentos ou trezentos mil-réis em Goiás ou Cuiabá, onde assim só era empregado em medicinas caseiras ou nas cerimônias batismais.* O governo da metrópole, satisfeito com os lucros auferidos, não atendia às reclamações e queixas dirigidas pelas câmaras municipais: contentava-se em verificar se o preço da primeira venda estava de acordo com as condições do contrato. Uma certidão passada por um oficial da Alfândega respondia facilmente aos argumentos dos queixosos. Já em 1710, em Jacareí, o fazendeiro Bartolomeu Fernandes de Faria, reunindo uma numerosa tropa de índios, negros e capangas, descera a Santos para atacar os armazéns dos monopolizadores donde conseguiu retirar todo o sal existente, pagando-o pelo seu justo valor. De volta à sua propriedade agrícola, transformou-a o paulista em forte praça de guerra, de onde pôde resistir durante anos aos ataques das autoridades. Só em 1722 foi ele preso, em Conceição de Itanhaém onde estava foragido, daí seguindo para a Bahia para ser julgado pelo Tribunal da Relação: faleceu, porém, antes do julgamento. Narra-lhe Pedro Taques a heróica história.[127]

    A lição de Bartolomeu Fernandes pouco aproveitou; a especulação recomeçara cada vez mais intensa e os açambarcadores tiveram novas fontes de renda nas numerosas monções que penetravam os sertões do Mato Grosso e Goiás; a procura provocava altas absurdas com que cada vez mais se enriqueciam os felizes

---

* Antônio [de Toledo] Piza, op. cit. [p. 281].

arrematantes do contrato do sal. Em 1796, a Câmara de São Paulo dirigiu ao capitão-general um ofício queixando-se de que o sal tinha sido distribuído esse ano tão escassamente "que famílias inteiras, ainda na mesma cidade e seus arrabaldes, têm comido sem sal muitos dias". Somente em 1799 pôde o capitão-general Antônio Manuel de Melo Castro e Mendonça suprimir o odioso monopólio, vendendo a Câmara diretamente ao povo, sendo inspetor da venda o dr. José de Arouche de Toledo Rendon.

Outro mal que afligiu a capitania durante o século XVIII foi o do militarismo. Esse mesmo agravado, por uma estranha contradição, pela falta de pagamento dos soldos à tropa. "Em todas as vilas e freguesias havia corpos organizados de soldados de ordenança e de milicia, a pé e a cavallo, especie de guardas nacionaes do tempo";* as mais variadas denominações designavam esses corpos, como a dos "Auxiliares", a dos "Voluntários Reais", a dos "Úteis", dos "Aventureiros", dos "Hussardos", dos "Sertanejos", dos "Dragões", dos "Fuzileiros", dos "Caçadores". Completavam a milícia tropas regulares de primeira e segunda linha. Numa população de cerca de cento e trinta mil habitantes, em 1777, havia pelo menos sete mil homens em armas e em serviço ativo. Além das expedições contra os quilombos ou contra os índios bravos do sertão, e da polícia dos territórios mineiros de Mato Grosso e Goiás, destinavam-se sobretudo essas forças ao serviço das longas guerras contra os espanhóis, no Sul. A fundação de uma colônia militar nas margens do Iguatemi, em território fronteiro ao Paraguai, foi um enorme sorvedouro de homens e de dinheiro, sob a administração megalomaníaca do capitão-general Botelho Mourão, o Morgado de Mateus. "O Iguatemi" — dizia um relatório oficial — "tem sido um horroroso cemitério de paulistas"; fugindo dessa calamidade, mais de seis mil famílias desertaram o território de

---

* Antônio [de Toledo] Piza, op. cit. [pp. 296-8].

São Paulo. É natural que o recrutamento ficasse sendo o espantalho do nosso caboclo, até os dias de hoje...

A falta de alimentação conveniente, o terror das longínquas expedições mortíferas, o empobrecimento da raça pelas doenças e pela péssima higiene, rapidamente trouxeram a miséria e o despovoamento da capitania. Sem o sal indispensável, o pobre só se alimentava de canjica, pinhão e içá torrado, "de bichos imundos e couzas ascarozas", assim dizia o Morgado de Mateus;[128] no sertão as tropas contentavam-se com parco alimento que lhes forneciam o pinhão assado ou cozido, o palmito e o mel, além da caça incerta, sem o condimento do sal. Nas classes mais privilegiadas, talvez a abolição da escravidão indígena em 1758 apressara a ruína de numerosas famílias, como, cento e trinta anos mais tarde, a abolição do cativeiro negro veio ameaçar a prosperidade renascente da província.

Com a miséria crescente, o paulista abandonava os pequenos núcleos de povoamento que se tinham formado ao longo das estradas do Rio, de Goiás e de Cuiabá. Os moradores só acorriam às vilas para as festas do ano; "fora destes cazos" — escrevia um capitão-general — "vão seguindo o mato virgem",[129] fugindo ao convívio civilizador das aglomerações. Nesse isolamento, a vida do roceiro pouco ia além da curva do caminho próximo; no casebre enfumaçado vivia tristemente a família, desocupada e suja. Em regra geral um lavrador paulista apenas trabalhava no ano dois a três meses, dizia uma informação da época. Prevalecia o mutirão. "O que pretende fazer a sua roçada ou derrubada de matto convoca os seus visinhos para certo dia em que, depois de comer muito e beber melhor, pegam nos machados e nas fouces, mais animados do espírito da *canninha* do que do amor do trabalho"... "Ha alem disto duas cousas mais que distrahem o povo do trabalho e arruinam o commercio: uma é o jogo e outra é a dansa." "Levam muitos lavradores a maior parte das noites embebidos em similhantes folias e dormem de dia."...[130] Na Marinha, ainda menos se trabalhava. A costa só era habitada nas praias, porque os caiçaras se sustentavam unicamente do mar; faltando este, o único recurso era a água da congonha, no dizer de um relatório oficial. Em 1767, d. Luís Antônio de Sousa escrevia de São Paulo ao rei de Portugal:[131]

> Observei as Povoações, e achey que todas são pequenas, ainda as de mayor nome, faltas de gente, e sem nenhum modo de ganhar a vida, os campos incultos, tudo cuberto de mata brava, a lavoura por máo methodo, só se planta em mato virgem pelo pouco que custa, e pela repugnancia que tem de se sugeitarem ao maior trabalho de cultivarem os campos como nesse Reyno. Apenas colhe cada hum para seu sustento proprio, muito pouco sobeja para vender ao publico. Ninguem trata de aproveitar os effeitos do Paiz, por cuja cauza se acha o Povo reduzido á mais lastimoza pobreza. A dispersão que se costuma habitar não permite a devida civilidade, nem a necessaria Doutrina espiritual, de que procede que esquecidos os homens das obrigações com que nascerão, seguem a dezordem natural dos seus costumes, huns adormecendo-se nos vícios, outros cometendo execrandos delictos, de que todos os dias se ouvião as tristes noticias.

Anos depois, em 1775, ao tomar conta do seu governo dizia o governador Martim Lopes ao vice-rei: "Eu já no Rio tive uniformes noticias [...] da deploravel decadência em que tudo estava nesta Capitania [...]; e fazendo viagem por terra achei em nove Povoaçoes por onde passei, o mesmo que nesta Capital: os Paulistas com o animo summamente abatido, e desconfiado, muitos fugidos pelos mattos, e todos padecendo extorções, e violencias...".[132]

> Nestas terras [escrevia o Morgado ao conde de Oeiras] não ha povo, e por isso não ha quem sirva ao estado: excepto muito poucos mulatos que uzão seus officios, todos os mais são Senhores, ou escravos

que servem aquelles Snrs': Estes são obrigados a terem escravos de todos os officios, nenhum hé perfeito, algum official que vem do Reyno, passado pouco tempo logose mete a Senhor; compra escravos, ensina-os, e passa-lhes o officio, fica recolhendo os jornaes; estes sobem a preços altos, e ninguem pode fazer obras; elles não tem que fazer, e está a cidade por edificar.[133]

Como em todas as épocas de decadência, ao lado dessa miséria havia o luxo exagerado, sobretudo nos vestidos. "Se as fazendas fossem do Reyno tudo ficava em casa" — escrevia o Morgado de Mateus — "porém sendo estrangeiras, não ha ouro que as pague. [...] Nesse Reyno vestem de pano muitos Fidalgos, nas Provincias boa gente trazem linhos; aqui os brancos vestem o melhor veludo, e ninguem traz senão Olanda; tudo isto compra-se fiado, ao depois estuda-se para pagar..." Já não eram mais os panos de algodão tinto, as capas de baeta e os mantos de sarja de que nos fala frei Vicente do Salvador, ao descrever São Paulo quinhentista...

Em compensação, em S. Roque, freguesia de Cotia, referia um religioso capucho, vieram confessar trinta ou quarenta homens, ou ainda mais — número muito avultado — só com uma roupa, que iam vestindo sucessivamente, uns depois dos outros.

Nesta desolação, num "certão aberto", como dizia um provedor de 1766, vivia, na sua mediocridade de pequena corte provinciana, a capital de São Paulo. Envolta em neblinas, ou resignada às chuvas pesadas do morno verão, deviam correr-lhe os dias vagarosos, na melancolia dos seus campos. Poucas ruas eram calçadas com grandes lajes de pedra vermelha; os melhores edifícios, feitos de taipa; as casas, sob largos beirais, baixas em meio de vastos quintais, mais aumentavam o silêncio e o deserto da cidade. Os transeuntes — pela ausência dos homens ocupados nos sítios dos arredores — eram sobretudo mulheres, "embuçadas em dois covados de baeta preta, com chapeus desabados e as caras tapadas", como as descrevia o capitão-general Martim Lopes.

O *Divertimento admirável*, de Manuel Cardoso de Abreu, de 1783, descrevendo a cidade de São Paulo, diz que os habitantes

> vivem de varias negociações: uns se limitam a negocio mercantil, indo á cidade do Rio de Janeiro buscar as fazendas para nella venderem; outros da extravagancia dos seus officios; outros vão a Viamão buscar tropas de animaes cavallares ou vaccuns para venderem, não só aos moradores da mesma cidade e seu continente como tambem aos andantes de Minas Geraes, e exercitam o mesmo negocio vindo comprar os animaes em São Paulo para os ir vender a Minas, e outros, finalmente, compram alguns effeitos da mesma capitania, como são pannos de algodão e assucar, e vão vender ás Minas, labutando nesta forma todos naquillo a que se applicam.
>
> É a cidade aprazivel pelo terreno [acrescenta o mesmo Cardoso de Abreu] e saudavel pelos ares, e não é muito pequena, pois se conhece a sua grandeza pelo numero das ruas, cujas são: de S. Bento, Direita, de S. Francisco, das Casinhas, da Freira, de S. Gonçalo, da Sé, das Flores, do Carmo, que é onde está o palacio dos generaes, do Rosario, da Quitanda e Rua Nova do Guacio [?], todas ellas com suas travessas correspondentes, com o defeito, porém, de serem a maior parte das casas terreas, e as ruas mal ordenadas e mal calçadas.[134]

Para distração do governador fidalgo, organizavam-se, com todo o rigor das etiquetas religiosas, as festas de igreja, como a de Nossa Senhora dos Prazeres, da devoção especial de d. Luís Botelho, com procissões, cavalgadas, fogos de artifício e touros. Em 1793, por ocasião do nascimento da princesa da Beira, decretou-se o entrudo, com danças de máscaras pelas ruas — de dezembro até março; dois anos mais tarde, ao nascer outro príncipe, as festas e mascaradas se prolongaram de agosto a outubro. Esses festejos vieram compensar os seis meses de luto — três rigorosos e três aliviados — que à Câmara da cidade e à população ordenara o governador por ocasião do falecimento do príncipe do Brasil, d. José, filho de d. Maria I, em 1788...

A sociedade, estrita e acanhada, não denotava nenhuma influência européia. Havia o hábito, tradicional nos paulistas abastados, de morarem nos sítios das cercanias da capital, e ainda hoje se vê, nos bairros afastados, ao longo das estradas, a típica casa de campo, caiada de branco, em meio de seus limoeiros e laranjais.

Essa gente só vinha à cidade para a missa dominical, ou para as festividades religiosas e oficiais. Nos bailes e festas públicas, as senhoras mais elegantes se apresentavam geralmente com vestidos brancos, trazendo inúmeras cadeias de ouro, e, fincados nos negros cabelos, flores e pentes lavrados, à espanhola; mas os vastos salões não mostravam nenhum luxo, sob a enorme lâmpada de azeite de mamona, alumiando escassamente a pesada mobília de jacarandá.

Em 1766, toda a freguesia da capital, que se estendia a doze léguas, possuía apenas oitocentos e noventa e nove fogos, em que se compreendiam mil setecentos e quarenta e oito homens e duas mil e noventa mulheres. Este recenseamento, porém, deve ter sido exagerado, porque dez anos mais tarde outro, realizado por ordem de Martim Lopes, "feito com a maior certeza, exactidão e diligencia possivel", apenas acusava quinhentos e trinta e quatro fogos com duas mil e vinte e seis pessoas.

Intelectualmente, a indigência ainda era maior. Além de ensinar, como diz um testamento do século XVII, os machos "a ler e escrever e contar e ás fêmeas a coser e lavrar"[135] — pouco mais se aprendia. Os que se salientavam por alguma instrução dificilmente iam além das regras da gramática, dos preceitos do catecismo e do latinório de obrigação. Em 1798, Martim Francisco requer ao governo que seja criada na capital uma cadeira de aritmética, geometria e princípios de álgebra, ciências desconhecidas em São Paulo, onde até se ignora a sua existência. O requerimento foi indeferido.[136]

Os dois vultos de cronistas paulistas que se destacavam nesse período da crassa ignorância e atraso provam de sobejo a inferioridade intelectual da época, com as suas preocupações nobiliárquicas e cortesãs a que tudo subordinavam. E na Europa civilizada, nesse momento, imperava o filosofismo e brilhava em pleno fulgor a falange da Enciclopédia, que já influenciava alguns espíritos de outras partes do Brasil...

Ao começar o século XIX o estado lastimável de decadência e aviltamento ainda continuava o mesmo na capitania de São Paulo.

A lavoura, pequena e atrasada, consistia quase que exclusivamente no plantio de mantimentos; o algodão, cuja cultura já recomendava uma carta régia de 22 de novembro de 1766, mal dava para o consumo local; o café, quase desconhecido. Nos pastos malcuidados se criavam sobretudo porcos, que davam o célebre toucinho, remetido de Santos para Pernambuco, Bahia e para o reino.

A indústria se limitava à fabricação em ponto pequeno de fazendas grossas de lã, tecidos de algodão para os escravos e chapéus de feltro branco.

Em 1802 foi proibida pelo governador Franca e Horta a exportação de produtos da lavoura, a não ser para o porto de Santos, pondo os paulistas à mercê de três ou quatro negociantes dessa praça. Foi o longínquo início das severas medidas de proteção à lavoura que constituíram as futuras valorizações...

No começo do século, sob d. João VI, as despesas administrativas absorviam todas as rendas e deixavam — já nessa época — um déficit anual de sessenta contos; em 1814 os produtos da lavoura paulista não excediam a mil contos.

Diante de tão sombrio quadro, razão tinha, em 1803, o capitão-general da capitania para escrever ao governo da metrópole:

> O unico meio, pois, q̃ posso divizar p. [a] ao mesmo tempo animar as duas fontes de riqueza do Estado hé q̃ V.Ex.[ca] se declare o Protector desta Capitania obtendo de S.AR. a mesma graça q̃ obteve a do Pará [...] q̃ a izenta por dez annos dos direitos impostos na Escravatura; atendendo a q̃ esta [capitania] se acha em Maior decadencia q̃ a do Pará...[137]

Era a esse lamentável estado de degeneração e extremo abatimento que cem anos de governo absoluto e incapaz tinham levado a altiva e gloriosa Piratininga.

Alguns dos traços salientes do atual caráter paulista se delinearam com vinco mais fundo nesse período da história de São Paulo. Daí nos veio o taciturno e desajeitado amuo, o silencioso descontentamento nos espíritos, que, remota herança da desconfiança inata do índio e da "apagada e vil tristeza" do português saudoso, já assinalava um dos governadores do século XVIII, escrevendo ao marquês de Pombal:

> Este Costume de viverem dispersos, metidos pelas rossas, tem feito habito de sorte que só fazem gosto da solidão e para ella fogem. Se alguem fazendo viagem encontra por acazo um destes ou lhe foge, ou fica tão asustado, e preocupado, que nem o chapeu lhe tira se lhe dizem a minima palavra desconfia e mata logo...[138]

Dele também nos veio essa singular mistura de desprezo e receio dos governos — bons ou maus, mas governos que não convém contrariar para que nos deixem ganhar em paz a cobiçada riqueza, tão importante em raça ainda depositária das longínquas ascendências judaicas.

Passados os tempos heróicos da nossa formação, em que o isolamento na montanha hostil e o caldeamento das sub-raças constituíram um novo tipo étnico; passado o magnífico drama da expansão bandeirante — o governo dos capitães-generais veio em meio século completar o anulamento das virtudes cívicas dos primitivos paulistas. Destes, ainda em 1692, podia dizer em termos camonianos o governador Antônio de Sande:

> ... sam briozos, valentes, impacientes da menor injuria, ambiciozos de honra, amantissimos da sua patria, beneficos aos forasteiros, e aduersissimos a todo acto seruil, pois até aquelle, cuja muita pobreza, lhe não permitte ter quem o sirua, se sojeita antes a andar muitos annos pello certam em busca de quem o sirua, do que a seruir a outrem hum só dia.[139]

Alguns anos depois, governando a capitania o capitão-general Rodrigo César de Meneses, dois paulistas autênticos, os irmãos Manuel Correia Penteado e Francisco Rodrigues Penteado, em duas cartas justificativas dirigidas ao governador prostravam-se aos pés do fidalgo, atemorizados pela simples suspeita de terem homiziado a um dos infelizes irmãos Lemes. Rodrigues Penteado escrevia: "Esta informação teria v. ex. mui dezadequada a minha Sugeiçam; Bastava eu conhecer ser disposição e vontade de v. ex. o segurar-se este homem, para eu não me oppôr <u>inda que fora filho meu</u>, cujo motivo me molestaria, não por ser meu filho, senão pelo cuidado que por cuja cauza se originasse a v. ex. ...". Ao mesmo governador dirigia-se o irmão, também receoso de o ter descontentado: "E sinto que onde não houve malicia nem pensamento de desagradar a v. ex. fosse tal minha sorte, que errasse eu, querendo acertar, e se sopponha fui menos attento ao que se deve á pessoa de v. ex. Em me achando com melhor disposição, me terá

Vossa ex. a seus pés pessoalmente, para receber o castigo que fôr servido dar-me...".*

Razão tinha o governador Martim Lopes para declarar em 1777 ao marquês de Lavradio: "os Paulistas de hoje já não tem o mesmo valor, e rezolução, que tinhão os seus ante-passados; que gostão de viver mais regaladamente, e que já se não expoem a passarem pelos trabalhos, e descomodos que tiverão seus avós".[140] Já lhes cabia o elogio satisfeito de d. Luís de Sousa Botelho, escrevendo ao Conselho Ultramarino: "são os paulistas grandes servidores de Sua Magestade; no seu real nome fazem tudo que se lhes manda".[141]

Nos primeiros anos do século XIX, ao alvorecer da independência, começava apenas São Paulo a despertar da sua doentia hibernação. Iniciava-se o período a que na história paulista poderemos chamar — o da convalescença.

A fama tradicional ligada ao nome paulista atraía então à antiga Piratininga um grupo notável de homens de ciência e de viajantes ilustres. É a época em que o inglês John Mawe percorre os sertões de São Paulo e Minas; em que o barão de Eschwege escolhe essas mesmas regiões para os estudos que constituíram a sua obra magistral, *Pluto brasiliensis*, e o grande botânico Augusto de Saint-Hilaire empreende as suas viagens, precioso repositório de observações e de informes; e em que o grão-duque de Toscana, em 1817, envia ao Brasil, em missão científica, João Batista von Spix e Carlos Frederico Filipe von Martius. Quando estes últimos chegaram à cidade de São Paulo já aí se achavam os seus patrícios príncipe de Taxis, conde Wrbua e conde Palfy.

Tinha então a cidade uma população de mais de trinta mil habitantes, metade de brancos, metade de gente de cor. A população inteira da capitania ia além de duzentas e quinze mil almas.

* Afonso d'E. Taunay, ["Aspectos da vida setecentista brasileira, sobretudo em S. Paulo",] *Annaes do Museu Paulista*, t. I [São Paulo, Diario Official, 1922, pp. 398-9].

Ao chegarem Spix e Martius às alturas da Penha, pela estrada do Rio de Janeiro, já o panorama da cidade oferecia um aspecto de certa importância. Em meio das várzeas, manchadas de cerrados e capões, erguia-se a cidadela paulistana, em que sobressaíam o antigo colégio dos jesuítas, residência então do governador, o mosteiro do Carmo e o palácio episcopal. Outros edifícios salientavam-se, como a catedral, algumas igrejas e os conventos de beneditinos e franciscanos, todas grandes construções simples e sóbrias, sem nenhuma ornamentação. Três pontes de alvenaria cruzavam os ribeirões do Tamanduateí e Anhangabaú. Nas ruas principais as casas, em geral de dois pavimentos e de taipas, tinham um aspecto um tanto espanhol, pela abundância dos balcões engradados, as célebres rótulas, refúgio da curiosidade maldizente e das intrigas de aldeia.

Governava a já então província de São Paulo um triunvirato, composto do bispo, ouvidor e intendente da Marinha, substituindo o governador e capitão-general d. Francisco de Assis Mascarenhas, conde de Palmas, que se retirara para a Bahia. Presidia a junta governativa o bispo dom Mateus, de oitenta anos de idade, natural da ilha da Madeira e educado na França.

A população — observam Spix e Martius — conserva-se em grande parte sem mistura; os mestiços com índios têm, conforme o grau de cruzamento, a pele cor de café, amarelo-clara ou quase branca. Como testemunha da mistura de sangue restam-lhes o rosto largo, arredondado, com ossos faciais salientes, os olhos pretos, não muito grandes, e certa instabilidade no olhar. São tidos como os mais vigorosos e sadios habitantes do Brasil. A força muscular que desenvolvem quando se trata de domar cavalos ou de laçá-los é não menos admirável que a facilidade com que agüentam labores continuados e fadigas, sede e fome, frio e calor, privações de toda espécie. As paulistas — acrescentam — são de figura esbelta, embora de constituição forte, graciosas nos movimentos, mostrando nos traços do rosto belamente arredondado um agradável conjunto de alegria e franqueza: são sem dúvida as mais belas mulheres do Brasil. E a respeito os ilustres viajantes referem o conhecido provérbio então corrente e tantas vezes citado: "Merecem louvores na Bahia _Elles_ não _Ellas_; em Pernambuco _Ellas_ não _Elles_; em São Paulo _Elles_ e _Ellas_...".*

Economicamente os primeiros passos da nova província de São Paulo foram vagarosos e modestos. A produção dos gêneros coloniais, tomando em conta a população, era consideravelmente inferior à das províncias do Norte. Cerca de metade dessa produção era consumida pelas necessidades locais, e a outra, exportada. Café, açúcar, fumo, aguardente, algum algodão, copaíba, peles e chifres, sebo etc. seguiam para a Europa via Santos ou pelo Rio de Janeiro. Os seus extensos campos favoreciam a indústria pastoril, principalmente a bovina e cavalar. Nos arredores da capital, a natureza e o clima propícios desenvolviam no paulista o gosto pelo cultivo de jardins e hortas.

Spix e Martius consideraram o clima de São Paulo como um dos mais salubres e agradáveis da terra. Durante a sua estadia o termômetro oscilava entre 18º e 23º centígrados e o higrômetro entre 67º e 70º.

Não faltaram festas e espetáculos em honra dos hóspedes ilustres. Touradas à portuguesa, saraus musicais e representações teatrais. Assistiram assim no teatro recentemente construído à representação em português da opereta francesa _Le déserteur_. O espetáculo lembrava o tempo "em que o carro de Téspis andou pela primeira vez pelas ruas de Atenas".[142] O ator principal, um mulato barbeiro, comoveu profundamente o auditório.

Era assim São Paulo em 1818, quatro anos antes da proclamação da Independência. Se havia algum progresso no seu desenvolvimento material, lento e mesquinho, continuavam no entanto

* Spix e Martius, _Reise in Brasilien_, Munique, 1823 [pp. 221-3; tradução do autor].

adormecidas as fortes qualidades da raça. Em outros pontos do território brasileiro agitavam-se os elementos nacionalistas e revolucionários que trouxeram aos poucos a libertação política do país. Em São Paulo, nenhum eco encontraram na população subjugada e submissa. Os diversos movimentos de revolta contra o poder português, como o da inconfidência mineira, o de João de Deus na Bahia e o da revolução pernambucana de 1817, não encontraram nem adesão nem simpatia no paulista degenerado. Em 1822, é possível que somente a enorme superioridade intelectual do Patriarca e de seus irmãos tivesse conseguido congregar num pequeno grupo os elementos que prepararam e realizaram em São Paulo o plano libertador: não explicam essa ação o prestígio pessoal de José Bonifácio que não devia ser grande, pois só quatro anos antes chegara à terra natal, nem a influência da família, afastada da capital e sem raízes fundas na velha aristocracia paulistana. Bastou talvez a simples ação catalítica da sua presença no meio acanhado da época, para reunir algumas energias esparsas. São Paulo então — como quase sempre — era em favor do poder constituído, mesmo sendo ele de estrangeiros. A maioria da população era reacionária e favorável à consolidação da monarquia una pela reunião das duas coroas. Só três ou quatro famílias e — para honra do nome paulista — algumas câmaras do interior aceitavam e se batiam pelas idéias de liberdade e independência.

Doze dias antes do grito do Ipiranga, o discurso do dr. Manuel Joaquim de Ornelas saudando o príncipe em nome da câmara de São Paulo bem exprime os sentimentos dessa corporação que representava os da maioria do povo. A retórica oração, ao sabor da época, além dos elogios à pessoa e missão providencial de d. Pedro, sugere que o Brasil ainda podia continuar ligado a Portugal, e terminando com as exclamações seguintes, grito de alma do sentimento adesista e cortesão: "Viva El-Rei Constitucional, o Sr. D. João VI! [...] Viva a sua Real Família! Viva toda a Casa de Bragança!

Vivam a união e a tranqüilidade! E vivam, finalmente, os honrados portugueses de ambos os hemisférios!".[143]

Dessa vergonhosa e cega atitude de passividade satisfeita e humilde diante do poder dominante, salvou a honra paulista José Bonifácio, a quem devemos a glória de não ser esquecido o nome de São Paulo na luta pela libertação do país — a ele, a mais dois ou três, e ao esplêndido acaso dessa tarde de 7 de setembro de 1822.

Durante o Segundo Reinado São Paulo continuou no seu apagado viver de província pacata. Só a Revolução de 42 interrompeu como um lampejo fugace essa quietude, mas essa mesma pouco mais durou que um mês, terminando em tragicomédia com a fuga do seu promotor para as fronteiras do Sul, envolvendo nesse desastre ridículo a figura espartana de Diogo Feijó. Este, no amargo ressentimento de sua alma orgulhosa, perguntava em carta ao presidente da província: "Se os Paulistas vão tomando a naturesa de cães, que gostão de augmentar a afflicção ao afflicto...?".[144]

Já outros destinos, porém, se preparavam para a antiga capitania: em 1856 lavrava-se o decreto autorizando a incorporação de uma companhia para a construção de uma estrada de ferro ligando Santos a Jundiaí. Eram organizadores o marquês de Monte Alegre, Pimenta Bueno e o barão de Mauá.

(1923)

Uma data

Em 1680 achava-se em São Paulo, ocupado com os preparativos para uma aparatosa expedição aos sertões de Sabarabuçu, d. Rodrigo de Castel Blanco, nomeado pela regência do infante d. Pedro, administrador das minas da Repartição do Sul.

Uma estranha figura a desse "castelhano, que passando a Portugal se inculcou grande Mineiro deouro, eprata, com a experiencia, que adquirira no Reino do Perù, Minas de Potoci, emereceo que S. Alteza otomasse por Fidalgo de sua Caza",[145] como o descreve Pedro Taques: um espanhol "parlapatão", acrescenta o nosso linhagista. Anos depois, em 1693, não era mais favorável a d. Rodrigo o relatório enviado por Antônio Pais de Sande ao Conselho Ultramarino.*

> Dom Rodrigo [escrevia o governador] nunca nas Índias foi escrutador ou bruxula (como os Indios) das minas pellos cerros; nunca foi mineiro, nem seguio betas ou profundou estados; nunca foi

* *Annaes da Bib[liotheca] Nacional [do Rio de Janeiro, 1917]*, vol. XXXIX [publ. em 1921, p. 198].

senhor de minas, nem teue officio de temperar a pedra moida; se fallaua em alguns termos era pellos ouuir e não pellos praticar, e assi como no Brazil ha tantos senhores de engenhos e nenhum delles sabe como se tempera o assucar das canas que nelles moem, e se o quizerem fazer se perderam, e todauia fallam como se entendessem da arte, assi <u>Dom Rodrigo</u> ainda que tiuera engenho nas Indias, nem por isso era descobridor de minas, penetrador de betas, nem temperador de prata...

Antes, porém, de sua estada em São Paulo, o favor real o enviara à Bahia para explorar as minas de prata de Tabaiana, exploração feita à custa da Fazenda Real: uma carta de Fernão Dias Pais Leme, de 20 de julho de 1674, já se refere a essa missão do castelhano. Apesar dos grandes gastos dessa empresa, ela malograra por completo. Em 1678 d. Rodrigo e seu tenente-general Jorge Soares de Macedo (um dos futuros fundadores da Colônia do Sacramento) passaram à capitania de São Vicente, trazendo setenta soldados de tropa, e depois de ensaio infrutífero de mineração no sertão do Rio de Janeiro, efetuado pelo cabo-de-tropa João de Matos, empreenderam, segundo as instruções da metrópole, o descobrimento das minas de prata e ouro de Paranaguá e Serra de Sabarabuçu. A expedição a Paranaguá foi outro insucesso, apesar do luxo e fartura com que fora organizada. Para ela recebeu o administrador da Câmara de São Paulo cinco mil cruzados, três mil alqueires de farinha de trigo, trezentas arrobas de carne de porco, cem alqueires de feijão, além de largo abastecimento de panos de algodão, de fio de algodão etc.*

Tentada e malsucedida a viagem por mar, pois só três sumacas alcançaram a ilha de Santa Catarina, o restante do corpo expe-

---

* *Actas da Camara* [*da Villa de S. Paulo 1653-1678* (sic)], vol. VI, [Archivo Municipal de São Paulo, Typ. Piratininga, 1915, pp. 494-5; ata de 31 de dezembro de] 1679.

dicionário, obrigado pelos temporais a voltar a Santos, foi por terra até Paranaguá. Aí longos meses de pesquisas, em variadas direções, não recompensaram os esforços do administrador. Em 1680, como dissemos, estava ele de volta a São Paulo, resolvido a dedicar-se exclusivamente à organização da expedição a Sabarabuçu, última esperança do seu plano ambicioso, e para onde já se afundara com sua numerosa leva o sertanista Fernão Dias.

Para essa espetaculosa bandeira rodeou-se o fidalgo espanhol dos melhores elementos da vila de São Paulo. Por provisão de 28 de janeiro de 1681 foi nomeado tenente-general Matias Cardoso de Almeida — "cabo paulista de conhecido valor e experiencia deste sertão" — e já de volta da expedição de Fernão Dias. Para sargento-mor foi escolhido o paulista Estêvão Sanches de Pontes; para capitães de infantaria, os paulistas João Dias Mendes e André Furtado. Além dos índios para o trem particular de d. Rodrigo, em número de sessenta, seguiam cento e vinte para o comboio da fábrica e mais os que levavam os cabos e oficiais. Incorporaram-se também à bandeira muitos sertanistas que se alistaram à própria custa, sem nenhuma despesa para a Fazenda, observa Pedro Taques.

As atas da Câmara de São Paulo relatam com minuciosidade os aprestos da expedição. À última hora, já em março de 1681, surge uma dificuldade: o perito mineiro João Álvares Coutinho, trazido da Bahia, recusa-se a seguir, alegando os seus sessenta e oito anos de idade, os achaques, a falta de dentes, e que no sertão não havia o que comer. Indignado, Matias Cardoso protesta perante a Câmara, a 16 de março, contra a inexplicável atitude do perito; não aceitando as escusas e declarando que ele, tenente-general, acompanhava a d. Rodrigo "com sua pessoa, e negros de seu servisso e homens brancos a sua custa por fazer servisso a S.A. como o tinha feito na Jornada do governador fernão dias paes" sem despesa para a Real Fazenda. "E para que de hua ves se acabase com o dezengano destas minas [de prata] Requeria [...] ser m.¹⁰ emportante e nessesário [ao serviço de s. alteza] a ida do mineiro João Alvres Coutinho", para o que se obrigava ele Matias Cardoso a fazê-lo carregar em rede, assistindo-lhe "com todo o nessesário do sustento para sua pessoa".*

Afinal, resolvidos todos esses empecilhos, a 19 de março de 1681, partia para os sertões do Serro Frio a bandeira de d. Rodrigo de Castel Blanco.

Não cabe na rapidez destas notas citar as parcas informações que se possuem sobre a jornada do administrador. Poucos dias depois da partida de São Paulo os expedicionários são assinalados em Atibaia, e em abril alcançavam o Sapucaí, em cujas paragens lhes fugiram, com armas e fardas, vários índios da escolta, segundo uma ata da Câmara, de 5 de junho de 1681.** A 26 de junho chegam ao arraial de São Pedro de Paraopeba, onde Garcia Rodrigues Pais, que trazia os restos mortais de Fernão Dias, entregou ao fidalgo castelhano, num embrulho forrado de chamalote, "umas pedras verdes, as quaes disse serem esmeraldas que seu pai havia mandado tirar de uns cerros [...] em reino dos patachos".*** Dessa data em diante falham as informações até o encontro, na feitoria do Sumidouro, entre o representante da metrópole e o genro do velho Fernão Dias, Manuel da Borba Gato.

Era inevitável o choque entre o fidalgo espanhol e o sertanista de São Paulo, arrebatado e impulsivo, segundo parece. D. Rodrigo, áulico e coberto de mercês e honrarias, era o castelhano das cortes

* Actas [da Camara da Villa de S. Paulo 1679-1700], vol. VII, [Archivo Municipal de São Paulo, Typ. Piratininga, 1915,] pp. 114 [-5].
** Idem, p. 122.
*** Registo Geral da Camara [Municipal de S. Paulo], 1661-1709, vol. III, [Archivo Municipal de São Paulo, Typ. Piratininga, 1917,] pp. 307-8.

civilizadas, desprezando naturalmente a gente rude e simples que viera encontrar na agreste capitania; Borba Gato representava o elemento a que hoje chamaríamos de nacionalista e que via chegar como ave de rapina o aventureiro ambicioso, prestes com a garra adunca a se apoderar dos trabalhos e serviços alheios. Foi esse talvez o início das discórdias, dos mal-entendidos e dos ódios que explodiram anos mais tarde na tragédia sombria da Guerra dos Emboabas.

D. Rodrigo deve ter encontrado um meio hostil, apesar da aparente submissão, nos principais paulistas da época. Orville Derby* o defende de certo modo contra as acusações dos cronistas e alega que ele vinha à procura de minas de prata "onde não as havia, e o fato de condenar as que outros julgaram erradamente que tinham descoberto prova que não era um simples pretensioso". Documentos sobre Fernão Dias, fornecidos por Capistrano de Abreu e publicados ultimamente no *Archivo mineiro*, indicam que o administrador estivera sempre em comunicação com o governador das esmeraldas, mesmo antes de sua chegada ao território da capitania. O que, porém, parece verificado é que o castelhano pouco acreditava no valor das pedras verdes, que eram o sonho do velho bandeirante; as suas alusões a essa descoberta tomam sempre a forma dubitativa. As relações entre o administrador e a gente de São Paulo sofreram certamente a influência dessa desconfiança e dessa dúvida. As delongas nos preparativos da bandeira de d. Rodrigo, em que é um tanto suspeita a atitude de Matias Cardoso, a fuga dos servidores índios, as deserções da última hora, e sobretudo o veemente protesto, na Câmara, do padre João Leite da Silva, irmão de Fernão Dias — são outros tantos indícios de má vontade, encoberta e con-

* *Revista do Inst[ituto] Hist[orico] e Geogr[aphico] de São Paulo* [1899-1900], vol. V [São Paulo, Diario Official, 1901, p. 264].

tínua: "eu não posso com os embaraços dessa terra", escrevia d. Rodrigo em carta de 1682 aos oficiais da Câmara de São Paulo.*

Por outro lado eram compreensíveis as queixas dos paulistas: a missão do castelhano representava um esbulho da riqueza conquistada à custa de grandes sacrifícios. Garcia Pais se submetera facilmente às ordens do governo da metrópole, entregando ao espanhol, logo à primeira solicitação, as amostras preciosas que trazia dos sertões; o cunhado, de índole mais rude e agressiva, repeliu com energia o estrangeiro intruso. O drama estava iminente, e ia se passar no mesmo sítio em que já tinha sido supliciado o filho natural do velho Fernão Dias.

Segundo a narrativa de Pedro Taques, depois de violenta discussão, "Borba se precipitou tão arrebatado de furor, que dando em d. Rodrigo um violento empuxão o deitou ao fundo de uma alta cata, na qual cahiu morto".[146] Outra tradição, referida por Bento Fernandes Furtado de Mendonça,** relata que a desavença se dera por causa da requisição que d. Rodrigo fizera da munição de guerra e caça pertencente a Borba Gato. De acordo com esta versão o assassinato fora da autoria de dois pajens de Borba, que, julgando seu amo insultado, dispararam dois tiros de mosquete contra o administrador, prostrando-o morto por terra.

Um documento que fizemos copiar no Arquivo da Marinha, em Lisboa (e que julgamos inédito, salvo melhor juízo), é lacônico na descrição do crime e o reduz a uma simples emboscada de que fora vítima o fidalgo castelhano, sem fazer suposições acerca do criminoso ou mandante. Tem, porém, o mérito de fixar a data do acontecimento, data até aqui ignorada ou duvidosa.

É este o teor desse documento, que é uma carta do conde de Val de Reis a d. Pedro, regente:

* *Registo [Geral da Camara Municipal de S. Paulo, 1661-1709]*, vol. III, [cit.,] pp. 331-2.
** *Revista do Archivo [Publico] Mineiro*, [cit.,] p. 91.

Senhor. O Governador do Rio de Janeiro, Duarte Teixeira Chaves, em carta de 25 de Novembro do anno passado dá conta a Vossa Alteza em como tivera avizo do certão de S. Paulo que em 28 de Agosto do mesmo anno mataram a d. Rodrigo de Castel Blanco, Administrador das Minas, hindo marchando por huma estrada lhe derão tres tiros do matto, e logo cahira morto e que inda não se sabia quem fossem os matadores. Que ao Ouvidor Geral daquellas Capitanias que se achava em correição na villa de Santos fizera avizo tirasse inteira informação deste caso, para o dar a Vossa Alteza, e soubesse se ficara alguma fazenda que pertencesse a V. Alteza para que se puzesse com toda a boa arrecadação. Ao Concelho parece dar conta V. Alteza do que escreveo o Governador do Rio de Janeiro, Duarte Teixeira Chaves, de matarem a d. Rodrigo de Castel Blanco, Administrador das Minas, e do que ordenar sobre este particular. Lisboa, 29 de Abril de 1683.

A 21 de outubro de 1682 a Câmara de S. Paulo teve conhecimento do assassinato de d. Rodrigo, comunicando-o ao príncipe regente.*

Manuel da Borba Gato foi sempre acusado ou suspeitado de ser o mandante desse crime. Por prudência, ou com a consciência pouco tranqüila, homiziou-se nos sertões da Bahia, longe da margem direita do rio São Francisco. Aí — reza a tradição — nos sertões do rio Doce viveu entre a indiada, chegando a ser cacique de uma tribo. Mais tarde, contando com a proteção de amigos e da família poderosa, passou-se para as cercanias de Pindamonhangaba, num canto discreto entre a Serra do Mar e a vila de Paraitinga.

Ao findar o século XVII, o governador Artur de Sá e Meneses obteve-lhe o perdão real e o posto de tenente-general. Na clássica longevidade de paulista antigo, morreu aos noventa anos na sua fazenda de Paraopeba.

(1924)

* *Registo* [*Geral da Camara Municipal de S. Paulo, 1661-1709*], vol. III, [cit.,] p. 361.

Fernão Dias Pais
(*Alguns documentos*)

Das figuras que se salientam na história paulista, nenhuma talvez exceda em fama à do "governador das esmeraldas". Dela se inspiraram não somente os historiógrafos, que a consideram como representativa do que era o velho paulista do século XVII, mas também a lenda e a poesia, ou antes, a eloqüência. Fernão Dias é — sobretudo na retórica estafada que ainda impera nesta terra — o bandeirante por excelência. Talvez para ele se tivesse criado esse próprio termo desconhecido nos velhos documentos e nos autores clássicos da história de São Paulo...*

Viveu nos tempos em que melhor se afirmaram os fortes caracteres desse tipo racial que as circunstâncias criaram na capitania de São Vicente. Pertencia a antiga e poderosa família, cujos ascendentes já em 1550 residiam na colônia. Apesar das numerosas justificações de sangue limpo e da mania nobiliárquica da

---

* Só no século passado, em [Manoel] Ayres de Cazal, *Corografia Brazilica*, [*ou Relação Historico-Geografica do Reino do Brazil*], vol. I [Rio de Janeiro, Impressão Regia, 1817, p.] 248[n], encontramos a palavra bandeirante: "os individuos, que formam estas campanhas, appellidam-se *bandeirantes*, e os chefes *certanistas*".

época, um longínquo cruzamento com indígena dava-lhe sem dúvida esse cunho mamaluco que é a nota aristocrática do paulista puro. Uma famosa expedição escravizadora de índios aos sertões da serra da Apucarana, para as bandas do Tibagi, em 1661, trouxera-lhe para as suas terras de Parnaíba mais de cinco mil escravos, que empregou na cultura de milho, feijão e trigo. Foi no desfrute dessa abastança, cumulado de honras, já no fim de uma vida longa e não mais em idade de penetrar sertões — na frase de Pedro Taques — que a solicitação régia veio propor-lhe a empresa que o devia celebrizar.

Poucos anos depois dos meados do século XVII duas grandes preocupações alvoroçavam o espírito aventureiro e ambicioso dos sertanistas de São Paulo. Eram as notícias insistentes e tradicionais de enormes riquezas de ouro, prata e pedras preciosas nos serros de Paranaguá e nos sertões de Sabarabuçu.

Em Paranaguá e campos de Curitiba, além do ouro de lavagem, já explorados pelos paulistas João de Araújo, Gabriel de Lara e Salvador Jorge Velho, corria a voz que se descobrira um outro Potosi, mais rico que o do Peru, fabuloso "manancial de plata". Trechos de uma carta de Sebastião Velho de Lima, capitão locotenente substituto, escrita de Santos em 30 de maio de 1674, mostram o exagero das informações a respeito dessas decantadas minas. Diz ela:

> Partio desta Villa o capitam mor Agostinho de Figueiredo em os primeiros dias de Março para o termo de Pernaguá a tentar do que Vossa Senhoria lhe encarregou no descobrimento das Minas da prata que nosso Senhor tinha guardado, para o tempo de Vossa Senhoria, que pouco aproveitão diligencias humanas quando Deus não concorre com as devinas. Muitos annos ha que em meu tempo se tentava destas Minas; considero as guardou Deus para Sua Alteza; e se lhe descubrice hum novo Mundo, que assim o considero com os que milhor o entendem, e que fica Potocain (?) muito atras. Em sete

do mez de Mayo vespera da Aparição do Anjo Sam Miguel, foi nosso Senhor servido, e a entreceção do mesmo Anjo aparecesse prata fina, no termo de Pernaguá, perto da Ribeira do Mar; E considere Vossa Senhoria; que o ouro e prata he grande a cantidade, de hum, e outro metal grande felicidade para o Reino de Portugal, se o souberem conservar, que não está o ponto em vencer huma batalha, mas está em sustentar o campo... Eu digo Senhor que para lograr negocio de importancia, he necessario tratar delle, com a consideração que o caso pede; e assim o deve Vossa Senhoria entender, que as Minas de Potocain (?) estão muitas legoas pelo certão e as Minas de Pernaguá, assim da Prata como do Ouro, são com o favor de Deus muito aventejadas ás minas do Perú, e que bate o Mar nas Minas de Pernaguá, que os segredos de Deus, só elle os comprehende nem menos duvide Vossa Senhoria se descobrio hum novo Mundo, e hum grande thezouro, de que será grande Monarcha quem o pessuhir, se bem o souber conservar.*

A viagem empreendida em 1678 ao sul da capitania pelo administrador Castel Blanco e seu tenente-general Soares de Macedo veio dissipar essas esperanças de fantásticas riquezas: não se encontrara prata, nem mesmo sinais desse mineral.

A expedição aos sertões de Sabarabuçu ia também trazer duros desenganos; como as minas de prata, as esmeraldas da serra resplandescente nunca passariam de um sonho febril, que por cem anos perturbou a imaginação dos conquistadores. Já em 1570 Gândavo registrava "certos indios do sertão a dar novas dumas pedras verdes que havia numa serra muitas legoas pela terra dentro";[147] Gabriel Soares, no seu *Tratado descriptivo*, datado de 1587, refere que alguns homens tinham ido à serra das Esmeraldas. E frei

---

* Archivo de Marinha e Ultramar (de Lisboa), nº 1854. *An[naes] da Bib[liotheca] Nacional do Rio de Janeiro*, [vol. XXXIX, 1917; Rio de Janeiro, Bibliotheca Nacional, 1921], p. 209.

Vicente do Salvador, escrevendo em 1627,[148] diz que "sabemos em certo haver uma serra na capitania do Espirito Santo em que estão mettidas muitas esmeraldas".* Durante a primeira metade do século XVII várias expedições se organizaram à cata desse tesouro. D. Francisco de Sousa foi um dos que se impressionaram pela

* Eram as esmeraldas de que Marcos de Azeredo levou amostras ao rei de Portugal.

A respeito da descoberta de Azeredo, numa coleção de documentos do século XVI e XVII, de propriedade do dr. Abel de Andrade, de Lisboa, e publicada pela *Revista da Faculdade de Direito* daquela cidade, há, com data de 22 de fevereiro de 1613, uma carta que se refere às célebres esmeraldas. Escrevia o rei a Gaspar de Sousa, governador do Brasil:

"Eu El Rey vos envio muito saudar, Marcos d'Azeredo me fez Rellação do descobrimento q fez da Serra das esmeraldas, sendo disso encarregado por Dom Francisco de Sousa Governador que foi das Capitanias do Rio de Janeiro, Sam Vicente e Spirito Sancto, offerecendo quatro pedras que disse tirar das minas dellas, nas quaes mandei fazer exame, de q se achou serem esmeraldas finas, posto que mais carregadas de côr, duras, mais que as Ocidentaes, a cuja côr tira hūa das dittas pedras, e o official que fez o dito exame declarou ter lavrado muitas da mesma mina, em côr differentes mais claras e vistosas, e vir dellas tambem outra sorte de pedras azuis, e mui abertas em côr, que depois de lavradas ficão sendo propriamente como agoas marinhas que vem da India Oriental, ás quaes excedem em duresa e que pela informação que tem da sorte e nascimento destas pedras, cavando as minas bem abaixo se acharão outras mais claras e milhores, assi estas, como granadas e amatistas. E me representou o dito Marcos dAzeredo que para as dittas minas se poderam cultivar como convem fazendo se a jornada a custa de minha fazenda sendo para ellas as esmeraldas serão necessarios mais de dez mil cruzados de despesa. E que para fazer algum particular cõ minha ajuda e fazendo-lhe merces para obrigar aos que quizerem hir em sua companhia, e dando-lhe licença para que possam trazer as esmeraldas, pagando os quintos, não faltaria quem se obrigasse a fazella com quatro mil crusados para ferramentas, canoas, mantimentos, e outros gastos, e porque entende que convem muito a meu serviço e fazenda, tratar-se das ditas Minas, e pela boa informação que tenho do dito Marcos dAzeredo, e experiencia que elle já tem desta materia Ey por bem e vos mando que achando ser da importancia que se refere ordeneis com a brevidade possível, que por conta de minha fazenda se dem ao ditto Marcos dAzeredo os quatro mil cruzados que pede, fazendo elle as obrigações que apponta, e de minha parte lhe prometais a elle e aos que o acompanharem na jornada, que lhe farei lenda da serra de Sabarabuçu; a ele se deve a bandeira comandada por André de Leão, que deixou São Paulo em 1601, e da qual conhecemos o preciso roteiro impresso na obra de Piso e Marcgraf.* Como as outras, essa expedição malogrou, quanto ao descobrimento de esmeraldas; os expedicionários compensaram a sua desilusão trazendo numerosas levas de índios escravizados. Por alguns anos cessaram os esforços oficiais em procura de minas; os paulistas entregaram-se com maior afã às descidas de gentio, que iam procurar nos mais recônditos sertões.

Em 1659, Salvador Correia de Sá e Benevides, governador das capitanias do Rio de Janeiro, empreendeu uma jornada à cata de minas e pedras preciosas; pelo documento que abaixo transcrevemos essa entrada deve ter sido vultuosa, mas de poucos resultados, e nela parece ter perdido, com a maior parte dos seus soldados, seu filho João Correia, nomeado mestre-de-campo da expedição.**

Desastrosa foi também a exploração de Agostinho Barbalho Bezerra, iniciada em 1665; Barbalho entrou pela capitania do

---

merce, a respeito do que importar o serviço que me fizerem, e por o dito Marcos dAzeredo estar fora neste Reino, lhe mandei declarar o que nisto ordeno, para se embarquar e hir acodir a este negócio, que elle aceitou, e lhe ordenareis tambem que o dee a execução, com a mesma brevidade. E por que será de muito effeito hir juntamente hum lapidairo experto que possa dar luz da importancia do que se achar, tenho mandado ordenar que se envie para isso, e do que em tudo isso se fizer, e achar me avisareis mui particularmente. Escrita em Lisboa a 22 de fevereiro de 1613 — Rey — O Conde Almirante".
* Capistrano pensa que o roteiro de Glimmer pertence ao segundo governo de d. Francisco de Sousa. [Capistrano de Abreu, *O descobrimento do Brasil*, Rio de Janeiro, Sociedade Capistrano de Abreu, 1929, p. 112. O holandês Jost ten Glimmer acompanhou a bandeira inicial de André de Leão, que partiu de São Paulo e atingiu o rio São Francisco, à cata de indícios de metais nobres. Orville Derby recompôs o percurso feito por ele.]
** Orville Derby, no seu admirável trabalho sobre "Os primeiros descobrimentos de ouro em Minas Geraes" na *Revista do Inst[ituto Historico e Geographico] de São Paulo*, [1899-1900, São Paulo, Diario Official, 1901,] vol. v, p. 260, duvida da exa-

Espírito Santo em busca das esmeraldas e aí morreu sem nada conseguir. Em 1674, e em diversas datas, com intenção de animar e intensificar os descobrimentos mineiros, escreve o próprio rei uma carta-circular aos principais moradores de São Paulo, tais

---

tidão dessa entrada de Salvador Correa. O documento junto, copiado no Arquivo da Marinha, em Lisboa, esclarece o assunto:

"Senhor: Salvador Correa de Saa e Benevides, governador das Capitanias do Rio de Janeiro, escreve a Vossa Magestade em carta de 5 de outubro do anno passado; que como o fundamento principal de sua jornada, he o descobrimento das minas, começou logo a tratar de sua execução aprestando quatro caravelões, em que levava mais de cem homens daquellas Capitanias, e muitos delles que tem já hido a serra das esmeraldas, mas que constava pellos Roteiros das outras jornadas, que a principal causa, porque não acharão a dita serra, foi pello pouco cabedal, e menos ordem das cabeças que levavão; pello que se rezolveo a mandar a seu filho o capitão João Correa, assegurando com isso a não faltar o necessario, nem os soccorros de mantimentos, a seu tempo, para poderem asistir com elle, os que o acompanharem dous anos no certão, e não deixarem serra que não esquadrinhem, e que havião de hir perto de quinhentas pessoas.

E porque o segundo ponto, he o da obediencia tratou tambem de atalhar este, e sem embargo que Vossa Magestade lhe dá larga jurisdição para tudo o tocante as minas, e seu emtabolamento, entende que se não estende o fazer mestre de campo, mas que para evitar duvidas que noutras ocaziões forão cauza de se voltarem algumas vezes do caminho, julgou por conveniente, que hera necessario este posto, para que os que lhe ficassem inferiores não duvidassem na obidiencia, nomeando o dito seu filho para elle, de que lhe passou a patente, cuja copia vay incluza nesta consulta, para que sendo Vossa Magestade servido de lhe confirmar, lhe fique por premio em parte da dita jornada pois não ha duvida que nela ha de gastar grande quantidade de fazenda, não tendo Vossa Magestade nenhuma naquellas partes que toque a sua jurisdição, e havendo de suprir a todos os gastos com a sua em discurso de dous anos, que leva de termo para andar no certão, além do risco, e trabalho de sua pessoa, porque achandose a serra das esmeraldas, muy bem empregado parece que será o posto nelle; e não se achando tambem o fica merecendo pellas rezões apontadas, e que de mais desta jornada, ainda lhe ficava a da serra de Sabaravasu em que tambem havia de gastar mais de um ano, na qual se não duvida haver prata. Ao Conselho Pareceo, dar logo conta a Vossa Magestade do que Salvador Correa de Saa escreve, e das razões que dis que o moveram a passar a patente de Mestre de campo (de que vay incluza copia) a seu filho o capitão João Correa, de que pede confirmação, comfessando que o fes obrigado do

como Paulo Rodrigues da Costa, d. Francisco de Lemos, padre João Leite da Silva, Fernão Dias Pais, Manuel de Brito Nogueira, Estêvão Fernandes Porto, padre Mateus Nunes de Siqueira, Francisco Dias Velho, Cornélio de Arzão, Lourenço Castanho Taques — fazendo um apelo à tradicional coragem e audácia dos paulistas para a conquista de novas riquezas ainda escondidas no vastíssimo território da colônia.

Alguns responderam à solicitação da coroa organizando expedições que irradiaram para diversos pontos da terra desconhecida. Para o sertão dos Cataguases se encaminhou a tropa de Lourenço Castanho Taques, que partiu com a patente de governador da sua gente; para a serra de Sabarabuçu, em procura dos legendários tesouros, seguiu, depois de demorados preparativos, Fernão Dias Pais, a quem desde 1664 se dirigira o rei d. Afonso pedindo que se interessasse pela empresa confiada então a Barbalho. Apesar da fama com que a tradição e as crônicas ilustraram esta última ban-

---

que entendeo ser serviço de Vossa Magestade, mas não com jurisdição, e isto para tudo ser prezente a Vossa Magestade, e tambem parece que por esta nova intrudução de passar patentes de postos superiores de guerra, ainda quando não fora de pay a filho ser de exemplo prejudicial, comvira que não passe adiente; mas que por ser necessario animar e favorecer a quem vay fazer a Vossa Magestade um tal serviço (que se ouver effeito sera de grande importancia para o Reyno) deve Vossa Magestade fazer merce ao capitão João Correa (para poder ser respeitado e obedecido como convem) de lhe mandar passar patente de governador da gente que levou e asistir em sua companhia durante a jornada e descobrimento, e isto com o ordenado somente que tem de capitão que he por patente de Vossa Magestade; e que a Salvador Correa se deve responder que conforme ao que seu filho merecer no serviço da jornada e descobrimento a que vay, lhe mandara Vossa Magestade defferir ao em que agora o propunha com todo o favor encarregandoselhe muito na escolha dos sogeitos, e tirada da gente das Capitanias de sua jurisdição para o descobrimento das minas, proceda com todo o tento, pello perigo que (faltas de quem as defenda) correrão sucedendo serem cometidas de enemigos que no tempo prezente não são poucos. Lisboa a primeiro de Março de 660 — O Conde de Odemyra."

Como parece, em Lisboa a 6 de Março de 660. — Rubrica.

deira, escassos são os documentos que a ela se referem. Pouco sabemos dos longos anos em que o velho bandeirante preparou pacientemente a sua empresa. Já em dezembro de 1665 estava ele em correspondência com Barbalho, resolvido a "conseguir a jornada das Esmeraldas", planejando-a para maio próximo, e para o que cuidava já dos mantimentos.* Em 30 de outubro de 1672, passava-lhe o governador-geral do Brasil, Afonso Furtado, patente para promover a expedição. Só indícios, fornecidos pelas roçadas para plantações, fornecem a diretriz do caminho seguido pela bandeira até o Sumidouro, onde se deteve cerca de quatro anos em pesquisas e lutas ainda mal conhecidas. Num maço de documentos copiados no Arquivo da Marinha em Lisboa, encontra-se, porém, uma carta do próprio punho de Fernão Dias, dirigida a Bernardo Vieira Ravasco, escrita numa sexta-feira, 20 de julho de 1674, véspera da sua partida para a grande jornada de que não voltou. É a essa carta sem dúvida que respondeu o príncipe d. Pedro em 30 de novembro do mesmo ano, resposta publicada por Pedro Taques.** Diz a cópia do documento arquivado sob o número 1864:

> Senhor: — Nam fis aviso a Vossa Senhoria de nam poder partir o anno passado por falta de embarcação e também pela reprehençam que tive na carta ultima que me mandou até a ora de minha partida que amanhã sabbado vinte e hum de julho de seiscentos, e setenta e quatro com quarenta homens brancos, afora eu, e meu filho, e subditos meus brancos, e tenho quatro tropas so de mossos meus com toda a carga de mais importancia no serro aonde está o capitam Mathias Cardoso, esperando por my, o qual me mandou pedir gente escoteyra com polvora, e chumbo, que me foy outra ves forçoso refa-

* *Revista do Archivo [Publico] Min[eiro]*, ano XIX, [Belo Horizonte, Imprensa Official, 1921,] pp. 10-68. Documentos publicados por Capistrano de Abreu.
** *Revista Trim[ensal] do Inst[ituto] Hist[orico], Geogr[aphico e Ethnographico do] Bras[il]*, t. XXXV, [Rio de Janeiro, Garnier, 1872,] p.104.

zer para levar para my: Vossa Senhoria deve considerar, que este descobrimento, he o de mayor consideração em rasam do muyto rendimento, e tambem esmeraldas, e diversa pedraria como sempre se disse, e foy já descoberto, e avendo eu de avizar com ajuda de Deus que o descubry sem ter todo deserto, povoado de gente assistente para que Sua Alteza o mande ver, e examinar, para que sem gasto nem dillação, havendo muyto que comer, e bastante creação se faça com toda a facilidade, que oir, e vir facil cousa fora aos homens de Sam Paulo, e dificultoso ao despois, e somente se examinaram os serros, e ficará o mais por descobrir: em chegando farey aviso a Vossa Senhoria do que ha: eu tive carta de Sua Alteza que foy servido mandar aggradecer o meu zello, e nella me dis, que por via de Vossa Senhoria me manda outra via; nam lhe encaresso os contrastes que tive para effeituar esta jornada: por não cançar nesta occasiam lhe vay a Vossa Senhoria as amostras de prata com a pedra della de Pernaguá que tambem foy já descuberta, haverá vinte e tantos annos, ou os que na verdade se achar: por Agostinho de Figueiredo mandado por Vossa Senhoria num arratel dessa prata veyo a meu poder da qual fis ensaio, e tirey trinta reis de prata do dinheiro antigo, que sam hoje tres vintéis, e tres ligas de ouro, e já se dis que em Iguape se descobrio também, o que for soar, o secretario vlt.^{ro} me dis que está D. Rodrigo Castello Branco em Itabanhana, examinando o serro, e quantidade de pedra, e desposiçoens de seu contorno, por mandado de Sua Alteza; que Deus guarde, com que vou muyto animado considerando, que lá, e cá ha prata, e que eu a devo achar com maior estimação com que estavão todos os haveres reservados para o Princepe Nosso Senhor, e tambem para o Governo de Vossa Senhoria que Deus guarde com grandes felicidades: era acima de seiscentos e setenta e quatro annos. — Fernam Dias Paes — Bernardo Vieyra Ravasco.

A mais importante informação que fornece a carta supra é que aos poucos partira a bandeira de Fernão Dias. No Sumidouro já se instalara Matias Cardoso, que fora adiante para estabelecer feitorias e que desde 13 de março de 1673 tinha sido nomeado capitão-mor e ajudante do governador. À espera deste e com Matias Cardoso estavam também quatro tropas "com toda a carga de mais importancia".

Nos quarenta homens brancos "afora eu e meu filho" que partiram com Fernão Pais não há referências a seu genro Manuel da Borba Gato e aos sertanistas conhecidos que o acompanharam, como Antônio Gonçalves Figueira, Antônio do Prado Cunha, Francisco Pires Ribeiro. Talvez tivessem seguido antes com o capitão Matias Cardoso. Outro ponto que bem frisa a carta é que o velho paulista não era o sonhador de riquezas fabulosas, o "caçador de esmeraldas" que a lenda criou: vemo-lo, ao contrário, frio organizador de uma empresa difícil, a que o animavam a lealdade e devoção ao seu rei. Cuidava não só das pedras preciosas de Sabarabuçu mas também da prata de Paranaguá e de Iguape, e partia consolado com a idéia "que lá, e cá ha prata".

Conhecia também a partida do administrador d. Rodrigo Castel Branco em visita às minas de Itabaiana, com quem mais tarde sempre esteve em comunicação.

Tanto trabalho e esforço, tanta energia despendida, não tiveram a recompensa que esperavam os paulistas. Os resultados mineralógicos da empresa foram nulos; os bandeirantes, por falta de aparelhamento técnico, não suspeitavam das riquezas auríferas dos terrenos que percorriam, só preocupados com o seu sonho de prata e pedras preciosas. Diz O. Derby com razão que o grande serviço prestado foi o da abertura do caminho de São Paulo até o rio das Velhas, que poucos anos mais tarde levaria à descoberta do ouro das Minas Gerais. Outro serviço a assinalar foi talvez a organização do sistema de roças e celeiros que permitiam a exploração de novas terras sem falta do necessário abastecimento.

Segundo a tradição e os cronistas, faleceu Fernão Dias, em 1681, nas margens do rio das Velhas, quando regressava das explorações na região banhada pelos rios Jequitinhonha e Araçuaí, rica em pedras coloradas, mas assolada por febres violentas e mortíferas. Certamente aí, nas margens das grandes lagoas, uma das quais talvez fosse a legendária Vapabuçu, apanhou o sertanista a "carneirada" de que também fora vítima Agostinho Barbalho, e que ia dizimando a sua tropa de escravos. Diz Pedro Taques que Garcia Rodrigues Pais, filho primogênito do governador, fizera embalsamar no Sumidouro o cadáver do pai, para vir sepultá-lo no jazigo da capela-mor da igreja do Mosteiro de São Bento em São Paulo.*

Um curioso manuscrito conservado na Biblioteca Nacional relata de maneira completamente diferente o fim da célebre bandeira. Contradizem essa versão todos os documentos conhecidos, como as atas da Câmara de São Paulo e de Parnaíba, o *Registo* da de São Paulo, assim como toda a tradição aceita pelos historiógrafos paulistas. O manuscrito é a *"Nobiliarchia brasiliense*, ou collecçam

* Numa coleção de documentos relativos a Fernão Dias e à sua bandeira, reunidos por Capistrano de Abreu e publicados pela *Revista do Archivo [Publico] Mineiro* [ano XIX, Belo Horizonte, Imprensa Official de Minas Geraes, 1921, pp. 52-3] há uma interessante carta do governador, escrita no mesmo ano da sua morte, a 27 de março. Convém reproduzi-la na sua confusa redação e inculta ortografia. Além do valor histórico, revela o documento, como a carta de São Paulo, uma já existente diferença entre o português de Portugal e o português paulista.

Escrevia Fernão Dias:

Em nome Dês e da virgem maria o que guia a Vi^{ms} o que o sserbem no noserviso de sua Al pois tantas frotas se unirão a fazer essa entrada adonde o deixo avertas couas das esmeraldas no mesmo morro daonde As levou Marcos de Azeredos já defunto couza que hade estimar se em Portugal se forém boas e donde vão também p^a se acabar os gastos da fazenda da Coroa q^e tantos mil cruzados tem castado chegado eu a esta feituria achei ao Cap^{am} Diogo Barboza com sseu irmão e o p^o Leme e Ant^o Bicudo de Alvarenga de caminho para ir buscar a Marsselino Telles que ficarão com o Cap^{am} Josephe de Castilho na sosso que deixei com m^{to} milho, e agora acho aqui que tem ido daqui M^{el} da Costa com seus camaradas o Cap^{am} M^{el} de Gois com ssua tropa o Cap^{am} João Bernol com sua tropa e dizem me que tambem o Cap^{am} Baltazar da Vega o que não creio e o bastardo Belchior da Cunha e de todas as Familias Nobres do Brasil, e de todas as suas Capitanias, principalmente daquella de S. Paulo, com a noticia certa donde sam oriundas, mortes e jazigos".

tudo isto urdido por An[to] do Prado da Cunha, que foi meu camarada que nunca fora e forssozo fazer assaber a todos os nomeados, em geral e a cada hū em p[ar] o Risco a que ssepom todos estando aberta a mina por mandado de Sua Al, de que devião fugir todos della e de todo o genttio moradores de ao Redor pois e serto que entretantos negros de varias nassonis V[ms] tem teres contos que trazem alugados estes ssem q[e] V[ms] queirão amde levar hū punhado dellas cada hū e poressa Rezão lhe fasso esta advirtensia emssima como Amigo de todos e patrisios e m[tos] parentes dezenteressadamente por q[e] ssua Al não me manda a estes descobrimentos a defender o gentio nē tomar as armas cō meus parentes agora q[e] me acho aqui oitenta ou cem leguas do dito Cerro de recolhida p[a] essumidouro em busca de Don R[o] de Castel Branco ou recado sseu avizar logo em chegando ao dito ssumidouro a sua Al cō amostra des esmeraldas e outras pedras e da despocissão cō q[e] deixei ao Capitão Joseph de Castilho cō sseus soldados e a Marcelino Teles q[e] depois chegou para que ce valessem do m[to] milho que lhe deixei com obrigassão de ma prantarē outra vez a rossa p[a] a vistoria que sua Al for servido mandar fnzer no serro cavado q[e] he o do meio e nos dous q[e] todos tem amostras de esmeraldas e para isso deixei entucambira sincoenta aves e doze porcos alavancos e marronis com milho Bastantes do anno passado em caza e hūa Rossa por colher com sinco negros e duas negras e a tenda armada para cō Achegado de Dom R[o]. enova hordem q[e] trouxer ter ali mantimen[to] p[a] irem ter cō o Cap[am] Joseph de Castilho a minhas Rosa adonde ficou com obrigassão de a prantar de novo e para este efeito e por q[e] agora acho aqui em meyo Caminho na feituria do Cap[am] Joseph da Costa os m[tos] Capitanis que tem ido p[a] o dito sserro em busca do milho talves com falsa em formasonis oie 27 de março de 681 mando a todos os Capitanis que la sse acharém fora Joseph de Castilho e o Capitam Diogo Barboza que não asistam no dito cerro inão buscar outro gentio adonde quizerē o q[e] mando em nome de sua Al ssob pena que o dito S[or] manda dar aos dosobedientes e Rebeldes e pera isso mandei passar dous mandados de hū teor assinado por mim o Cap[am] e governador Fernão Dias Pais assinados tambem por Cap[am] Diogo Barbosa e seu irmão Pero Leme e Ant.[o] Bicudo de Alvarenga oie 27 de marsso 681 annos. O Cap[am] Fernão Dias Paes — O Cap[am] Diogo Br.[za] Leme. — O Cap[am] P.o Leme do Pr.[do] – Ant.[o] Bicudo de Alvarenga escrivão do arreal.

(Seguem as justificações das assinaturas. Documento do Arquivo de Marinha e Ultramar [de Lisboa], nº 2453 da série do Rio de Janeiro.)

Extrahida [acrescenta o linhagista] dos Manuscritos de varias Pessoas fidedignas: e a maior parte dellas das Memorias do Sargentomor Pedro Taques de Almeida Leme, q' com excesiva curiosidade revolvendo todos os cartorios da cid^e de S. Paulo, e da villa de S. Vicente e mais villas, pode ajuntar: as quaes todas tive em meu poder, e dellas fiz esta fiel collecçam, em Lisboa, aos 5 de fevereiro do anno de 1792.

O autor é Roque Luís de Macedo Pais Leme, filho de Pedro Dias Pais Leme, e tio do barão de S. João Marcos, que, seguindo o texto de uma memória de seu pai, Pedro Leme, o completou no Rio de Janeiro, em abril de 1820.*

A notícia sobre a bandeira de Fernão Dias e a sua morte no sertão é a seguinte:

> Sahio Fernando Dias de sua casa acompanhado de alguns parentes á sua custa, e de 5.000 indios, munido somente de umas poucas de cartas, em que lhe promettiam todas as mercês que podia esperar da Real Grandeza; vadeou aquelles certoens; 14 annos andou por elles, a espera de fundidores. Povoou a villa da Rossa Gr^{de} junto ao Sabará, por ultimo morreu de uma carneirada ou peste, recolhendo p^a S. Paulo. Famoso retrato dos vassalos presentes. O Vice-Rei do Rio de Janeiro, p^a visitar as fortalezas que defendem a este Porto e Praça, tem de ajuda de custo cem moedas de 4.800, em um Escaler ou Bergamtim doirado, acercado de vidraças cujos remadores sam Indios pagos pela Faz^{da} R^{al}. Tal conheci eu q̃ nunca fez uma visita. Porém nam sei se escropulizou receber a pensam: Passemos avante.
>
> Entrou Fernando Dias á sua custa 14 annos andou nesta diligencia. Nove esteve e povoou a villa q' hoje se lhe chama a Rossa gran-

---

* A memória de Pedro Dias Pais Leme, a que se refere Roque de Macedo, deve ser a que cita [Robert] Southey (*History of Brazil*, vol. III, [Londres, Longman etc., 1819,] p. 47), e escrita em Lisboa, cerca de 1757. Vide *Nobil[iarchia] Bras[iliense]*, ms. Bib. Nac. Rio de Janeiro [11-3-5, 2ª transcrição].

de, Arraial como acima disse, primeira povoaçam de Minas Geraes, a espera de Fundidores q' tinha pedido a Portugal, donde entam se tratava de otra coisa. Até q' desenganado seguio dali ao certam das Esmeraldas: donde trouxe uma que se conservou nesta Casa até a morte de meus Paes, rarissima, pois era metade verde e a outra metade azul, q oje se nám sabe della. Minha maem a trazia por um dos Pingentes do seu relogio, e um Francez q' aqui avia, dizia, a senhora D. Francisca nam sabe o q' possue; e trouxe mais outras, sahindo dali falleceu de carneirada ñavegando pelo Teetê, sobre a cachoeira ou salto q' dá o Nome á villa de Itú, que quer dizer salto ou estrondo d'aguas. E na verdade o estrondo se ouve na villa estando acima della duas leguas, sendo o tempo sereno. Nesta digressam descobrio por todos aquelles certoens Minas de oiro, que manifestou a S. Mag^e, e se acha com facili^{de} oiro: e por isso povoando se lhe deram o nome de Minas Geraes.

Em pompa funebre foi conduzido o seu cadáver, embalsamado, desde a villa de Itu, até Sam Paulo nos ombros de seus Parentes e soldados, e o conduziram ao seu jazigo no Mosteiro de S. Bento, e na Capela mor, q' elle edificou e dotou com Fazendas proprias, q' oje fazem o Patrimonio daquelle Mosteiro.

Essa narrativa contradiz tudo que sabemos sobre a morte de Fernão Dias, e é absurdo que ela se desse em Itu, tão longe da rota que seguira a bandeira. Trata-se, entretanto, de documento de família, registrando sem dúvida uma tradição oral não muito remota, pois que Pedro Dias Pais Leme, autor da memória citada por Southey, nasceu em 1705, vinte e quatro anos depois do falecimento do seu ilustre avô.

Quanto a Roque de Macedo Pais Leme, nascido em 1739 e escritor da *Nobiliarchia brasiliense*, é estranho que tenha desprezado a narração do caso como é feita por Pedro Taques, cujo trabalho diz ter sempre consultado.

A falta de informações sobre a vida e morte do governador das esmeraldas, a incerteza das notícias que até nós chegaram, permitem talvez todas as suposições, mesmo as mais absurdas.

A Câmara de Parnaíba, por exemplo, solicitada pelo padre João Leite da Silva, irmão de Fernão Dias, e num processo de justificação que cita Azevedo Marques, regista a história da grande bandeira de modo diferente do que faz Pedro Taques.[149] Trata-se, no entanto, de documento contemporâneo, de 20 de dezembro de 1681, poucos meses depois da morte do governador. Os camaristas de Parnaíba narram o naufrágio do corpo de Fernão Dias, no rio das Velhas, ainda perseguido pelas "calamidades ordinarias do sertão" mesmo depois de morto, não havendo a respeito do acidente nenhuma referência em Pedro Taques.

A mesma ata de Parnaíba e Pedro Taques dizem que o velho sertanista gastou sete anos nas suas explorações; Roque Macedo fala em quatorze anos. Modernamente Capistrano de Abreu e Oliveira Lima, sem citar documentos comprobatórios, referem-se a dez anos de peregrinações pelo sertão. Pedro Taques diz que a partida das bandeiras de São Paulo foi em 1673; hoje a data de 1674 é afirmada por todos os informes da época, e a carta que acima publicamos tira qualquer dúvida a respeito.

A história da célebre expedição de Fernão Dias ainda está sujeita a inúmeras dúvidas. A publicação dos documentos que ora apresentamos é uma pequena contribuição para o conhecimento mais cabal do grande feito do bandeirismo paulista. É de esperar que novas pesquisas em arquivos do país e do estrangeiro tragam mais luz para esse ponto ainda obscuro do nosso passado.

(1924)

O Caminho das Minas

Pode sem receio dizer-se que é no estudo dos velhos caminhos onde melhor se aprende a história de São Paulo e de Minas. Na antiga capitania de São Vicente, foi preponderante o papel que representou, na formação da evolução das populações do planalto, o famoso Caminho do Mar. As dificuldades na subida da serra, os atoleiros do alto, as chuvas pesadas e contínuas, as neblinas das várzeas e das grotas, os ribeirões a atravessar — doze léguas de luta incessante até os descampados de Piratininga — tornavam esse caminho, como dizia um jesuíta, "o peor que nunca vi".[150] A sua função isoladora imprimiu, durante séculos, um vinco peculiar ao caráter paulista. Permitiu e facilitou o desenvolvimento de um novo tipo étnico que foi o mamaluco, com as suas virtudes e defeitos e elemento básico da expansão bandeirante.

Defendida Piratininga do contágio europeu e civilizador do litoral, abria-se-lhe ao contrário, para o interior dos sertões, toda a vastidão da terra desconhecida. Ao redor de São Paulo do Campo reunia-se em vilas e arraiais a população escassa da capitania — simples capelas que ajuntavam aos domingos e dias festivos os roceiros dos arredores. Eram assim Mogi das Cruzes, Parnaíba, Taubaté, Guaratinguetá, Itu, Jundiaí, Sorocaba. Cada uma delas, porém, estabelecia como marco de partida uma diretriz sertão adentro, através do que Ratzel nomeou, pela força das tendências antropogeográficas, "a área de trânsito" dos povos. Parnaíba e Itu apontavam para Mato Grosso; Jundiaí, para Goiás; Sorocaba, para os campos onde já surgia Curitiba; as vilas do Paraíba do Sul, para as próximas Minas Gerais (Capistrano).[151] Destas últimas acudiam os bandos atraídos pelos primeiros descobertos, em águas do rio Doce, do rio das Velhas e, mais tarde, do rio das Mortes e do Jequitinhonha. Três caminhos, partindo de Taubaté, procuravam os territórios mineiros: o primeiro descia o Paraíba até o porto do Ipacaré, atravessava o rio e transpunha a Mantiqueira pela garganta do Embaú e Passa Vinte, seguindo depois pelo vale do São Francisco; o segundo passava o Paraíba em Tremembé, transpondo a serra pelos vales do Piraquama e Sapucaí; o último, enfim, subia o Paraíba até Jacareí, onde devia abrir-se em dois galhos, um vencendo a Mantiqueira pelo passo do Buquira, e outro que se alongava até Mogi das Cruzes, na incidência dos caminhos que, serra abaixo, procuravam as praias do mar.*

Por essas estradas — primitivas trilhas indígenas — se espalharam pelas terras de mineração os sertanistas de São Paulo e de Taubaté. Por elas os paulistas se apropriavam do tesouro fabuloso que já se entrevia nas lavras recém-achadas. Dessa época pôde dizer com razão Mário de Andrade, no seu "Noturno de Belo Horizonte" (que por sinal é uma das obras-primas da poesia brasileira): "Minas Gerais, fruta paulista".

Parecia de fato que o monopólio das comunicações com o litoral guardaria para São Paulo o gozo tranqüilo da riqueza que os

---

* Gentil [de Assis] Moura, ["O capitão Jacques Felix",] Rev[ista] do Inst[ituto Historico e Geographico de S. Paulo, vol. XX, 1915, p. 554].

seus bandeirantes tinham revelado ao mundo. A terra como que protegia a ambição paulista. A mata formidável, e que ainda no século XIX impressionava os viajantes como o inglês Caldcleugh,[152] cercava por essa época o Rio de Janeiro, isolando-o dos descobertos auríferos. Para lá chegar era necessário ir até as vilas paulistas do Paraíba, viagem dura de cerca de sessenta dias, marchando de sol a sol, por ásperos caminhos. Artur de Sá, governador do Rio, quando quis visitar as minas teve de percorrer esse longo trajeto: foi primeiro a Parati, daí a Taubaté donde seguiu em demanda da tombada da Mantiqueira. Era a velha estrada do Facão que passava por Cunha e descia em parte o Paraitinga. A posse do tesouro era, porém, precária. As condições demográficas, na implacabilidade das leis naturais, vieram alterar e transformar os aspectos e as conseqüências da conquista bandeirante. Apesar do tardo progresso da colônia, crescia para os homens o valor do tempo. Ia quebrar-se o prestígio do Caminho do Mar. Coube a um paulista a realização da obra antipaulista.

Em 1698, Artur de Sá confia a Garcia Rodrigues Pais, filho do famoso governador das esmeraldas, a tarefa de ligar o Rio com o território das Minas. Em 1699, Garcia Pais pôs mãos à obra; em fins desse ano já estava concluída a picada até Barbacena. Os trabalhos foram difíceis, executados por turmas de camaradas e mais de quarenta escravos.

O caminho de Garcia Pais, partindo do Rio de Janeiro, passava em Irajá, ou começava em Pilar para os que vinham embarcados até aí. Em seguida subia a serra pelo vale do antigo rio Morabori que deve ser hoje o Pilar, chegando ao alto no ponto chamado então de Pousos Frios, donde nos dias claros se descortinava todo o panorama da capital e o seu recôncavo. Dali a estrada alcançava o Paraíba, em cujas margens se encontravam os ranchos e roças de Garcia Pais. Com mais dois dias de viagem era atingido o Paraibuna que se atravessava em canoa. Navegando esse rio e passando por terras cultivadas, o caminho cruzava a Mantiqueira e entrava em águas do rio Grande, até chegar à Borda do Campo, já em Barbacena. Pouco além, bifurcavam-se as estradas: uma procurava o rio das Mortes até umas roças na Ressaca e no futuro arraial de Alberto Dias; outra seguia para as Minas Gerais de Cataguases, para as Congonhas e campo de Ouro Preto, "que fica mato dentro", dizia Antonil.[153] Esses traçados adaptavam-se a antiqüíssimos atalhos indígenas, e por eles ainda hoje seguem os trilhos da Estrada de Ferro Central e do ramal de Ouro Preto.

A obra empreendida pelo filho de Fernão Dias foi de difícil execução. Garcia Pais seria hoje príncipe da engenharia, disse Diogo de Vasconcelos. Durante os primeiros anos da construção a picada aberta na mata virgem só dava passagem a gente a pé. A subida da serra, impraticável para cavalgaduras. Os prejuízos do contratante foram grandes; uma prometida subvenção fornecida pelos habitantes do Rio nunca foi realizada. Para indenizar o paulista dos gastos excessivos a que fora obrigado, o governador concedeu-lhe privilégio por dois anos para o tráfego de gêneros de comércio. Entretanto, só em 1725 pôde considerar-se terminado o serviço; nesse ano o sargento-mor Bernardo Soares de Proença lhe dava a última demão. Quanto a Garcia Pais, veio a morrer poucos anos depois, em 1738, nonagenário, na sua longevidade de bandeirante de raça, mas enganado e desiludido por não receber de d. João V a recompensa do seu trabalho.

Com a abertura do Caminho das Minas se iniciava na colônia o drama do ouro, enlouquecendo a todos. Não tardou em espalhar-se a notícia maravilhosa. O afluxo de aventureiros de toda a casta foi fantástico: era a vertigem mineira. "A exuberante copia do ouro destas minas" — exclamava o gongórico Pereira [*sic*] Machado, no *Triumpho eucharistico* — "deu logo um estrondoso brado cujos échos soarão nos mais distantes e recônditos seios de toda a America [...] os mesmos échos, levados nas azas da fama sobre os mares, voarão á Europa..."[154] Apesar das ordens draconianas da metrópole a infiltração povoadora se fazia de todos os lados: dos portos do litoral, do planalto paulista, dos sertões, dos latifúndios de criação do Espírito Santo e da Bahia, cujo escoadouro era o caminho aberto por Francisco de Arruda Cabral, outro paulista. A fome veio completar a obra de cobiça. Ninguém nessa aventura portentosa cuidava da alimentação; os bandos se embrenhavam sem nenhum mantimento, no desvario do ouro e da mina, conduzindo às costas tudo o que possuíam. As crises de 1697 a 1701 foram terríveis, mas, por um curioso fenômeno, se desdobravam em novas expedições à cata não só de riqueza como de alimento, procurando terras virgens e recursos milagrosos. Assim, essas debandadas constituíram novos elementos de povoamento. Muitos dos centros populosos de Minas lhes devem hoje a sua fundação.

Ao lado desta prosperidade estonteada e factícia definhava, em novo isolamento, a capitania de São Paulo. Desaparecia, desde então, a sonhada hegemonia paulista, que a princípio parecia lhe dar a predestinação histórica e geográfica da evolução nacional. Nascidos das condições especiais do Caminho do Mar, os destinos da velha capitania vicentina seriam contrariados e anulados pela abertura e uso do Caminho das Minas. Como estas, que já se tinham separado em 1720, anos mais tarde se desligavam de São Paulo os territórios da ilha de Santa Catarina, do rio de São Pedro, da Laguna, de Goiás, de Mato Grosso. Desaparecia, afinal, a própria capitania paulista, e os seus restos foram reunidos à do Rio de Janeiro.

Desfavorecida na concorrência, rechaçada dos territórios mineiros pela luta, da Guerra dos Emboabas, a gente de São Paulo procurou outras saídas para o seu nomadismo. Mato Grosso e Goiás deram por algum tempo o ouro tão cobiçado; em 1721 já tinham ido para Cuiabá mais de dois mil paulistas. Na segunda metade do século, pelo velho caminho de Sorocaba a Porto Alegre

— por onde passaram os mamalucos de Antônio Raposo —, e através dos campos de Curitiba e do sertão brabo do Paraná, seguiriam as expedições mortíferas que organizava a megalomania dos governadores fidalgos. Foram os últimos lampejos da tradição piratiningana.

O paulista não voltava mais ao seu altiplano, imobilizado pela mina que descobrira, ou fixado pelo pastoreio nas caatingas do Norte e do Nordeste. Fechava-se aí um dos ciclos da história de São Paulo: os seus filhos — como disse Capistrano — "não sabiam mais sertanejar nem minerar".[155]

Quase um século mais tarde Sorocaba viria retomar por alguns anos a sua função de núcleo de expansão e povoamento. Foi a época das feiras. Nelas se restabeleceu o contato entre mineiros e paulistas, quando do Sul de Minas desciam as tropas carregando fumo, toucinho salgado, produtos da pequena lavoura, e voltavam tangendo os lotes de mulas rio-grandenses ou levando açúcar e aguardente dos municípios de Mogi-Mirim, Limeira e Araras. Deu-se então, com mais intensidade, o refluxo das populações mineiras — "fruta paulista" — para o interior da província vizinha — movimento já iniciado no chamado Oeste de São Paulo pelos criadores de porcos do vale do rio Grande, que se afazendavam em Franca, Batatais, São Simão e Ribeirão Preto. O mineiro, nessa época, foi um fautor importante no desbravamento dos sertões de São Paulo. Ainda são vestígios desse período a velha casa mineira das antigas fazendas, e na mesa paulista o clássico lombo de porco.

(1928)

O martírio do café

Nos primeiros anos do século XVIII, o jesuíta Andreoni — sob o pseudônimo de Antonil — descreveu numa página clássica "do que padece o assucar desde o seu nascimento na canna até sahir do Brazil". Enumera o padre todos esses sofrimentos, desde o instante de plantar-se "até chegar ás mesas, e passar entre os dentes a sepultar-se no estomago dos que o comem", levando "huma vida de taes e tantos martyrios, que os que inventárão os tyrannos, lhes não ganhão vantagem".[156]

Como a seu irmão, não é menos cruel e lastimável o martírio do café. Teve a princípio, na evolução e desenvolvimento do país, uma missão, para assim dizer, messiânica. Com o índio, a prata, o ouro, as pedras preciosas, o gado, o café atraiu como ímã os pioneiros para o interior profundo do território. Como se diz na gíria de hoje, foi também um bandeirante. Período idílico e heróico. Penetrou e desbravou as matas da orla atlântica, subiu o curso dos rios, alcançou as colinas do planalto paulista e, ainda nestes dias, desvenda e povoa imensas regiões de sertão brabo. Aliou-se neste começo ao negro: o café é o negro, dizia-se. O fazendeiro fechou-se no círculo vicioso de que já falava Saint-Hilaire: comprava escravos para cultivar mais terras, adquiria terras para comprar mais negros.[157] A escravidão.

Feita a abolição, proclamada a República, suavizada pelo imigrante a substituição do braço escravo, e favorecido pela ilusão do câmbio baixo, o café conheceu um período áureo que durou alguns anos. O ritmo faraônico das vacas magras devia naturalmente suceder a essa prosperidade. Na própria riqueza do produto ia encontrar-se a causa do seu mal: as plantações estenderam-se a perder de vista pelas terras roxas do Oeste de São Paulo, para onde afluía a multidão dos fazendeiros improvisados, remanescentes do encilhamento ou refugiados das cidades mortas e propriedades exaustas do vale do Paraíba, *rush* igual ao que descobriu os veios auríferos e os diamantes das Minas Gerais, de Goiás e de Cuiabá. Repetia-se o mesmo fenômeno, com as mesmas características; ânsia de enriquecimento, iniciativa corajosa, imprevidência. Veio, assim, a crise. Uma safra monstro, já em franco declínio de preços, ameaçou de morte a indústria cafeeira. Os mercados, prevendo uma oferta exagerada, retraíram-se e reduziram as ordens de compra. Era a catástrofe iminente, a ruína de milhares de fazendeiros. Foi quando o governo paulista, pela primeira vez, se interessou pela sorte do café. Ideou-se uma intervenção oficial e deu-se-lhe um nome novo: valorização. Começava o martírio.

Os exíguos recursos de que dispunha o governo tornaram indispensável o apoio financeiro da União; a Caixa da Conversão completou o auxílio, permitindo, sem alta ruinosa do câmbio, a importação dos grandes capitais de que necessitava o plano valorizador. Este foi executado em larga escala. O governo de São Paulo chegou a possuir mais de onze milhões de sacas, cuja liquidação se fez aos poucos, em dez anos, com todas as cautelas. Indubitavelmente, nesse momento, a intervenção salvou a situação originada pelo excesso de produção. Os preços não subiram, como se esperava, mas não baixaram às cotações ínfimas que previam os pessimistas. Os gastos da operação foram colossais: pagou-os o próprio café com a criação de uma sobretaxa especial de três e depois de cinco francos por saca exportada. Em vinte anos, de 1906 a 1926, rendeu esse imposto 890 milhões, 198 mil francos, cerca de um bilhão de francos, de francos-ouro, durante mais de doze anos.

A valorização de 1906 extinguiu-se; o café pagou todas as despesas. O imposto, porém, ficou.

Outras valorizações oficiais se sucederam, com maior ou menor êxito. Uma chegou a proporcionar ao Estado e à União um lucro partilhado de 120 mil contos. Outras foram meras intervenções passageiras em mercados frouxos, com tendência para maior baixa. O café continuava a pagar. Quando as próprias condições técnicas dificultavam a alta forçada, o câmbio se prestava à aparência ilusória dos altos preços em papel desvalorizado. Velho sistema que o Brasil conhece desde os tempos coloniais, quando no século XVII se valorizava o açúcar com a quebra da moeda. Por essa época, no sossegado ocaso de sua vida quase secular, escrevia da Bahia o padre Antônio Vieira: "em um dia, computado o que se possuía com o que se perdeu, quem tinha nove se achou somente com cinco"...[158]

Esgotado o recurso do câmbio, surgiu o projeto de um instituto de defesa permanente do café, ou que melhor nome tenha. Declarou-se resolvida a crise, todas as crises. Como era preciso salvar a lavoura, imaginou-se logo a criação de um novo tributo, o de um mil-réis, ouro, por saca remetida para Santos.

O café pagava, pagava, pagava. Paga.

Até junho deste ano, o novo imposto forneceu ao instituto a importância de 61 mil contos, não contando o café ainda armazenado nos Reguladores. Com essa garantia, o estrangeiro nos emprestou dez milhões de libras, que se converteram em trezentos milhões de contos, mas que já valem cerca de 420 mil pela desvalorização da moeda. Um pequeno prejuízo, para começar, de

120 mil contos e que, afinal, terá de pagar o fazendeiro, que é sempre a vítima.

O plano valorizador é simples como a luz do dia. O café colhido não é exportado. Fica por nove, dez ou doze meses depositado em armazéns, no interior ou na capital do Estado, à espera que lhe chegue a vez da remessa para o ponto de embarque. Aí o estoque se reduz a um mínimo que tolhe o movimento regular da oferta e da procura. O consumidor, não tendo café para comprar, nos apuros do seu comércio, sobe o preço das ofertas. Não há transações efetivadas ou então se negocia em escala diminuta e o café está valorizado... nos boletins oficiais. O custo dessa encenação é pago como de direito pelo fazendeiro. Paga os armazéns, paga as despesas do instituto, paga os elogios encomendados, paga os prejuízos das manipulações do mercado, paga os juros e amortizações do empréstimo de dez milhões, para que lhe dêem dinheiro levantado em Londres com garantia que ele próprio fornece.

O Instituto, economicamente falando e como tem funcionado até agora, é um aparelho indefensável. O plano de limitar as entradas, para reduzir a oferta, é uma velha idéia que, realizada passageiramente, tem dado bons resultados. Não deve, porém, nem pode ser uma medida permanente, ou então será necessária uma organização de crédito agrícola, que só agora se inicia, fornecendo rápidos e abundantes recursos aos produtores para os cafés imobilizados. O estoque do interior subirá, facilmente, este ano, a dez milhões de sacas, representando mais de seiscentos mil contos desembolsados, efetivamente, pelo lavrador no preparo e benefício do café. Quem lhe dará esse dinheiro? O Instituto possui, do empréstimo primitivo, um crédito transferido agora para o Banco do Estado, de cerca de 220 mil contos. Parece que esta quantia está depositada também em outros estabelecimentos, a prazo fixo. Retirar daí, se possível, soma tão avultada, nas atuais circunstâncias, provocaria ainda maiores dificuldades à vida econômica do

Estado e do país. Resolveu-se essa situação premente com um novo empréstimo a prazo curto e juros altos. Dará para as mais urgentes necessidades e Deus queira não venha criar outro imposto.

Dirão os defensores do Instituto que os preços subiram, e que se vende café hoje a trinta mil-réis a arroba, quando já vimos cotações abaixo de dez mil-réis, mas que cafés se vendem por esse preço? Os que foram realmente produzidos, colhidos e armazenados, ou apenas essa reduzida percentagem da safra que está nos portos de exportação? O caso dos preços da atual valorização é curioso. Em primeiro lugar, o valor do gênero em ouro baixou desde que opera o Instituto: o tipo quatro em Nova York valia, em março de 1925, vinte e seis *cents*: vale hoje quinze *cents*.

Esta baixa não é sensível nas cotações daqui, pela queda do câmbio. No interior tem havido dois preços: o da valorização, que é o do café que se vende e o que o torrador americano vem pagar no Brasil, passando por cima do nosso comércio exportador e que, na realidade, representa vinte ou trinta por cento menos do que as cotações oficiais. Em Santos não se sabe bem o que vale o café; foi agora preciso um acordo especial para harmonizar os preços do governo, os da Bolsa, os da Associação Comercial. Nessas condições, qual é o valor exato da mercadoria? É difícil responder. A única coisa certa é o imposto. Quando todo o aparelho se desmontar por abandono ou pela força das leis econômicas, só ficará o imposto.

Entretanto, para o café, continua o martírio.

Além das taxas e sobretaxas acima referidas, tem ele contribuído, nos últimos vinte anos, para os orçamentos do Estado de São Paulo, com a quantia formidável de *um milhão de contos*, importância fornecida pelo absurdo imposto de exportação. Em compensação, que tem feito o poder público para beneficiar o nosso produto? Não resolveu nenhum dos problemas atinentes à questão do café. Estancou a corrente imigratória que fornecia braços às lavouras; pouco cuidou dos estudos agrícolas indispensáveis a uma cultura inteligente; não conseguiu baratear os fretes, sendo as empresas oficiais as de transporte mais caro; nunca se ocupou a sério do crédito agrícola; desprezou, salvo um ou outro esforço intermitente, com recursos insuficientes, qualquer plano de propaganda; combateu por temor de perigos políticos a organização de associações de lavradores, base da prosperidade dos grandes países agrícolas; nunca cogitou de promover a melhoria dos nossos tipos; mandou fechar, para assim dizer, a Bolsa de Santos; converteu num deserto a poderosa praça deste mercado, orgulho do comércio nacional.

Parece, afinal, arrepender-se dos erros cometidos. Estamos, porém, na República da camaradagem e da irresponsabilidade. Condenar, de todo, o passado poderia melindrar os amigos responsáveis. Vamos corrigir o malfeito, com elogios aos seus causadores. Esse mal é inegável. A própria situação atual, de emergência, confirma o desastre possível. Citemos, de passagem, um resultado inquietador: a nossa percentagem na produção mundial do café que era, antes da guerra, de setenta por cento, já baixou a sessenta e dois por cento...

Não está, entretanto, completo o martírio. À malícia dos governos convém ajuntar os perigos e sofrimentos do fazendeiro, mourejando na sua fazenda. Geadas, sóis abrasadores, ventos frios que crestam as flores, terras cansadas que pedem adubos, pragas daninhas como a grama e a tiririca, formigas devastadoras, salários cada vez mais altos pela falta de braços e carestia da vida, a broca que a inépcia administrativa deixou implantar, e — colhido o café — os impostos municipais, as taxas de viação, os fretes excessivos, as comissões dos intermediários, os sacos, os juros dos agiotas. Chegado ao porto, recomeçam novas despesas; carreto, ensaques, descargas, pesagens, empilhações, marcações, estampilhas, corretagem, faturas consulares, novas comissões e mil outros gastos miúdos.

Até quando percorreremos essa via-sacra? É impossível prever. O trambolhão fatal pode surgir, numa curva inesperada do caminho, amanhã, daqui a duas semanas, daqui a dois meses, ou daqui a dois anos. Será o resultado de uma política que já se qualificou de "economia destrutiva".

Quem escreve estas linhas não pertence à Academia Brasileira de Letras do café. É um simples produtor, comissário e exportador. Só sabe plantar, colher, vender e embarcar o seu produto. É nessa múltipla qualidade que assiste, com angústia, ao martírio do café, que, perseguido, supertaxado, vilipendiado, poderá fazer um dia o que já fez o anil e está fazendo a borracha. Mudar de terra.

(Outubro de 1927)*

---

* Já se passaram mais de seis anos depois da publicação deste pequeno trabalho. A profecia, infelizmente, não falhou.

Dois anos — precisamente dois anos — bastaram para que se realizasse a catástrofe prevista. Outubro de 1929. Culminou aí o martírio do café. Recrudesceram as tormentas, as exações. Ateou-se até uma fogueira como as da Inquisição. Dissipou-se em fumo e cinza o produto de tanto esforço e de tanta energia.

Mas o café ainda acredita num milagre.

A paisagem

   Um poeta inglês, que deveu grande parte da inspiração à acrobacia do paradoxo, dizia que na Inglaterra os crepúsculos se tornaram mais radiantes e suntuosos depois dos quadros de Turner.

   É incontestável essa influência do homem sobre o aspecto da terra que habita. A América do Norte e a Austrália são recente exemplo das transformações que a atividade humana exerce sobre o meio físico. Nos Estados Unidos desapareceram com a civilização as grandes florestas que cobriam até além do Mississipi o seu vasto território; hoje a mata está aí reduzida a quase um quarto da superfície total. Por sua vez o deserto australiano, pobre, esfomeado e sedento, desatou numa espantosa florescência depois que o transformou o esforço inglês. Em outras partes do mundo, a influência do homem, mais antiga, não é menos acentuada no cenário em que se agita e vive. No próprio aspecto do deserto saariano, de aparência imutável e imemorial — e a que o islamismo dera a nota característica com a silhueta recurva e ondulante do dromedário (que os faraós ignoravam) —, corre hoje o automóvel moderníssimo. E em nenhuma outra região a ação transformadora do habitante alterou o aspecto primitivo do ambiente como nessa extraordinária Holanda, onde "Deus fez o mar, porém o Batavo fez a muralha firme da costa". Assim por toda a terra a paisagem muda sob as mãos criadoras do homem, como a argila amassada pelos dedos do escultor. As terras, diz Kirchhoff, são sempre o que delas fazem os seus povos.[159]

Em São Paulo, está prestes a se extinguir, numa mutação de cena, o primitivo quadro em que se desenrolou a sua história. Quem procura adivinhar o segredo das épocas passadas deve apressar-se para fixar o desenho e o colorido dessa paisagem. Um exemplo frisante e visível é o da substituição da araucária ancestral pelo eucalipto cosmopolita. O solar do latifúndio, alvejando em meio dos seus bananais e limoeiros, vai assim perdendo o aspecto peculiarmente paulista ao lado da árvore de importação, que lembra outras terras e outras gentes.

Como toda a "Província da Santa Cruz, vulgarmente chamada Brasil", da descrição de Pero de Magalhães Gândavo, também o nosso planalto em seguida aos campos piratininganos estava vestido "de mui alto e espesso arvoredo".[160] O primeiro e indispensável ato da civilização do colono foi a derrubada dessa mata que o cercava. Do índio aprendeu logo o sistema de roçar e derrubar cada dois ou três anos novas florestas para queimá-las, encoivará-las e por fim seemá-las. Não era o uso de Portugal,* onde a mata é por si mesma uma riqueza; mas para o desbravamento do deserto esse processo, oriundo da indolência, da instabilidade e do nomadismo indígena, foi um precioso elemento civilizador. Com ele, porém, desapareceu todo o aspecto primordial do sertão paulista. Substituíram a floresta virgem as grandes invernadas, os canaviais e o manto verde-escuro dos cafezais de hoje. O homem, num esforço

* Varnhagen, op. cit., t. I [p. 265].

formidável, mudava completamente a roupagem da terra. Nessas regiões transformadas, dificilmente imaginaríamos a marcha lenta, hesitante e cautelosa de uma bandeira perdida...

Dos cronistas clássicos, e dos viajantes antigos, poucas descrições nos chegaram, lançando alguma luz sobre o aspecto do país. Os homens dessas épocas não tinham olhos para o espetáculo da natureza. A maravilha do Rio de Janeiro não pôde impressionar o indiferentismo dos portugueses da época do descobrimento. Pero Lopes, que esteve com o irmão três meses ancorado na baía do Rio, nada diz do esplêndido anfiteatro de montanhas que o cercava. E o futuro donatário, por considerações econômicas ou por medida de segurança, preferiu para a primeira povoação que vinha fundar na nova colônia o porto tristonho e acanhado de São Vicente. Durante todo esse século só o italiano Vespucci parece ter compreendido a beleza da paisagem brasileira, exclamando: "Se o paraíso terreal existe em alguma parte da Terra, creio que não deve ser longe destes países";[161] dezenas de anos mais tarde é em Villegaignon que encontramos uma referência à baía que lembrava ao guerreiro francês as águas azuis e protestantes do lago de Genebra. Dos portugueses só Fernão Cardim, para quem o mundo visível existia, do esplendor do Rio lembra a macieza dos dias de inverno, "dias fermososissimos tão aprazíveis e salutiferos que parece estão os corpos bebendo vida...".[162]

Do aspecto físico de São Paulo nos séculos passados, completamente desprezado nos informes que até nós chegaram, resta-nos apenas, como documento visível e presente, a paisagem que o homem de hoje ainda não transformou ou não afeiçoou à sua nova vida. Paisagem do século XVI, quando enfrentavam a barra de São Vicente as naus colonizadoras de Martim Afonso, e que ainda conserva, no perfil das montanhas, nos grupos de palmeiras nas praias e nos crespos arvoredos dos montes, a primeira visão dos descobridores portugueses. Paisagem da escalada da serra, muro alto e negro por onde desciam os trilhos de índios que procuravam as pescarias do mar e que ainda conserva no cipoal intricadíssimo dos despenhadeiros, por entre samambaias, cactos, palmitos e embaúbas, as abóbodas frescas e sombrias dos incertos caminhos. Paisagem d'além da borda do campo, das várzeas de Piratininga, rodeando a cidadela primitiva, e que protege nas manhãs de inverno a neblina, escondendo as chaminés das fábricas, os arranha-céus e o tumultuar metálico da vida moderna. Paisagem do sertão, das florestas intérminas, dos largos rios de água escura, correndo lenta por entre matas debruçadas, encobrindo o carreiro onde a caça vem beber — paisagem que ainda conserva nos vastos horizontes o encanto novo e aventuroso das descobertas e das conquistas. Quatro séculos de vida humana não apagaram de todo os característicos dessa natureza em que se desenvolveu o drama histórico da formação de São Paulo. Até agora é possível locar em tal cenário moderno os homens e os fatos das épocas históricas. Dentro em breve, porém, o nivelamento inevitável e salutar do progresso terá feito desaparecer dos olhos novos a visão da terra primitiva.

Por outro lado, se não é de todo exata a velha teoria de que o homem é um produto do ambiente, é incontestável que o aspecto do meio em que se exerce a atividade humana diferencia o tipo racial, as suas tendências e o seu viver. A paisagem é afeiçoada pelo homem à sua própria existência. O homem, por seu turno, transforma-se segundo as mutações do cenário em que vive: *"As the soil is, so the heart of man"*, disse Byron.[163]

O europeu aqui encontrando ao chegar a severidade de uma natureza desconhecida, matas impenetráveis, praias desertas, campos melancólicos, gentio inimigo, não teve certamente a mesma psicologia do imigrante de hoje, que vê abertas, de par em par, as portas do seu novo país. É fácil imaginar, pelo que nos resta do aspecto primitivo da terra, a terrível opressão de isolamento e hostilidade que devia infundir no colono dos tempos da descoberta a paisagem tão pouco européia que o recebia no seu agressivo mistério. Basta a floresta virgem, pela quente umidade, pelo silêncio impressionante, pela impenetrabilidade, para explicar as profundas modificações por que passa o homem submetido à prova desse encontro formidável. Para subtraí-lo à influência perturbadora do calor e à molícia do clima, nem podia contar com as mudanças de estações que fortificam o homem dos climas temperados. Nessa luta contra a ação deprimente do meio físico, o homem, se triunfava, perdia as qualidades que o distinguiam do gentio brabo. É conhecida no paulista a sua teimosa taciturnidade, o seu viver tristonho, a sua desconfiança amuada, que o destacaram desde os séculos passados como o mais triste dos habitantes de um país triste.

O lento desaparecimento da paisagem primitiva vai aos poucos modificando o caráter do homem. A paisagem torna-se amável, e o homem começa a sacudir o peso da tradicional melancolia. O próprio aspecto das cousas, que o mesmo homem modificara pela evolução do seu viver, por sua vez abre-lhe a fonte de renovação.

A esplêndida frutificação da semente bandeirante vai criando uma nova terra para os seus filhos. Dentro de dezenas de anos desaparecerá o último vestígio do São Paulo quinhentista ou seiscentista, como já desapareceu o paulista antigo desses tempos heróicos. Felizes os que ainda puderem apanhar nos fugidios delineamentos os derradeiros traços dessa paisagem histórica, já ameaçada pelo tempo igualitário que só lhe conservará a carcaça indestrutível da terra e do céu, e que será a última testemunha presente das lutas, ambições e glória do passado.

(1925)

Capistrano

Neste mês de setembro faz um ano que se instalou no Rio de Janeiro a Sociedade Capistrano de Abreu. Funciona no humilde porão da travessa Honorina, hoje rua Capistrano de Abreu, e que foi nestes últimos anos o verdadeiro centro intelectual do Brasil estudioso. Aí ainda estão intatos, como os deixou Capistrano, os livros poeirentos e usados pelo contínuo manuseio, as pilhas de velhos jornais e revistas, a rede cearense, e, na parede, a folhinha com a data fatídica do seu falecimento — 13 de agosto. Como nas manhãs de longas palestras, nesse quarto de estudante continua a dirigir e animar os discípulos a presença espiritual do Mestre.

Para comemorar o seu primeiro aniversário, e de acordo com os fins que se propõe, a Sociedade Capistrano distribui agora aos sócios, e expõe à venda, os *Capítulos de história colonial (1500/1800)*, obra até aqui quase desconhecida do público pela raridade da primeira tiragem. Acompanham os *Capítulos* notas interessantes do próprio autor, do geólogo John Casper Branner e do naturalista Philipp von Luetzelburg. O livro é uma revelação para quem não conhece em toda a sua força o poder sintético e a larga visão do historiador. Épocas inteiras surgem do passado, iluminadas e compreensíveis. Ninguém entre nós soube tão bem aliar a paixão dos fatos concretos e precisos e a minúcia erudita às generalizações das grandes leis históricas e biológicas. Capistrano, no Brasil, foi o criador de uma Escola de história que não é somente "livro de livros", mas estudo completo e complexo do drama humano no correr dos tempos, desde a compreensão dos ritmos mundiais, das forças instintivas e conscientes que dirigem os homens e as aglomerações sociais, até o detalhe pitoresco, palpitante, do viver quotidiano nas épocas passadas. A tudo se estendia o seu insaciável desejo de saber: geografia, etnografia, etnologia, antropogeografia, cartografia, diplomacia, lingüística... Queria assim penetrar mais fundo no mistério das coisas desaparecidas. Referindo-se, por exemplo, à história dos nossos primeiros séculos, falava muitas vezes nas legendas obscuras dos roteiros e mapas desses tempos. Certos nomes picavam-lhe a curiosidade e exaltavam-lhe a fantasia: rio dos Reféns, baía dos Inocentes, angra dos Negros, serra dos Fumos, baía da Traição etc. Que inocentes?, perguntava. Que negros? Que traição? Que fumos?

Nesse incessante afã, Capistrano foi a encarnação do que se nomeia hoje — a nossa brasilidade. Mais do que ninguém. Integralmente. E sem nunca ter batido no peito para exclamar com olhar furibundo: eu sou brasileiro. Amava a sua terra, desde as pequenas coisas — a rede, a pimenta, os banhos de cachoeira, o andar descalço, os mexericos — até a preocupação filosófica da política, dos homens públicos, e todas as manifestações da nossa esporádica e incerta vida intelectual. Brasileiro do Brasil, interessavam-no tanto a ilha de Marajó, no extremo Norte, como as caatingas do seu calcinado Nordeste, as velhas cidades mineiras, e os vestígios das reduções jesuíticas, nos pampas da banda oriental.

Dos nossos historiadores foi o primeiro a reagir contra a ênfase e a hipérbole à Rocha Pita, criador do insuportável narcisismo nacional, que chegou a infeccionar até o espírito frio e superior do próprio Varnhagen, e de que foram exemplares notáveis Baena, no Pará, e o acaciano dr. Fernandes Pinheiro. Tinha horror ao estilo derramado, mal orgânico, defeito de raiz da produção intelectual brasileira. Nos seus últimos escritos a frase de Capistrano chegara à perfeição de extrema brevidade e singeleza, contraída numa sintaxe sem artigos, sem verbos auxiliares, despojada de adjetivos redundantes.

A paixão de Capistrano pelo Brasil era intransigente, apesar dos repentes de mau humor com que procurava disfarçar a profunda afeição. Convidando-o uma vez a ir à Europa, respondeu-me com o seu ar *bourru*:◆ "Não gosto de taperas...". Cinco minutos depois dizia que não poderia esconder a sua nacionalidade, porque sofria do fígado e era ignorante. Na realidade o seu jacobinismo (no sentido pejorativo da palavra) era mera aparência. O mundo inteiro o interessava tanto como a própria pátria. Lia assiduamente a *Nation*, de Nova York, o *Manchester Guardian*, e os jornais extremistas de Paris. Eram-lhe o alimento quotidiano para o seu liberalismo exaltado, quase revolucionário, apesar do ceticismo próprio de homem de pensamento, infenso às contingências da Ação. Agir é fácil, difícil é pensar, costumava dizer repetindo as palavras de Goethe.

Apesar de uma enorme colaboração em revistas e jornais efêmeros, a obra principal de Capistrano está talvez na sua formidável correspondência espalhada pelos mais afastados recantos do Brasil, assim como pela Europa e América. Ninguém se dirigiu a esse Mestre sem dele receber, generosamente, informações, conselhos, idéias, encorajamentos. Corrigia provas de outros, anotava-as com rude franqueza, acompanhava com interesse e simpatia qualquer tentativa que lhe parecesse aproveitável, promovia inter-

◆ Em francês, "rude", "pouco amável".

câmbio de livros raros, investigava arquivos e bibliotecas por conta alheia, era realmente — ele só — toda uma academia, toda uma biblioteca, um curso vivo de saber e erudição. Dava assim aos discípulos a ilusão de que eram colaboradores numa obra comum.

A Sociedade Capistrano de Abreu, criada num ímpeto de devoção e saudade, após a sua morte, empreendeu a tarefa de continuar, na medida das suas forças, esse trabalho monumental que o Mestre animava e desenvolvia. A Sociedade é pobre como foi Capistrano. Como ele, vive modestamente; não tem presidente, nem vice-presidente, nem — graças a Deus — orador oficial. Mas alimenta, na sua humildade, uma fervorosa ambição — a de trabalhar, como queria Capistrano, para "melhor se conhecer o Brasil".[164]

Com esse fim, e contando com o auxílio dos que entre nós lêem e estudam, a Sociedade pretende em breve editar outras obras do velho Mestre — além dos prêmios que vai distribuir nos concursos de história que organiza.

Estou certo de que Capistrano de Abreu não recusaria essa homenagem, como em vida recusou todas as que amigos e admiradores quiseram realizar e contra as quais se revoltava a sua agressiva modéstia.

(1928)

SOBRE *PAULÍSTICA*

Paulística compensa

Oswald de Andrade

Paulo

Pra que queu disse que precisávamos dum banho destupidez! Nunca viaje no Avão![165] Meus companheiros de mesa foram feitos sob medida — uma pernambucana da Cidade do Cabo que gosta muito do Hotel d'Oeste.[166] O médico da cabeceira pergunta-me se a indústria de São Paulo é só o café. O alfaiate argentino quer por força saber o que é *porridge*.◆

Mas o mar é o mesmo das descobertas. Cheira a paulística. E o seu prefácio é consolante como o mar.

Paulo, você fez um grande mal em não ter nunca tomado suficientemente a sério a sua qualidade séria, o seu talento d'escritor.

O Brasil precisa de gente assim, luminosa como as nossas águas, simples como a nossa bandeira.

Paulística compensa e vale o perdão de todos os ruins escrevinhadores que temos produzido, Graça Aranha à frente. Raça bela a que tem um homem como você.

◆ *Porridge* em inglês significa "mingau de aveia"; em espanhol *é nestum*.

Disse ao Assis Chateaubriand que você lhe mandaria o livro. Deixe outro aí para o Washington [Luís]. Mande também ao Tristão de Ataíde no *O Jornal*, ao Carlos Drummond, em Belo Horizonte (*Diário de Minas*) e ao Joaquim Inojosa, em Recife (*Jornal do Commercio*).

Paulística me consola, me entusiasma, me comove.

Continue a escrever, Paulo, se ama este pobre Brasil azul.

Saudades a Marinette e um grande abraço do Oswald

P.S.: Não se esqueça de mandar também ao Ribeiro de Lessa, 85, Silva Manuel. E traga alguns volumes para a Europa, [António] Ferro, [Jules] Supervielle etc. etc.

Paulística fez papel de salva-vidas

Mário de Andrade

Paulo Prado

A *Paulística* fez papel de salva-vidas. Veio me tirar duma imersão funda no Romantismo. Quasi que me afogava.
    Li. Gostei muito. Si tenho elogios agora pro livro não é por esta amizade certa que eu dei pra você porém pelo que o livro vale para mim. Não posso julgar do que a *Paulística* traz como enriquecimento histórico e si depois de lida tive uma vontadinha de escrever sobre você publicamente já matei a tal. Vou ficar bem caladinho pra não tratar levianamente de sua obra sob pontos de vista que não são propriedades fundamentais e sim concomitantes do livro. Já me basta essa tristeza consciente de andar por aí falando de pintura, arquitetura, de escultura, de não-sei-que-mais pra dar ao menos dentro do nosso grupo ilusão de que os vácuos críticos do Brasil já se preencheram. Não basta mesmo? Eu não tenho ilusões e detesto as críticas de pintura de Baudelaire. E no entanto era Baudelaire... Estou preenchendo vácuos nada mais. Você pode bem ter a certeza, Paulo, que pretensão é verdade que não tenho.

Faço porque carece que alguém faça e si eu não fizer que dê quem faça? Estão tomando aperitivo, viajando, puta-vida! Como diz aqui o sr. Cesare Anselmi, por apelido, o Charcasmo, sitiante, situante e até situam já ouvi! italiano, proprietário de sete mil pés por sinal que maravilhosos.

Deixe agora eu falar da *Paulística*. O que eu mais gosto em você é uma virtude literária que o Eduardo [Prado] já tinha, a lealdade da linguagem. Estilo que não se trai a si mesmo nem mente. Se costuma dizer que a gente gosta mais daquilo que não tem... Si isso não implica inveja serve agora pra mim. Tenho a impressão que vivo que nem cuca me escondendo atrás do meu escrito, me mudando e mascarando sempre. Por isso a lealdade cheia da sua literatura me dá um gosto excepcional lendo você. Ia dizer que não falta juventude no estilo de você... Não digo mais. Não sei por que tanto se fala que juventude é símbolo de lealdade. Não afirmo também que seja menos leal que as outras idades do homem porém estou certo que é tão desleal como elas. Você tem um estilo nobre e ao mesmo tempo amigo da gente = você. Estilo camarada porém incapaz desse dilúvio de traiçõezinhas que diariamente a gente faz pros camaradas. Literatura sem podridão de literatice, milhor até que a do Graça [Aranha] nos momentos diários deste, não nos grandes momentos porque então Graça é superior a todos os escritores vivos do Brasil. Falo lealdade de literatura, de estilo. Lealdade de pensamento me parece que o Graça não tem nenhuma. É um interesseiro, um interessado e um interessista.

Dentro dessa lealdade admirável de estilo escolho três capítulos de *Paulística*: o prefácio magistral, com uma larga sadia tristura quasi melancolia, página aonde até você conseguiu vencer um certo enfaramento que domina o seu espírito e pelo qual mais do que pela preguiça você escreve tão pouco. Além do prefácio me agradam sobretudo o Caminho do Mar e os escritos sobre Fernão Dias. O sobre Paisagem histórica é rápido por demais. Capítulo enche-lugar. O sobre Bandeiras teríamos muito que discutir. Você perfilha uma opinião de Capistrano sobre as caças ao índio que me parece mais sentimental que de valor histórico ou sociológico ou mesmo apenas humanitário. Acho francamente a opinião de vocês dois além de falsa econômica, uma dessas opiniões que a gente usa quando não tem outras mais ricas e legítimas para usar. Além disso tem outro defeito horrível: é pegajosa: gruda, dessas opiniões que um diz e que pelo valor sentimental todo mundo fica repetindo, repetindo, é uma dificuldade pra gente depois acertar isso com uma visão realmente crítica embora humanitária. E olhe que sou católico, faço visitas aos pobres... Sou oligarquista, escravocrata e uma porção de coisas mais maiores. Papel está acabando e não tenho paciência pra argumentar. Conversaremos si for lembrado este assunto nas nossas futuras conversas de 1926. Já penso nelas.

Estou forte, mais bonito, satisfeito, pretendo escrever um livro sobre Poesia Romântica no Brasil, sou feliz, ainda não tive saudades de nada, acho de novo graça em mim. Escrevi este finzinho até rindo.
Ciao
Mário

P.S.: Não deixe de mandar a *Paulística* prá *Estética*.[167]

Um outro homem

Tristão de Ataíde

O livro do sr. Paulo Prado é inspirado no [...] localismo que vimos acompanhar sempre a nossa história. Pernambuco e S. Paulo foram sempre, para falar em linguagem automobilística, as curvas de derrapagem de nossa história. Sem falar na Cisplatina. Mas essa sempre foi um enxerto inassimilável.

É nas curvas de derrapagem que se revelam os motoristas afoitos e amigos de aventuras. Assim também em Pernambuco e S. Paulo. Foram sempre os focos de arrebatamento e paixão bairrista. Que serviram indiretamente ao todo brasileiro, quando contidos e encaminhados para essa nova finalidade.

Assim, por exemplo, o *bandeirismo*, cujo espírito animador era todo de ambição pessoal e regional, operou uma obra *nacional* de dilatação de fronteiras e aproximação de extremos, cujo valor é incalculável.

Mas ao sr. Paulo Prado animado do espírito mais localista, o que encanta na história de S. Paulo é o espírito de independência, de liberdade, de aventura. Tanto tem o sr. Paulo Prado, em literatura, de adversário do romantismo, quanto tem em política, de romântico. Pois o romantismo político é essencialmente o espírito de aventura pessoal dominando o espírito de subordinação a um ideal coletivo. E a curva, aliás muito exata, que traça do desenvolvimento histórico de S. Paulo é uma curva cujos altos e baixos acompanham as flutuações do espírito de independência, de individualismo, de liberdade e revolta, que o sr. Alberto Rangel tão justamente profligou.

Isso aliás não impede o carinho que o sr. Paulo Prado dedica a toda a história do Brasil, que já lhe deve grandes serviços com a publicação de velhos textos e de outros a aparecer, bem como agora com estes seus estudos que são realmente de um historiador apaixonado de história. O sr. Paulo Prado foi um dos brasileiros que a guerra restituiu ao Brasil e ao serviço do Brasil, como o está provando. Conheci-o em 1913, em Karlsbad. Neurastênico até a raiz dos cabelos. Esgotado. Sem achar graça em nada. Divertindo-se em ver um imenso árabe, enfiado num imenso albornoz azul, preparar café em chicrinhas minúsculas no hall do nosso hotel. Mais desolados do que os bigodes do sr. Paulo Prado nessa época, só os pinheirais de Karlsbad, pingando água o dia inteiro, numa tristeza, numa umidade, num abandono que nos faziam chorar por uma restiazinha de sol, mesmo *boêmio*, como o que podíamos ter! Ou então, os cachos imundos dos judeus da Galícia que enchiam as ruas, com os narizes virados para o chão, como bicos de papagaios...

Já vinha de longe essa sua neurastenia de fim de raça, de fidalgo amolado e cético. Em 1892, escrevia Eça de Queiroz a Oliveira Martins: "De [Eduardo] Prado acabo de receber um telegrama, dizendo que parte. Chegaram aqui a desconfiar, por certos factos singulares, que ele voltaria para o inverno, casado! A não ser porém que tivesse amado, desposado, emalado e partido no mesmo dia, não se realizou de certo essa *despradisação* (porque Prado casado perde toda a graça prádica). Nós, em Neuilly, muito abandonados.

Apenas o gentil Paulo [Prado] vem por cá *trainer son dilettantisme*"◆ (Eça de Queiroz, *Correspondência*, p. 230).

    Em 1913, mais do que nunca, arrastava o sr. Paulo Prado pelas estações de cura o seu diletantismo e o seu fígado. Hoje, é outro homem. Explica-o mesmo no prefácio desta sua interessante *Paulística*. Não tem mais diletantismo. E penso mesmo que nem fígado. O tempo anda para trás, muitas vezes. E a essa contramarcha é que devemos o sr. Paulo Prado de hoje e o muito que à nossa história já deu e vai dar. Apesar do seu romantismo político, oxalá nos dê ainda outras "paulísticas" como esta, e possamos exclamar muitas vezes, menos irritados do que Montezuma na Constituinte: "Não sei por que aqui sempre se anda com São Paulo para cá e S. Paulo para lá: em nada aqui se fala que não venha S. Paulo!".

    Hoje sabemos por quê.

◆ "Arrastar seu diletantismo".

Um moralista

Lívio Xavier

Sem procurar torcer o evidente sentido de palinódia política que pretendeu dar ao prefácio desta segunda edição da sua *Paulística*, o sr. Paulo Prado inseriu nela também o prefácio da primeira, querendo talvez por isso mesmo significar a coerência profunda da classe a que pertence. Tão sincero era o autor quando dá como "traço saliente do sentimento político paulista" a unanimidade e o adesismo, e sugere a explicação histórica dessa "falha inibitória do caráter paulista", como o é hoje quando reclama o direito de ser considerado o seu livro de puro regionalismo e confessa ter errado porque não viu no paulista do século XX o mesmo paulista bandeirante dos primeiros séculos brasileiros. Não foram as opiniões políticas do autor que mudaram, mas as condições que as produzem, mais precisamente a relação de forças entre São Paulo e as demais unidades da federação.

Em última análise, o sr. Paulo Prado vê bem que o problema político central — a unidade nacional — é que condiciona todo o desenvolvimento histórico do Brasil, mostra como é precário o equilíbrio federativo entre Sul e Norte, mas fica no vago quando se trata de tirar as conclusões das premissas conscientemente expostas. Se denuncia o "bovarismo paulista", não deixa de trazer-lhe alimento pela evocação da "fórmula barresiana", organicamente reacionária, limitando voluntariamente a própria compreensão do fenômeno histórico.

O dito de Martius, citado no prefácio da primeira edição, segundo o qual a história é uma grande mestra, não só do futuro, mas também do presente, encontraria também no segundo prefácio a sua plena aplicação. Até onde vai essa "legítima expansão dos regionalismos" no desenvolvimento teoricamente harmônico das unidades da federação, não diz o autor. E nem tampouco em que direção se desloca aos poucos o eixo do problema, nem precisa as "realidades imperativas" diante das quais se está dando este deslocamento. Não seria demais pedir ao sr. Paulo Prado, cioso da tradição de Capistrano de Abreu, maiores precisões? Queremos crer que não, uma vez que, ao contrário do historiador das nossas origens, o autor da *Paulística* se anima a *moralizar* o resultado das suas pesquisas, ainda mesmo de modo indefinido, com traços de racismo, temperando o seu nacionalismo com a benevolência de um cético.

Quanto aos méritos propriamente literários do sr. Paulo Prado, tem-se que dizer que é ele no Brasil um que sabe escrever. Elegância, correção, gravidade, são qualidades muito raras nos nossos literatos para que, se se nos oferece ocasião, não devamos sublinhar a existência delas.

O interesse maior do livro é ainda da reedição dos ensaios como "O Caminho do Mar", "O Patriarca", "Bandeiras", e.g., pois os capítulos ajuntados a essa edição, se não desmerecem a nomeada do autor, também não a aumentam.

Fortuna crítica

I. Referente à publicação, em jornal, dos artigos de Paulo Prado:

Amadeu Amaral, "Padre Vieira", *O Estado de S. Paulo*, 22 de outubro de 1922. Artigo que comenta o texto "O Caminho do Mar, notas para um livro", publicado no mesmo jornal em 28 de setembro.

Diágoras (pseud.), "À beira do futuro", *O Estado de S. Paulo*, janeiro de 1924. Artigo que comenta "Brecheret", publicado no mesmo jornal em 11 de janeiro.

II. Da primeira edição (1925):

Oswald de Andrade, carta inédita, 1925. (Reproduzida nesta edição.)

Mário de Andrade, carta inédita, 1925. (Reproduzida nesta edição.)

Novelty (pseud.), "Dia a dia", *Diário Popular*, São Paulo, 25 de junho de 1925.

Fernando de Azevedo, "Bibliographia", *O Estado de S. Paulo*, 19 de setembro de 1925.

Oliveira Vianna, "Cristãos-novos em São Paulo", *Correio da Manhã*, Rio de Janeiro, 15 de novembro de 1925.

Paulo Silveira, coluna "Histórias da semana", *Jornal do Commercio*, Rio de Janeiro, 2 de julho de 1927.

Tristão de Ataíde, "Paulo Prado — *Paulística*", incluído em: *Estudos*, 1ª série. Rio de Janeiro, Terra do Sol, 1927, pp. 262-4. (Resenha reproduzida nesta edição.)

III. Da segunda edição (1934):

Leopoldo de Freitas, "História regional", *Correio da Manhã*, Rio de Janeiro, 29 de março de 1934.

Lívio Xavier, "Bibliografia", *Diário da Noite*, São Paulo, 17 de maio de 1934. (Resenha reproduzida nesta edição.)

José Geraldo Vieira, "Livros", *A Nação*, São Paulo, 1934.

Etc.

OUTROS RETRATOS DO BRASIL

Homem perfeito

Meses atrás apareceu-me no escritório comercial o meu velho amigo Henrique Coelho, pedindo-me um prefácio para uma obra que estava escrevendo sobre Joaquim Nabuco. Colhido de surpresa, e, para não discutir, respondi que aceitaria o convite, mas "só se o café subisse", dando-me lazeres e tranqüilidade para qualquer trabalho intelectual, por mínimo que fosse.

E nesta terra de surpresas e imprevistos deu-se exatamente a hipótese que me parecia mais improvável naquele momento. "Deo juvante",◆ o café subiu e voltaram a paz e o sossego ao seio dos cafezistas. Tenho, pois, de cumprir a minha leviana promessa, e prefaciar o excelente trabalho de Henrique Coelho.

A princípio intrigou-me muito o fato de ter sido eu o escolhido pela bondade do amigo Coelho para apresentar ao público um estudo sobre personalidade tão exclusivamente intelectual como foi a de Joaquim Nabuco. Descobri, porém, logo a explicação do caso. A mim é que deveria forçosamente competir prefaciar o livro

◆ Expressão latina que significa "com a ajuda de Deus", "se não faltar inspiração".

sobre Nabuco; era lógico e não poderia ser outro chamado para tão honrosa tarefa. Neste país não há o culto da incompetência, porque não há o culto de coisa nenhuma, mas há sim — e esse vivaz e agressivo — o horror à competência. Precisava-se de um homem de letras para escrever algumas palavras sobre esse puro espírito que se chamou Joaquim Nabuco; foi-se logo buscar um homem de negócio. Está certo.

Pessoalmente, pouco conheci Joaquim Nabuco. Vi-o pela primeira vez em Londres, e mais tarde em São Paulo numa viagem triunfal que ele aqui fez. Mas posso dizer com orgulho que vivi longos anos na intimidade intelectual do seu espírito, pela convivência com o barão do Rio Branco, com Domício da Gama,[1] com meu tio Eduardo e com Graça Aranha.

Ele fazia parte então desse grupo belíssimo que foi talvez o último depositário da grandeza intelectual dos cinqüenta anos de império liberal. Joaquim Nabuco, Rio Branco, Eduardo Prado,[2] o ministro Corrêa, J. C. Rodriguez constituíam nessa época uma elite que purificava e fortalecia a vida na Europa pela contínua e religiosa preocupação das coisas brasilienses. "Ubique patriæ memor",◆ dizia a célebre divisa do barão, e esse era realmente o lema que reunia todos esses espíritos. Desde o exílio andradino do começo do século XIX,[3] nunca se cogitou tanto na Europa da pátria longínqua como nesses cenáculos de Paris e Londres em que se acrisolava de modo tão raro o patriotismo de nossos patrícios.

Ainda o ano passado, na livraria Chadenat,[4] nesse silencioso recanto de um velho prédio do Quai des Grands Augustins — e que faria o encanto de Balzac — narrava-me o velho livreiro as infindáveis discussões sobre história do Brasil, presididas pelo eterno cigarro de Rio Branco, e que apavorava o bom Chadenat pelo perigo de incêndio nos seus pulverulentos alfarrábios.

◆ "Lembrando da pátria por toda parte".

O culto da pátria ausente conheci-o eu forte e constante nesse grupo de espíritos privilegiados; neles a vida no estrangeiro apurava o patriotismo. E é um fenômeno que não é único e sem precedentes. Já o patriarca José Bonifácio vivera e peregrinara quarenta anos pela velha Europa, antes de voltar à sua "bela e bárbara província", onde veio organizar a libertação da pátria. Rio Branco, Nabuco, Eduardo Prado, durante anos preparam-se na Europa, "no turbilhão dos prazeres", como dizia um deles ironicamente, para virem mais tarde trazer ao seu país o fruto precioso de tão longos trabalhos e tão incansável preocupação pela pátria.

Essa coisa que era, há uns trinta anos, rara na vida de um brasileiro — uma viagem à Europa, e que marcava uma data no seu espírito, se era inteligente, ou nas suas aventuras galantes, se pendia para essas preocupações —, essa viagem à Europa foi para muitos o início de uma grande descoberta e o começo de uma grande paixão, a descoberta de seu próprio país e a paixão pelas coisas brasileiras. É a revanche da terra, a que já nos ligam quatrocentos anos de história e de lutas.

Isso, porém, nem sempre foi conhecido e reconhecido, nos nossos meios acanhados, pelos filisteus do nacionalismo barato. Quem vivera na Europa, e de lá vinha com ares sadios e flanelas claras do Poole, devia falar com sotaque, só devia ler o *Times* e o *Figaro*, e mal saber da existência destes exóticos Brasis que o envergonhavam nas suas pretensões de dandismo rastaqüera. Como era diferente esse retrato do brasileiro viajado com a realidade do grupo de patriotas ardentes que então em Paris e Londres representavam o que havia de mais fino e apurado na intelectualidade brasileira.

Desse grupo, porém, ninguém sobrepujava a Nabuco na realização do Homem Perfeito. Era a inteligência clara e quente do latino, era o garbo viril e harmônico do *gentleman* inglês a quem

Oxford e Cambridge enobreciam com a cultura clássica — e era sobretudo o patriotismo ardente que lembrava os homens do começo do século passado, no período romântico de nossa história.

Esse patriotismo foi no final de sua vida — com a preocupação religiosa — a grande paixão que o empolgava completamente. A grande crise, dolorosa e emocionante dessa paixão, foi o abandono da idéia monárquica e a adesão à República.

"A monarquia morreu em Campo Osório", disse ele uma vez aludindo ao último ato da tragédia de Saldanha da Gama. E quando os homens do governo da República recorreram aos serviços de Nabuco para representar no estrangeiro o que para lá podíamos mandar de mais civilizado e de mais honroso, o seu patriotismo não hesitou entre servir ao país ou servir a um partido político, por mais que este lhe falasse ao coração e ao espírito.

Essa crise de consciência — tão dolorosa e tão profunda como a que afastou Renan da Igreja — é o melhor e mais tocante testemunho da nobre pureza do espírito de Nabuco. Nessa ocasião, ele, não confiando só na sua decisão, consultou também a alguns amigos para o guiarem e o fortalecerem na sua resolução. A Eduardo Prado, que então estava na sua fazenda do "Brejão", endereçou Nabuco uma consulta se devia ou não aceitar o convite da República. A resposta foi a seguinte: "Aceite e, se quiser me levar para secretário, aceitarei também". Era a opinião do mais irredutível adversário do regime, mas também de um dos mais carinhosos filhos desta terra.

Entre a intransigência dos bonzos da idéia monárquica e o devotamento ao serviço da pátria, os dois brasileiros não hesitavam e seguiam o conselho que lhes dava o verdadeiro patriotismo.

Isso tudo, e mais o estudo completo dessa complexa personalidade que foi Joaquim Nabuco — e o desenrolar harmônico de sua vida perfeita — o leitor encontrará no livro de Henrique Coelho.

A mim, só me coube a tarefa gratíssima de reviver em alguns minutos essas sombras do passado, tão amáveis e tão amigas para os que amam, como amaram os caros desaparecidos estes céus e estes montes da nossa terra.

O padre Vieira

O sr. Amadeu Amaral, em brilhante e bondoso comentário às minhas despretensiosas notas sobre "O Caminho do Mar", impugnou duas expressões que empreguei, relativas ao padre Antônio Vieira.[5] Já desconfiando do nosso vezo nacional de adjetivação vaga e abundante, tive especial cuidado no emprego dos meus qualificativos nesse modesto trabalho, mais histórico que literário. Posso, assim, dar algumas explicações sobre as minhas referências ao grande jesuíta.

Disse eu que o padre Vieira fora "político tortuoso" e a sua retórica "teatral".

A sua personalidade foi sem dúvida das mais complexas. Lúcio de Azevedo, numa "exaustiva" *História de António Vieira*, distinguiu nele o Religioso, o Político, o Missionário e o Vidente. O próprio sr. Amadeu Amaral chamou-o, no seu belo trabalho, de "complicação jesuíta". Eu limitei-me a qualificá-lo de político tortuoso. Seria estultícia estender o qualificativo a toda a sua vasta personalidade, sem dúvida uma das mais gloriosas da raça portuguesa.

Fui mais afirmativo, porém, quanto à sua influência como

político e cortesão nos negócios públicos de Portugal. A sua "lábia", a que se referiu, admirativo, d. João IV, só trouxe para o seu país decepções e humilhações. Vieira se emaranhou desastradamente na meada diplomática da Europa de então, tecida pela mão astuta do cardeal Mazzarini. Nesse turbado período da sua vida, só a política o interessava e o dominava. Anos mais tarde, no Maranhão, é com arrependida humildade que reconhece ser outra vez "simples padre da Companhia", e não mais o negociador intrigante, oportunista e pomposo das cortes européias.

As embaixadas à Holanda, a viagem a Paris para negociar a aliança francesa, essa complicada missão a Roma para a reunião das coroas de Espanha e Portugal promovendo a rebelião de Nápoles — não constituem títulos de glória para Vieira e sua perícia de diplomata. Talvez pensasse ele nessas peregrinações sem ventura quando escreveu mais tarde: "não há maior comédia que a minha vida: e quando quero ou chorar ou rir, ou admirar-me, ou dar graças a Deus, ou zombar do mundo, não tenho mais que olhar para mim...".

A cessão aos holandeses de parte da colônia do Brasil — o Ceará inclusive até Sergipe —, advogada com tanto talento no "Papel forte", é a grande mancha, aos menos para nós brasileiros, na vida política de Antônio Vieira. A sua intervenção na Haia, como agente diplomático de d. João IV, foi desastrosa para as suas pretensões de negociador arguto e patriótico.

"Nunca a falsa política acumulou jamais tantas contradições e incoerências, tantos sofismas e tantas máximas imorais para desfigurar a verdade, e justificar o erro e a iniquidade" — exclama indignado João Francisco Lisboa, o ilustre biógrafo de que o Maranhão tanto se orgulha.

Para agradar ao governo da Haia, Vieira chamava os heróicos revoltosos do Brasil de "maus vassalos" e dizia ao rei de Portugal que "a perda de Pernambuco não é tanto como se imagina".

Em toda essa questão a opinião pública portuguesa combatia as idéias do jesuíta; estava em todas as bocas o injusto epíteto que lhe atiraram de "Judas do Brasil". Todos queriam a expulsão dos holandeses do solo brasileiro; com o padre só estavam o partido áulico e o rei, este mesmo, hesitante. Ao gênio de Vieira, que escreveu depois a *História do futuro*, faltou a visão da nova nacionalidade que se começava a formar no monte das Tabocas e nos campos de Guararapes.

O missionário resgatou, felizmente, as culpas do político. O corpo e alma excepcionais de Antônio Vieira vieram encontrar nos sertões do Pará e do Maranhão um largo campo onde puderam se devotar à civilização do Brasil. Nas lutas com os colonos escravocratas, na defesa cristã dos índios cativos, o jesuíta veio a ser verdadeiramente o "Padre Grande", o "paiaçu" dos indígenas.

A obra das missões é talvez a mais bela página que o seu gênio criou; a essa obra serviu como maravilhoso instrumento uma eloqüência do melhor quilate. Desses sermões eu não diria sem dúvida que eram de uma retórica teatral.

Nenhum cálculo mesquinho de política ou interesse habilidoso empanava a fonte pura da sua inspiração. Em muitas dessas orações do Maranhão, Vieira alcançou as culminâncias da eloqüência humana, como já o fizera em 1640, no "Sermão para o bom sucesso das armas de Portugal", pregado na Bahia, antes que o empolgasse o demônio da política. É que, na frase de Lúcio de Azevedo, o missionário já abandonara "os artefatos da retórica, como os tropos de que adornava os seus discursos".

Eduardo Prado, citado por Capistrano de Abreu, e que consagrara muitos anos de trabalho dedicado a uma história do padre Vieira, pouco a pouco abandonou esse projeto, alegando a decepção de ter encontrado em Cornelius a Lapide[6] muita coisa que julgara original do seu herói.

É possível essa semelhança com o jesuíta holandês, mas Vieira foi, incontestavelmente, um grande mestre da língua. A sua verbosa e magnífica eloqüência ficará nas melhores páginas da literatura de nossa raça; lembra uma formidável corrente, por vezes turva, em que torvelinham imagens, trocadilhos, metáforas e citações — todas as figuras da retórica clássica —, e que através de séculos veio arrastando os espíritos de diferentes gerações, até os nossos dias, até a surpreendente aparição no nosso mundo político de hoje de um Antônio Vieira redivivo...

Foi benéfica essa influência vieirina? Não perturbou ela e retardou a renascença da língua na clara e elegante sobriedade de Garrett e Eça de Queirós? Sílvio Romero, implacável, chamou-o de grande desnorteador literário dos brasileiros.

Mas — como dizia Kipling — isto é um outro caso...

O jardim de São Paulo

O MOMENTO

... é dos mais angustiosos para a história da humanidade. O velho edifício da civilização européia ameaça ruir com um fragor de catástrofe. Notre Dame de la Haine,◆ cuja capela Renan descobriu num remoto confim da sua rude Bretanha, é hoje a padroeira dos povos cultos da Europa. Nunca em países civilizados andaram tão soltos e assanhados os maus instintos do animal-homem, e, para pô-los talvez de acordo no desastre final, já se ouve nos velhos caminhos das primitivas invasões o tropel do exército vermelho do bolchevismo...

A data de 4 de janeiro deste ano, em que a França invadiu o Ruhr,[7] vai sem dúvida abrir para o mundo uma nova era de perigos e ameaças, de perturbações de toda ordem, como as que já assinalam o dia sinistro da proclamação da guerra em 1914, e a noite de novembro em que foi assinado o armistício de Foch. É mais um salto no desconhecido, e quem sabe se o primeiro sinal da destrui-

◆ "Nossa Senhora do Ódio".

ção de um mundo, da queda do Ocidente, como a imagina o spenglerismo de que nos fala João Ribeiro, e que se prepara sob os olhos rapaces do internacionalismo judengo?

Não é mais brilhante nem mais animador o espetáculo que apresenta o Brasil neste quadro impressionante. Há oito meses que está proclamado na Capital do país e no estado do Rio o estado de sítio e decretada com desusado rigor a censura da imprensa[8] — medidas extremas e gravíssimas a que ainda não recorreram os países mais perturbados da Europa atrasada. Povos conflagrados, territórios ocupados por exércitos estrangeiros, capitais em que nas ruas se luta por um pedaço de pão: a guerra, a miséria, o ódio dos homens e das raças, as mais sangrentas revoluções, todo esse frenesi da atividade humana, amparado e contido na normalidade das leis essenciais e soberanas, que protegem e defendem a vida e a liberdade dos homens civilizados. Desleixo e loucura desses governos imprevidentes, ou sabedoria e prudência do nosso?

A solução desse mistério só é conhecida nos salões do Ministério da Justiça ou no gabinete do chefe de polícia do Rio. Fechado o parlamento, emudecida a imprensa, abafado o boato pela espionagem vigilante, só perturbam a paz e a tranqüilidade da Capital os bombos do Carnaval: há como que uma parada no coração do país...

E para mais complicar o estranho caso, essas leis de exceção, adotadas com tamanho rigor na Capital e no estado do Rio, não atingem o único ponto do nosso território em que se batem homens armados, em franca guerra civil. Na ilha de Baratária, e no "mar proceloso" da sua política, ali também governar não era "otra cosa sino un golfo profundo de confusiones"...[9]

No claro-escuro desta sombria descrição, São Paulo dá a nota luminosa e alegre de seu descuidoso otimismo.

O café, em bom papel das nossas emissões inconversíveis, está a perto de 40$000 a arroba. O sr. ministro da Fazenda prometeu-nos solenemente para este ano a venda da nossa safra por cinqüenta milhões esterlinos, isto é, cerca de dois e meio milhões de contos, convertida a libra ao amável câmbio de seis dinheiros.

Que mais poderemos desejar para ver a vida em todo o seu encanto, ainda mais saborosa pela desgraça dos outros e pela miséria do mundo?

Aqui estamos acampados no nosso vastíssimo território paulista cerca de quatro milhões de homens, protegidos pelo mais feroz individualismo e quase sem nenhuma solidariedade afetiva ou social, além da confraternização do lucro e do dinheiro. Nessa massa gregária e pacífica, reinam a felicidade, o sossego e o contentamento; até aqui não chega o som grave da trovoada que se aproxima.

São Paulo cultiva o seu jardim.

Caracas, capital do Brasil

Em Caracas, capital venezuelana, reinam atualmente a mais completa paz e ordem. Estrangeiros desembarcam e visitam a maravilhosa cidade, sem nenhum risco e sem o perigo tão comum nestas terras sul-americanas de algum balaço perdido ou revolucionário. Agradecido e seduzido por essa tranqüilidade mantida com firmeza, o país inteiro abdicou todas as liberdades e entregou-se de corpo e alma nas mãos do ditador. As eleições são uma simples ficção; os membros do Congresso são designados, em família, pelo próprio governo, e os ministros, tímidos e apagados, vivem suspensos aos aparelhos telefônicos do palácio presidencial: sabem que podem ser despedidos em vinte e quatro horas, por um simples recado. A imprensa, cortesã e prudente, narra com abundantes pormenores todos os acontecimentos do mundanismo; faz a crítica literária dos livros que aparecem e discute livremente as partidas de futebol, as corridas de cavalos ou os graves assuntos acadêmicos da economia política ou os encantos da agricultura. Abstém-se, porém, de qualquer alusão à política, interna ou externa, do governo onipotente: é que não ignora por amarga experiência que uma simples nota de reportagem ou uma pilhéria de noticiarista pode mandar toda a redação para a famosa "Rotunda", geladeira sinistra em que, por dias intermináveis e em absoluto segredo, se resfriam os mais ardorosos e revoltados entusiasmos. Assim, são os jornalistas meros funcionários, que trabalham burocraticamente, com pingues ordenados, nesses ministérios, um pouco boêmios, que são as redações dos jornais.

Soberanamente, paternalmente, o presidente, dentro da Constituição, que é um arremedo do decálogo washingtoniano — reina, governa, e dispõe de tudo e de todos.

Pelo interior do país, as oligarquias e os chefetes locais repetem com o mesmo cerimonial esse uso e abuso do poder, em círculos concêntricos, desde o humilde juiz de paz até o foco solar que é o chefe da nação. O grupo que se assenhoreou das posições de mando sabe empregar, em doses eficazes, o que os franceses chamam *la manière forte*.◆ Às vezes com a célebre mão de veludo já tão gasta pela retórica das velhas oposições; outras, sem mais explicações, pelos esbirros da polícia, ou pelos também estafados bacamartes da capangagem sertaneja.

Antes do governo atual, era presidente da república o general Castro. Findo o seu reinado, em plena apoteose, embarcou às pressas para o estrangeiro — enriquecido, megalomaníaco, dissipador do tesouro nacional, mas hábil administrador da sua fortuna particular. Homem que banalizou a expressão de "vaidade mórbida", caricato Pricópolo da sátira rabelaisiana, foi desfrutar na Europa decadente e dissoluta os proventos do seu governo perdulário.

Fora da política, o país diverte-se e luta, com ardor selvagem, pelos dois deuses da sua especial devoção: o Dinheiro e o Prazer. A arte não teve tempo para medrar e desenvolver-se em terra em que

◆ "Com recurso à violência".

o esforço dos homens se orientou e converge, não para a beleza, mas para a riqueza.

Nesta atmosfera de tragicomédia tropical, não imaginem que o aspecto do país é triste e soturno. Há, na claridade sonora dos seus dias luminosíssimos, uma irreprimível alegria de viver, uma ânsia tumultuosa de criança irrequieta, que dá ao estrangeiro que passa a perfeita ilusão de um povo feliz numa terra de paraíso. Em meio de tanto sol, somente as prisões fazem largas manchas de sombra...

Eis o que diz de Caracas, e da Venezuela, o escritor Louis Chadourne, em livro publicado recentemente, com o título de *Le pot au noir*.[10]

Há um ar de parentesco entre todas as repúblicas das Américas latinas, desde o perfil voluntarioso e altivo da virgem asteca até a silhueta ultramoderna, e um tanto "nova-rica", da nossa vizinha do Sul. Não as teria confundido a frivolidade bulervardeira do francês que viaja? Esteve ele em Caracas, Maracaibo e Ciudad Bolivar — ou nessa longínqua região, mas nossa conhecida, que os mapas quinhentistas denominavam pitorescamente, *a Terra dos Papagaios*?

Vagas oposições

Foi de novo prorrogado o estado de sítio, na capital da República e no estado do Rio, até 31 de dezembro deste ano.

A imprensa — salvo as exceções vibrantes de dois vespertinos — não a comentou.

Nas reuniões da rua, nos clubes, em todos os centros de nossa atividade social, não mereceu ela mais atenção do que a derrota de um time de futebol, ou a partida, solene e concorrida como um enterro, de algum morubixaba da situação.

Nesta terra — que a retórica crismou de terra dos bandeirantes — a população, em questões públicas, divide-se em três grandes grupos: os políticos, os fazendeiros, os indiferentes.

Para os políticos não se poderia sonhar com mais delicioso torrão para governar e mandar. "Terra da unanimidade", já disse com o seu sarcasmo andradino um ilustre mestre. A família política em São Paulo é sem dúvida a que oferece a mais tocante união e harmonia, de todas que povoam e felicitam o vastíssimo território brasileiro. As vagas oposições que ao longe se formam, atrevidas e incontinentes, vêm morrer submissas e arrependidas diante da escadaria do Palácio do Governo. Para essa gente, que importa a continuação do estado de sítio na capital do país? Não é esse decreto mais uma garantia para o gozo suave das delícias do mando, ou a tranquilidade assegurada nas posições que ocupam? Para os lavradores... deveremos perturbar o sonho enganoso dos fazendeiros paulistas? Câmbio a cinco, café a trinta mil réis a arroba. A esse preço, a vida é um encanto. Os cafezais curvam os galhos pesados da safra abundante; em meio dos altos eucaliptos branqueja, senhorial e acolhedora, a casa do fazendeiro; pelos campos recendentes do cheiro oleoso do capim-gordura pastam os graves Hereford de cara branca... A vida é um encanto! Para além da linha azul clara das serras do horizonte, há, é verdade, outros homens em luta, há a desgraça dos que não ganham o pão duro de cada dia, há as prisões cheias de gente, de quem até os nomes ignoramos, há toda a miséria humana, infinita e muda... Que importa? O café está caro, e quem o sustenta é o governo paternal e onipotente. Votemos no governo.

Para o grupo dos indiferentes, há outras preocupações que enchem a vida. Essa é a massa gregária, é "o rebanho sem aprisco e sem pastor", de que fala o poeta.[11] São os ádvenas, os recém-chegados, os cosmopolitas, os enriquecidos depressa — todo o bando de gerifaltes do soneto herediano[12] —, mescla desultória que atrai a terra rica, o clima ameno, a riqueza fácil. É a gente rica, brasileira e estrangeira — servos do dinheiro feudal e sem pátria — que aqui vivem como no Alasca ou no Labrador, tirando o ouro do solo milagroso, e no mais completo alheamento dos interesses sagrados da coletividade. São também os epígonos da grandeza passada, frutos anêmicos da decadência da raça, amorfos e gelatinosos, que tudo aceitam, tudo toleram, tudo aplaudem e só se agitam para correr atrás dos poderosos do dia.

Taine dizia que na realidade só duas únicas cousas separam o homem do animal e o grego do bárbaro: o estudo da filosofia e o cuidado dos negócios públicos.

Talvez assim se explique por que passou sem comentários, em São Paulo — terra dos bandeirantes —, a sensacional notícia da prorrogação até 31 de dezembro do estado de sítio na capital da República.

Terra do otimismo

O momento é de completo otimismo. Sucedeu inesperadamente a um turvo período de dúvida e desânimo. Neste giro alternado de luz e sombra se desenrola a evolução histórica do país. Nunca se viu mais violenta mutação que a deste começo de ano novo. Ao findar 1923, estávamos ainda em plena convalescença da "era das iniciativas" inaugurada por um governo perdulário e megalomaníaco. Situação financeira das piores, destas que prenunciam a falência próxima; situação política perturbada por vários "casos", e mais que tudo pela guerra civil que assolava o Sul; situação econômica, incerta e artificial, em que a sorte de nosso principal produto ainda é um mundo de incertezas. O Brasil, como dizia um governador do século XVII, estava realmente "com a candea na mão, e com poucas ou nem-umas esperanças de remedio"...[13]

Como num cenário de mágica, a transformação foi rápida e prevista.

A chegada de alguns *chartered accountants*♦ enviados pela City deu ao câmbio o elemento de resistência que nos falhava de

---

♦ *Chartered accountants*: auditores juramentados e independentes.

todo. As taxas subiram por sentimentalismo, como se batessem palmas à missão salvadora. A política, habituada ao masoquismo que lhe incutira o chicote histérico do tiranete, obedece com volúpia ao punho de ferro, paciente e teimoso, do novo chefe, e rumina quietamente, com os seus partidos sem programas, ou com os seus programas sem partidos... Só o café num amuo desconfiado, muito da sua província, desce um pouco das alturas vertiginosas dos cinqüenta mil réis livres por arroba.

O que ia, porém, muito mal, vai hoje muito bem.

Gozemos, horacianamente, do momento fugidio. Não indaguemos das causas desse ritmo das vacas gordas e das vacas magras. A sabedoria manda que se matem sem demora as vacas gordas, e guardemos os dentes afiados para as tristezas córicas do rebanho sinistro que aí virá no seu trote esquelético.

Ao morrer, o velho Pierpont Morgan[14] — o avô — deixou aos filhos que o cercavam o conselho, para enriquecer, de serem sempre otimistas nos Estados Unidos. Com esse programa se constituiu e se desenvolveu uma das grandes fortunas do mundo.

Esta também é a terra do otimismo.

Aqui nada valem as reservas e as objeções do Bom Senso, da Razão, da Prudência; contra tudo e contra todos vence sempre o Inesperado, o Imprevisto, o Desarrazoado e o Absurdo. Já o dissera, numa das suas cartas andradinas, o Patriarca: "neste país a esfera do possível é muito maior que a do real"...[15]

Sejamos, pois, otimistas, e, por seus caprichos, rendamos graças ao Deus brasileiro.

República da Camaradagem

Eleições, eleições, eleições. Deputados, senadores, deputados: políticos. Salvo uma ou outra exceção — entre as quais a talvez efêmera restituição de um grande Estado à vida cívica —, a nação, em geral, conserva-se alheia a essas lutas de profissionais. Nem mesmo compra ingressos para o vasto ringue em que se esbofeteiam os ases do jogo de boxe eleitoral. O povo segue distraído o combate — uns adormecidos no faquirismo tropical, outros absorvidos nas preocupações do enriquecimento, na passividade das raças de transição, incertas do rumo dos seus destinos.

Todos esquecem que nesta terra só existe realmente, empolgante e irreduzível, uma única questão — a questão política. Dela decorrem todas as outras, como as criaram o romantismo da monarquia e o arrivismo da república. O céu e o solo benignos livraram-nos da grande questão por que hoje se bate o mundo inteiro — a questão social. Desconhecemos, por completo, as dissensões de raça e religião que tanto perturbam os outros países, e os problemas econômicos e financeiros surgem somente em acessos intermitentes, ao acaso das crises, e deles poucos cuidam, a não ser nas aperturas do momento.

A questão política é a questão dos homens que governam. Numa sociedade anônima ou numa casa comercial, para evitar a falência, substituem-se sem demora os diretores e gerentes que comprometem a fortuna dos sócios. Apenas no governo das coisas públicas toleramos a desastrosa insistência dos incapazes, ou a deslavada pouca-vergonha dos peculadores.

É corrente ouvir-se a frase de quase-desprezo: "Isto é briga de políticos, eles se entendem...". Que erro funesto! Esses políticos que brigam disputam posições de mando absoluto: votarão leis, criarão impostos, distribuirão o dinheiro do Estado. Intervirão assim em cada minuto da nossa vida de homens e cidadãos. E, segundo a férrea organização das oligarquias, são levados ao poder pelo sistema das nomeações eleitorais, em que Pedro indica João, e João indica mais tarde José, para este por seu turno voltar a indicar o Pedro primitivo, que será o fecho de abóbada da igrejinha partidária.

Só a restauração estrepitosa da verdade do voto poderá restituir à imensa maioria dos que pagam e sofrem os direitos perdidos pela indiferença e pelo absenteísmo. A Alemanha que se vangloriou de ser, no apogeu do imperialismo, um *unpolitisches Volk*, está pagando caro o desuso e abandono dessas sagradas prerrogativas.

Unicamente a solução do problema político poderá nos safar da chafurda em que nos atolamos, e dissolver a camarilha que se julga dona e senhora dos destinos do Brasil. É pela política — desde que afastemos outras soluções violentas — que conseguiremos abolir na república da Camaradagem, em que a irresponsabilidade é um dogma, o culto "molocheano" da Incompetência.

Erro de geografia

Debaixo de vários aspectos a visita do navio *Itália* ao porto de Santos foi o que se pode chamar, à italiana, um fiasco. Antes de tudo a exposição que veio a bordo dá uma falsa idéia do progresso industrial e comercial que tanto tem assinalado o ressurto da Itália moderna. Excetuando alguns esplêndidos modelos de automóveis e outros produtos mecânicos, o que se veio mostrar à ignorância destas plagas longínquas é de uma pobreza e indigência indizíveis. Diversos mostruários fariam má figura nas modestas exibições do nosso Palácio das Indústrias. Uma grande parte da exposição é consagrada à arte italiana, pintura e escultura. Aí o desastre é lamentável. Os quadros e estátuas que os artistas italianos nos enviaram são um atestado de mau gosto, de atraso, de decadência, que só podemos atribuir ao desejo mussolínico de limpar a mãe-pátria desses horrores, vendendo-os a peso de ouro aos patrícios novos-ricos da América do Sul. Recomenda-se, sobretudo, pela sua insolência, à execração dos apreciadores da boa arte, uma grande tela anedótica, que mereceu as honras de uma sala especial, e que é a obra nefanda de um comendador da pintura...

Nem só as coisas, porém, foram mal escolhidas. O embaixador que presidiu à missão e representou o governo do sr. Mussolini mostrou nos seus discursos a mais completa incompreensão do país que visitava e da diplomacia necessária para o bom êxito dessas empresas de propaganda. No banquete que lhe foi oferecido pela colônia italiana de São Paulo, o sr. Giuriati declarou que só recomeçaria a corrente imigratória do seu país para o Estado de São Paulo quando melhor retribuirmos o trabalhador italiano. Essa declaração foi recebida com aplausos pelos seus patrícios, enriquecidos, condecorados, enobrecidos, graças ao pouco dinheiro que aqui ganharam. Ninguém — nem mesmo a imprensa paulista, tão ciosa dos brios nacionais — teve a idéia de fazer ver ao embaixador da Itália que na nossa miséria de mão-de-obra quem dita e impõe o preço do salário é o próprio trabalhador: é a simples e iniludível lei da oferta e da procura. O aumento cada vez maior do custeio das fazendas patenteia essa situação de angustiosa inferioridade para os proprietários paulistas. Com esse parco salário que ganha o colono, é ele hoje dono de inúmeras fazendas; toda a pequena cultura está nas mãos dos antigos colonos. Só não prospera e não enriquece o trabalhador que não sabe se aproveitar das esplêndidas oportunidades que lhe oferece a nova terra. Toda a colônia italiana que rodeava o embaixador no banquete do Trianon é um atestado vivo, brilhante, eloqüentíssimo, do que pode conseguir em São Paulo o imigrante que aqui aporta para refazer uma nova existência, melhor e mais larga do que a que lhe permite a mãe-pátria.

O sr. Giuriati aconselha os brasileiros a melhor conhecerem a Itália. O conselho é, pelo menos, inútil e ingênuo. Todo homem civilizado conhece e admira o seu belo e admirável país, no passado e no presente; todo paulista inteligente sabe o que deve à cooperação italiana no desenvolvimento do torrão natal. A Itália, porém, não conhece o Brasil e ignora a existência do Estado de São Paulo, onde vive e prospera mais de um milhão de seus súditos.

Cada embaixador, cada político italiano que aqui vem parece ter a revelação de um mundo desconhecido, que descobre maravilhado. De volta, no entanto, à pátria esquece o que viu, ou diz o contrário do que aqui apregoava. Há aí um mal oculto que nós brasileiros ainda não conseguimos explicar; há um mal-entendido contínuo, persistente, renovado, que desanima as melhores intenções dos amigos da Itália.

Compete aos italianos do Brasil resolver esse grande problema. Ainda desta vez não chegaremos a acordo. A nave *Itália* partiu do seu Mediterrâneo rumo de algum vago Djibuti: surgiu por engano no porto de Santos. Não foi o erro de geografia.

Uma carta de Anchieta

Está à venda na livraria Maggs Bros., de Conduit Street, em Londres, uma carta autógrafa do padre José de Anchieta. É escrita de São Paulo de Piratininga, de São Paulo do Campo como dizem as atas da Câmara dessa época, e é datada de um domingo, 15 de novembro de 1579.

Para um paulista é com intensa emoção que se lê esse documento, escrito em letra miúda e firme endereçado ao capitão-mor Jerônimo Leitão, locotenente do donatário, e que por esse tempo já iniciara a sua luta contra os Carijós. Escreve-o o padre Anchieta, do primitivo colégio toscamente elevado no alto da acrópole piratiningana. Ao redor, nesse quieto dia de descanso, devia se lhe estender a vista por um largo horizonte de campos e matos. Avistava toda a várzea do Tamanduateí que ia até o Tietê, e dos lados da Tabatingüera percebia o traçado incerto do caminho para São Vicente, na direção da Serra do Mar, donde vinham ao cair da noite as nuvens de friagem e garoa. Mais perto, junto ao edifício do colégio, feito de taipa, e encostado à pequena igreja, cultivavam os padres o seu pomar, cheio de frutas da terra e "marmellos, rosas, cravinas, [...] lyrios brancos".[16]

Pelo espigão da colina ajuntavam-se os casebres do povoado, com cerca de 120 fogos de portugueses. Para o Oeste, muito mais longe, à entrada de um sertão misterioso, por onde se sumia o escuro Anhembi, viviam aldeados índios mansos, num agrupamento de mais de quinhentas pessoas.

E nesse mesmo rumo, nas suas terras de Parnaíba, talvez ainda vivesse, cioso de independência e rodeado de seus mamalucos, o patriarcal João Ramalho...

Na vila e nos arredores viviam os padres uma rude vida de missionários, enfrentando perigos e duros trabalhos. "Perigos das cobras, [...] perigos de onças e tigres", escrevia Anchieta. Passagens de rios caudalosos, intempéries e nos descampados de serra acima o frio terrível que impedia de dormir a maior parte da noite, "nos matos por falta de roupa e fogo porque nem calça nẽ çapato avia e assi andavam as pernas queimadas das geadas e chuvas muitas e mui grossas e cõtinuas".[17]

Além dessa faina de conversão havia a preocupação constante da defesa da vila, sempre ameaçada por incursões de gentio brabo. Dessa luta contínua surgirá no paulista a idéia de que o índio escravizado era inesgotável fonte de lucro. Da catequese ia nascer a bandeira escravocrata.

Em 1579 Anchieta já era provincial da Companhia de Jesus e estava em vésperas de partir para outras missões no Rio de Janeiro, Bahia e Espírito Santo. Ao deixar São Paulo dava em sua carta algumas providências de missionário e administrador. Preocupava-o naturalmente a duvidosa sorte do colégio que deixava perdido nesse "sertão e cabo do mundo" como diria anos mais tarde o visitador Fernão Cardim.

Numa tarde algodoada de nevoeiro, frio e caligem de novembro londrino, a carta do padre Anchieta evoca a visão da outra Piratininga de hoje, erguendo-se tumultuariamente, num claro dia de sol, dos antigos campos que também conhecera o jesuíta. É o documento de família que dá à cidade moderna o atestado de longa ascendência que não possuem os novos-ricos. Da pobreza primitiva, heróica e fecunda, da "pauperrima e estreitissima casinha" de 25 de janeiro de 1554, cerca de quatro séculos mais tarde a semente plantada pelo jesuíta frutificaria como talvez nunca o sonhara a sua imaginação de poeta e de missionário. Todo o milagre dessa transformação está atestado no papel amarelecido da carta anchietana. Será possível que São Paulo permita que o documento precioso desapareça nalgum leilão de autógrafos, ou caia nas mãos dos ávidos colecionadores americanos?

Governo ou particular, dinheiro do Tesouro ou subscrição pública, seja como for, é preciso que o autógrafo de Anchieta volte para donde partiu séculos atrás.

Custa duzentas libras: o valor de trinta sacas de café.

CARTA PEREGRINA

A cerimônia da entrega ao Museu Paulista da carta autógrafa do padre Anchieta — adquirida em Londres por uma subscrição angariada pelo quinzenário *terra roxa e outras terras* — é um pequeno acontecimento que encerra diversas significações de grande alcance.

Essa carta, como se a tivessem posto no correio, levou 347 anos a peregrinar pelo mundo em fora até voltar aos céus e terra donde partira. Este largo período da história de São Paulo é assinalado por uma formidável transformação que é a que medeia entre as palhoças da vila piratiningana e o próprio palácio em que hoje estamos. Perto de quatro séculos foram necessários para a elaboração desse milagre, e como numa parábola a lição do milagre é uma lição de humildade e confiança. É um lugar-comum dizer-se que o tempo só respeita aquilo que é feito a seu concurso. A Companhia de Jesus soube construir com solidez a "pauperrima e estreitissima casinha" em que nestes campos se disse a primeira missa. Revoltas, perseguições, interesses contrariados, mal-entendidos, a tudo resistiu: tinham-na edificado em dura pedra, como a própria Igreja. Os séculos passaram. É hoje justo que São Paulo, próspera, cheia de vida, como a descortinamos desta mesma janela, e ataviada ingenuamente com o incerto gosto de uma nova-rica, venha pagar a dívida de gratidão contraída para com um dos fundadores da sua grandeza. E assim foi adquirido, e é agora entregue ao patrimônio da cidade, o documento venerável.

Foi comprado simbolicamente com trinta sacas de café. Um crítico fluminense escreveu que exclamáramos com melancolia, desanimados diante do preço exigido pelo livreiro de Londres: Custa trinta sacas de café!... Engano. Gritamos todos, alegremente, como descobrindo um tesouro: Só custa trinta sacas de café!

Sabíamos que a semente do jesuíta tinha frutificado esplendidamente em mil milhões de cafeeiros espalhados nas 25 mil fazendas de São Paulo. Com um insignificante esforço dessa força que se ignora a si mesma e que é tudo e nada é, poderíamos encher de preciosidades, como em armazéns ou tulhas, todas as salas deste edifício, para aqui transportando os documentos da Torre do Tombo, de Évora, de Simancas de Sevilha e mais os inéditos desaparecidos do padre Manoel de Moraes, de frei Vicente, de Pedro Taques, de frei Gaspar, de tantos outros, escondidos nos arquivos e nas bibliotecas da Europa. Por enquanto, só nos bastaram, para a carta de Anchieta, trinta sacas de café. Em cinco dias estava ela comprada, pelo telégrafo, à paulista.

Esta modesta cerimônia é também uma homenagem do presente ao passado, as más-línguas dirão talvez do "futuro" ao passado.

O pequeno grupo que redige a revista *terra roxa e outras terras* é a vanguarda do espírito moderno brasileiro. Os rapazes que o compõem passaram, como é preciso, por um período heróico em que não lhes faltaram apodos e injúrias. Período da incompreensão, mundial e histórico. Hoje já começam a ser quase consagrados, e dentro em breve serão eles os clássicos deste minuto vertiginoso. Se este Monumento fosse um museu de Arte eu aconselharia aos modernistas de São Paulo que fugissem dele como da peste. Os chamados "Templos da Arte" são perigosos e funestos. A entrada dos museus artísticos devia ser proibida aos menores de quarenta anos, idade já serena em que não se sabe mais imitar. Para os moços a lição está no dia radioso de lá fora, e não mais nas Venezas cor-de-rosa, nos Fontainebleaus, nas Bruges defuntíssimas. Tranqüilizemo-nos, porém; neste museu só há, empalhados, bichos e borboletas. Uma ou outra manifestação artística, isolada, torna-se sem perigo no ambiente naftalizado. Este museu é, sobretudo, o museu do nosso passado paulista, ainda palpitante, ainda com o calor e o interesse da vida de outrora. Seria próprio de uma criança (já o disse Cícero numa frase a ser aqui gravada em latim e em letras de ouro), seria infantil ignorar o que se passou antes de nós. É o desenvolvimento desse sentimento humano que se chama a paixão histórica. Só no culto dessa paixão conseguiremos compreender e realizar integralmente a consciência social, artística e intelectual do nosso HOJE, do nosso PROFUNDO HOJE do poeta francês.[18]

É assim com emoção e fervor que o quinzenário *terra roxa e outras terras* vem entregar ao Museu Paulista a carta autógrafa do padre Anchieta que fazendeiros de São Paulo compraram em Londres. E a que melhores mãos poderiam confiá-la senão as do Afonso d'E. Taunay, verdadeiro beneditino devotado ao estudo da história de São Paulo?

CARTA DO APÓSTOLO DO BRASIL AO CAPITÃO JERÔNIMO LEITÃO

Despois q bim atee agora, andey p[or] eshes aldeas negoceando q̃ Jo-
ze a viagem, pouca aley, e que toda ella bee pouca, e posto que
agora cõ a carta de Salvador correa se poderaõ escusar estes trabalhos. e que ella cõ ajuda de N. S.or bastara para me levar, todo
ma tem sey, q̃ nem cõ isso v. m. me ha de deixar p[or] hũ: e q se
mal quis partir de qua atee nos anjos agora, e levala comigo,
e que se a deixar assy deserta nõ sey quãdo partirey.
Ant.º de macedo avera vinte mancebos cõ seu pirnal Jo al fis[e?]
os quais partiraõ terça fey[ra] querendo D[eu]s, mas nã pode acabar
d'elles (q fossem [...] p[or] o caminho velho) da borda do campo
e soa mã despejar p[or] causa [...]

Domingos Luis estava acabando a vicieira. Jo lhe dissemos mi[...]
cõ sua festa, logo se parte para a Carijambá. mas aley desa[...]
banda gente [...]. e que mais vaõ desaparecidos q̃ cõ todo
d'ogem, e dahi me pareçia q te pintaraõ algũs quinze ou desase[is]
entre os quais p[ar]a Carioabaca. e que o aley meyo amoynado
cõtra Domingos Luis, e dos dalhey; polo levar para lá. e que
mal se vas polo caminho cõ seu pirnal. elle se offereçeu par[a]
a viagem [...] faço: eshe de partir teirça, quinta
cõ alles p[or] qua. e atee sexta ou sabbado ser no cõte tal
cõ ajuda de N. S.r. mando Domingos a pay.m. escrevi [...]
a dar este aviso a v. m. assi porq̃ue nos mãde camaradas
nos p[adr]es q̃ onde queira, assim para que lova estes tudo prese[...]
e que esta gẽte mal levara mais q armas e frechas, acorra v. m.
e viandas. e sera necessario ou partir logo pela terra tras, ou
barcalhos (q coma). em quãto se detiverem aq.

En botanza q̃ que ne escriveraõ. q̃ os indios davarichaça se cõ-
varas todos: aos olhos do P. Ant.o [...], semelres de quã[...]
alegria [...]ada para ajuda da [...] viagem do mar
e da terra.

Alguns dos Carijos vaõ, sempre elles, o Alonço q̃ estava aqui acolh[...]
cõ medo do Carvoeiro. (ainda me dizem, q o ameaça), v. m.
o fraia lova desembaraçar [...]. Tambem me en [...]
Carioabaca. q̃ lhe fizesse pagar a Arnaõ nuñez o achaley[...]
du escravo q̃ Rei qua [...]. e que nos sem coupa, e ajud[...]
espera elle de achala feita. quãdo d'aqua for. nos mais ao
presente. e que os mais fiquam para quãdo en vir cõ ajuda de
D[eu]s, o qual dee a v. m. m.to bõ sen amor. de Piratininga, of[...]
domingo 15 de noviembro 1579. De v. m. servo [...] Joseph [...]

Despois q vim atee agora andei por essas aldeas negociando gẽte pᵃ a viagem, pouca achey, porque toda ella ser pouca. E posto que agora cõ a canoa de Salvador correa se poderão escusar estes trabalhos, porque ella cõ ajuda de N. Sr. bastava para me levar, todavya bem sey q nem cõ isso V. M. me ha de deixar ir so: E por isso não quero partir de qua atee não aviar a gẽte, e levala comigo, porque se a deixar a sua descrição não sey quãdo partirão. Ant.º de macedo aviou vinte mãcebos cõ seu irmão João Fernandes os quaes partirão terça feira querendo Deus, mas não pude acabar cõ elles que fossem senão por o Caminho Velho da Borda do Campo. E laa ão desperar por canoa.

Domingos Luis estava acabando a igreja. Ja lhe dissemos missa nella cõ mᵗᵃ festa. Logo se parte para o Caruguaba, não achey de sua banda gente que tirar: porque não vão desapercebidos e cõ tudo daqui e dalli me paresce que se jũtarão algũs quinze ou dezaseis entre os quais irá Cairobaca, porque o achey meyo amotinado cõtra Domingos Luis, e trabalhey polo levar para laa porque não se vaa polo caminho de seu irmão. Elle se offereceo para a viagem liberalmente. Faço cõta de partir terça feira cõ elles por agua. E atee sexta ou sabbado ser no Cubatão cõ ajuda do N. Sr. Mando Domingos de pais de escoteiros a dar este aviso á V. M. assi para que nos mãde canoas boas aos portos por onde irmos como para que laa estee tudo prestes porque esta gẽte não levão mais que arcos e frechas, como V. M. mandou. E sera necessario ou partir logo pola barra fóra ou buscarlhes que comão em quanto se detiverem ay.

Eu todavya porque me escreverão que os indios darariboya se carregarão todos nas costas do P. Ant.º Gonçalves, levolhes de qua algũa farinha para ajuda da matalotagem do mar e da terra.

Algũs dos Carijos vão, e entre elles o Alonso q̃ estaa aqui acolhido cõ medo do Carvoeiro, q̃ ainda me dizem q̃ o ameaça. V. M. o faça laa desembaraçar entretãto. Tambem me incomendou Cairobaca q̃ lhe fizesse pagar a Antão nunez o achadego d'ũ escravo q̃ lhe qua tomou, porque não tem roupa. E ainda espera elle de achala feita quãdo daqua for. Nada mais ao presente, porque o mais fiquara para quãdo eu for cõ ajuda de Deus, o qual dee a V. M. muito do seu amor, de Piratininga, oje Domingo 15 de novembro de 1579. De V. M. servo infimo. JOSEPH.

RIQUEZA E FRAQUEZA

25 de janeiro [1926]

Meu caro sr. Stiunirio Gama

O seu folhetim de hoje pôs-me deveras embaraçado. Geralmente discutem-se aqui essas questões de Arte e Literatura como numa partida de futebol, aos pontapés... Expressões amáveis, referências gentis, e uma bondosa simpatia destoam e perturbam. Só um desaforo. É o que se refere à minha colaboração em época remota no *Correio Paulistano*. Dessa eu já me tinha quase esquecido. Lembrava-me vagamente de um rapaz magro, sempre de preto, com olheiras e romantismo, que namorava pelas colunas do *Correio*. Parecia-se comigo como um irmão. Para que evocar essa aparição? Já se sumiu no passado.

Vagarosamente tive de reconquistar uma outra mocidade. Segui um tratamento cuja receita já revelei uma vez.

A parte de sua crônica que mais me tocou foi a que se referia à minha riqueza. Um conhecido meu, americano e veterano das lutas bolsistas de Nova York, disse-me uma vez: Meu caro amigo, nunca se queixe de o chamarem de rico. O contrário é que é mau: chega a ser uma inferioridade intelectual. E foi por altruísmo que proporcionei aos meus colegas argentários, na compra da carta anchietana, uma preciosa ocasião para fazer figura. Em São Paulo faltam pretextos para a generosidade dos ricos nessas questões da inteligência. Este que descobri é ótimo para emulações miliardárias. Trinta sacas de café. A *terra roxa e outras terras* já preparou a tulha. Não perturbem o serviço.

Confesso a minha fraqueza pelas coisas do passado. Tanto admiro Léger[19] como Rafael. Se eu tivesse, porém, o gênio e a arte do padre Antônio Vieira, em vez da história do passado, escreveria como ele a *História do futuro...* Falta-me para isso em talento, o que me sobra em dinheiro.

Agora, uma última observação. A *terra roxa e outras terras*, na sua apresentação, disse que seguia a linha geral do espírito moderno "sem saber bem o que isto era", mas procedendo por exclusões. A sua prosa, por exemplo, é pura prosa moderna. Clara, direta, sem literatice. Stiunirio Gama faz prosa moderna como Monsieur Jourdain[20] fazia prosa — sem o saber.

Para essa é que preparamos a terra roxa e outras terras. Com toda a admiração e simpatia, seu m.to ob.do

Paulo Prado

Vai nascer o Brasileiro

Tenho uma maneira muito minha de ler e apreciar poetas. Acho-os bons e maus de acordo com uma regra egoísta de quem se esforça para transformar em obra de arte o prazer de viver, e para a alegria dessa criação um poeta vale mais do que dez estadistas ou vinte generais. Outros, filósofos ou críticos, se ocupam em classificá-los como borboletas fixadas nos mostruários dos museus. É o que menos me interessa. Satisfaz-me que tragam apenas a sua contribuição para a doçura da vida, como o sol, a mata, o mar, as mulheres, ou simples e sinteticamente o quente aveludado de um copo de Clos-Vougeot.[21] Do grupo dos poetas modernos brasileiros um dos que mais me deliciam é Ronald de Carvalho.

Querendo, porém, indagar — com a mania da época — das razões desta minha preferência parece-me antes de tudo que ela vem do seu profundo brasileirismo. A inspiração do poeta, mais do que a geografia, afasta a sua obra da influência européia. Graças a Deus.

O Brasil nem sempre tem estado longe da Europa. Durante séculos, desde o momento em que nascemos para a história, a distância que nos separa da Europa varia, ora aumentando, ora diminuindo. É o movimento pendular das marchas civilizadoras. Fomos a princípio um simples arrabalde de Portugal, e para aqui vinham espairecer os que sofriam da estreiteza da vida européia. Época em que se disse que "o matto era grande". Período que Capistrano de Abreu qualificou de "transoceânico", de desapego à terra pelos seus próprios povoadores. O nosso verdadeiro grito de independência foi dado no monte das Tabocas e no passo de Guararapes. Daí começou a se alongar a distância que nos separa da Europa, e só a formidável energia do padre Vieira, que se derramou por tão largos anos, pôde empreender catorze vezes a travessia do Atlântico nas incertas caravelas desse tempo.

Afinal, no século seguinte, Rocha Pitta e André João Antonil descobrem de novo o Brasil e vibram de entusiasmo diante do esplendor da terra desconhecida. Somente mais tarde, quando a distância encurtou, tivemos a invasão da epidemia romântica. Todos adoeceram. Como um nevoeiro, abateu-se sobre os nossos claros dias o tédio da vida, o amor descabelado e a visão deformada do mal do século. Começamos em literatura a pensar em francês, e os nossos políticos brincavam de parlamentares ingleses sob o olhar sonhador do monarca, também romanticamente "liberal do Porto".[22]

Iniciamos agora a reconquista de nossa própria liberdade. Vai nascer o Brasileiro. Desenlaçamos as cadeias que nos prendiam às raças primitivas; sacudimos aos poucos as influências subconscientes que nos aparentavam ao Selvagem, à Criança e ao Macaco. Vai nascer outro brasileiro. Vai nascer o Brasileiro. Já os poetas celebram o natalício. Do coro destaca-se o timbre perfeito da voz de Ronald de Carvalho.

E a sua voz é quente e perfumada, como certas noites do Rio. Daí talvez venha o segredo da sua sedução. Perfume e quentura. Da jarra asteca de *Toda a América* evola-se o "olor molinhoso"[23] da terra natal. O ritmo do verso é embalado com indolência por uma brisa carregando cheiros de mato, de maresia e de magnólias em flor. É a maravilha das noites tropicais sob o céu estrelado; a luminosidade sonora e cristalina dos "dias fermososissimos" de que falava o velho jesuíta.[24] Brasil.

Se me fosse possível fugir à pobreza do meu subjetivismo eu gostaria talvez de estudar no livro de Ronald de Carvalho uma etapa do périplo americano e continental iniciado há mais de meio século pelo gênio de Whitman. Ou procurar nos seus poemas as provas dessa "brasilidade" de que tanto se fala. Mas são assuntos de que não entendo.

Basta, para mim, que o poeta cante na sua terra a sua terra que já tem, como dizia Gândavo, de si mesma a forma de uma harpa.

(Fevereiro de 1926)

Onde estava o povo brasileiro?

A BIBLIOGRAFIA BRASILEIRA EM 1927

1927 deve ser assinalado — festivamente, em algarismos vermelhos — no calendário da bibliografia brasileira. Neste ano, aqui se publicam quatro obras dignas de apreço em qualquer país civilizado: a bela biografia *Mauá*, de Alberto de Faria; *A política exterior do Império*, de [Pandiá] Calógeras; a *História do Império*, de Tobias Monteiro, e, ainda a sair do prelo, o *Diário de navegação de Pero Lopes de Sousa*, que, na série "Eduardo Prado", e "Para melhor se conhecer o Brasil", comenta exaustivamente o capitão-de-fragata Eugênio de Castro. Todos trabalhos de profunda investigação, longamente meditados, escritos sem a preocupação de "literatura" — no sentido pejorativo da palavra — tão fácil à imaginação tropical dos nossos romancistas e poetas em prosa.

A *História do Império*, de Tobias Monteiro, é antes de tudo mais um livro respeitável.

Respeitável pela erudição e inteligência com que se acumulam informações novas e novos pontos de vista a respeito de um assunto que já parecia esgotado. Respeitável pelo esforço paciente, de anos, que representam as suas 870 páginas, e até pela compostura polida da linguagem, aprendida sem dúvida no convívio histórico e intelectual dos homens públicos, à Guizot,[25] do Segundo Reinado e que o autor tanto aprecia. Essas qualidades de solidez e comedimento não impedem, entretanto, que a leitura da *História do Império* seja um puro prazer para os que se interessam por esses estudos: detalhes característicos e inéditos, silhuetas traçadas com firmeza e concisão em poucas linhas, revivescência pitoresca de uma época inteira, tão perto de nós, e que já se vai transformando em passado meramente livresco ou documentário pelo desaparecimento da tradição oral, da paisagem e do ambiente social em que se desenrolou o drama histórico.

DUAS PRINCESAS

Tobias Monteiro parece preocupar-se mais com os homens do que com os fatos. Estes são o resultado de dinamismo vário dos personagens, desenvolvendo as suas virtudes, os seus defeitos e os seus vícios na fatalidade dos acontecimentos. O Brasil-colônia e o Brasil-reino são d. João VI e d. Carlota Joaquina. A Independência é Pedro I, e os Andradas são o Primeiro Reinado. Duas figuras de mulheres se destacam numa luz nova: Carlota Joaquina e a imperatriz Leopoldina. Estranha essa d. Carlota que os habitantes do Rio viram desembarcar da frota do rei "coxa, a cabeça imensa, os olhos rasgados, o olhar duro, o nariz inchado e roxo, caído sobre os lábios azulados". Tinha apenas quatro pés e duas polegadas de altura, vestia-se ridiculamente, com cores vistosas, tomava rapé, montava a cavalo como um homem e usava à moderna cabelos curtos, que cortara durante a travessia. Essa mulher não me parecia mulher, escrevia a duquesa de Abrantes, acrescentando com a sua malícia de francesa "que lhe conhecia, no entanto, minúcias que revelavam muito a sua vocação feminina". Nesse corpo disforme existia, porém, o espírito orgulhoso e intrigante de uma infanta de Espanha, conspiradora e aventureira, sonhando com uma monarquia de união ibérica e com um vice-reinado no Prata. Para realizar essa ambição, desenvolvia uma atividade de homem, correspondendo-se com pessoas influentes do Prata, do Peru, do Chile, até do México e das Filipinas. Os conselhos que enviava em 1816, como "Avó velha e rabugenta" às filhas Maria Isabel e Maria Francisca, casadas com o rei de Espanha e com o infante d. Carlos, são um documento magnífico de sabedoria e sensatez que o autor teve a felicidade de encontrar nos arquivos do castelo d'Eu.

Com mais doçura feminina, e com mais cultura, d. Leopoldina foi também uma mulher política. É conhecida a sua intervenção inteligente e perspicaz em todos os movimentos preparatórios da Independência. Corrigia o gênio impetuoso e primário do marido com a placidez de uma grande dama européia. Aqui chegando identificou-se quase que por completo com os interesses políticos da dinastia e do país. Nem lhe faltou o sofrimento para querer bem a terra que adotava.

A PERSONAGEM PRINCIPAL DO LIVRO

A personagem central, porém, da *História do Império* é naturalmente o imperador: o livro é quase uma biografia de d. Pedro. De fato não se poderia criar para uma história imaginada figura mais interessante — e talvez mais sedutora — do que a desse príncipe de vinte anos, fundador de um grande império. Ela é bem de seu tempo, mais ou menos tocada de loucura pela invasão do mal romântico, e representativa do momento histórico de que fixa a nota característica, como uma obra de arte. Entre nós o romantismo social e político precedeu de muito as manifestações literárias.

    O arremedo de conspiração que foi a Inconfidência e a revolução republicana de 1817, em Pernambuco, já são fenômenos decorrentes de arroubos retóricos de Jean-Jacques [Rousseau] e dos princípios que espalharam nos países cultos a Enciclopédia e a Revolução Francesa. A essa influência não pôde escapar a inteligência viva e irrequieta do primeiro imperador. Como homem e como dinasta ele é sobretudo um herói romântico. Pelas coincidências de vários fatores e na sua qualidade de luso-brasileiro foi-lhe dado realizar providencialmente o papel de preparador e realizador de nossa independência. A sua personalidade sobressai com brilho entre o período pesadão e português de d. João VI e a modorra burguesa do Segundo Reinado em que se representou a comédia parlamentar, simulando de opinião pública inexistente a vontade do poder moderador. Do vício das palavras grandiloqüentes sofria o príncipe, como veio a sofrer até hoje o resto do país. Numa carta ao pai, d. Pedro queixava-se de que tinha contra si a opinião, e "ninguém resiste a esta rainha do mundo". Palavras. Quis contrariá-la quando a ambição pessoal o levou a tentar o sacrifício dos interesses brasileiros em favor da união das duas coroas. Tergiversou até o último momento quando a Constituinte lhe impôs a subordinação do monarca à soberania das leis. Venceu sempre, porém, no seu espírito, apesar das tendências raciais e dinásticas, a sedução das belas frases em que se comprazia o romantismo democrático da época. O país nascia sob a proteção dos discursos e das palavras.

A OPINIÃO PÚBLICA DA ÉPOCA

    Quando o imperador confessava o respeito que tinha pela opinião, rainha do mundo, vem logo ao espírito a indagação: onde estava no Brasil essa opinião pública? Como se manifestava? Que era o povo de que tanto se falava? É uma lacuna de que podemos acusar o livro de Tobias Monteiro. O autor, com a sua perspicácia histórica e com a forte documentação que revela, deveria nos dar o quadro das condições sociais do Brasil, no primeiro quartel do século XIX.

Debaixo do aspecto puramente racial, o assunto é dos mais interessantes para a compreensão da nossa história. A fusão das raças na colônia começou a se realizar desde os primeiros tempos do descobrimento. Na frota de Cabral já havia escravos africanos. Com o desenvolvimento da cultura do açúcar, o negro foi importado em larga escala, oferecendo mão-de-obra mais resistente e mais dócil que a do índio insubmisso. Sem os preconceitos de religião ou de raça, em pouco tempo a colônia era um imenso campo em que livremente se cruzavam os tipos étnicos que a povoavam.

Assim ao começar o século da independência nos centros marítimos, como Pernambuco, Bahia e Rio, dominavam o negro e o mestiço. No Rio, os viajantes que desembarcavam tinham a impressão de visitar uma cidade da África. Há uma estatística inglesa, anterior à chegada da corte, dando para a capital, numa população total de quarenta mil almas, apenas três mil brancos. No Brasil central, no imenso sertão do seu interior, vegetava, indiferente e abandonado, o caboclo. Minas e São Paulo mal acordavam, em meio de ruínas, da sua lastimável decadência. Onde estava o povo brasileiro?

No Rio, com a chegada do príncipe regente, é natural que o ambiente melhorasse com a contribuição do elemento português que traziam a corte e os emigrantes de Portugal invadido. Foi talvez, com o concurso da intensa mestiçagem, o núcleo de formação do grupo que começou a se interessar pelas coisas públicas. Daí veio sem dúvida essa plebe das ruas, produto de cidade já grande, e que sempre intervém como fator violento nas crises políticas dos povos. Involuntariamente o rei de Portugal trazia para a colônia a semente revolucionária e separatista. Mais uma benemerência para esse d. João VI que Tobias Monteiro descreve impiedosamente. Saint-Simon não foi tão cruel para as fraquezas do seu rei...[26]

O GOVERNO DE D. JOÃO VI

Do príncipe regente dá-nos o historiador um admirável retrato: "Os grandes olhos redondos, esbugalhados; o lábio inferior carnudo e bambo; a boca semi-aberta dos distraídos ou parvos; o ventre dilatado e rotundo de glutão satisfeito...". O embarque vergonhoso em Lisboa e a partida tragicômica do Rio formam um admirável díptico enquadrando o governo de d. João VI no Brasil. Entretanto — e talvez com algum exagero — se possa dizer que foi esse governo um dos melhores que temos tido. Nenhum o sobrepuja em bom senso, em política realizadora e prática. Outros, não fazem mais do que acompanhar o progresso do país que cresce, apesar de tudo, como uma criança cresce. Nesta mesma cidade, por todos os seus recantos, restam vestígios da administração fecunda do príncipe regente. Soube escolher os seus ministros (dava-lhes bordoada quando erravam), foi justiceiro, não perseguiu ninguém e ouvia com bonomia as queixas do que lhe diziam ser "o povo soberano". Poucos governos merecerão esses elogios.

Entre nós, outros chefes de Estado governaram em épocas mais calmas, com menos sabedoria e com mais despotismo.

O Descobrimento

Mais um livro do grande historiador acaba de publicar a Sociedade Capistrano de Abreu. O volume contém a tese de concurso à cadeira de história do Brasil do colégio Pedro II (1883); um opúsculo sobre o Descobrimento, publicado em 1900; uma memória inserta no Livro do Centenário; um estudo crítico sobre a carta de Caminha; e dois artigos impressos na revista *Kosmos*, de 1895.

Todos esses trabalhos se referem à época do descobrimento, "quando o Brasil amanhecia", e são como que novidades para os que se interessam pelo assunto. Nunca reeditados, perdidos em folhetos, jornais e revistas mortas, têm o sabor das coisas inéditas. Envelheceram muito pouco, salvo em um ou outro pormenor que documentação mais recente corrigiu ou completou. São assim precioso manancial de fatos, de idéias originais, de visão nova e sagaz, apanhada em flagrante por uma portentosa imaginação histórica, concatenando acontecimentos, ligando-os em seqüências e deduções imprevistas ou isolando-os num destaque revelador.

A descoberta é sem dúvida um dos períodos mais atraentes do nosso passado. Com a guerra holandesa e com o bandeirismo, constituem três fenômenos da história do Brasil oferecendo um campo de excepcional interesse para os estudiosos da nossa evolução. Foi ela a posse do europeu do território recém-achado e o seu primeiro encontro com o esplendor da terra, ainda virgem no mistério de todas as possibilidades. As lutas contra os flamengos e a expansão bandeirante completam o quadro em que se esboçaram os lineamentos da formação nacional; as primeiras, pela afirmação de novo tipo racial transformando-se em entidade política, na inconsciência de um nacionalismo nascente; o segundo sendo a conquista geográfica da colônia pela irradiação povoadora que, partindo do litoral e imediações, desbravou os sertões do interior.

O BRASIL NO SÉCULO XVI

Nada mais sedutor, porém, para os apaixonados pelas coisas pátrias, do que os anos iniciais do século XVI, quando surgia para a história um continente inteiro. Nas escassas narrativas da época há um encanto de iluminura, com as cores vivas da terra, do mar, do arvoredo, e o pitoresco das personagens dos primeiros desembarques. É o período por assim dizer idílico e ingênuo da carta de Pero Vaz, da correspondência de Vespucci, do diário da nau *Bretoa*, da *Gazeta alemã* revelada por Haebler, da carta de Fróes. Época do arrendamento do território a Fernão de Noronha e seus cristãos-novos, do comércio livre, das explorações de Goneville, de Denis de Honfleur, de Lopes Bixorda, citado por Damião de Góes, de d. Nuno Manuel, de Cristóvão de Haro, de Bartolomeu Marchioni, da frota de Magalhães e de naus desgarradas de corsários franceses, como essas que já em 1504 se assinalavam na Bahia. Em seguida, de 1516 a 1519, dá-se a primeira expedição de Cristóvão Jacques, fundando novas feitorias, esboçando uma tentativa de colonização e combatendo os entrelopos que infestavam a costa. Anos mais tarde, chegavam a São Vicente as naus e caravelas de Martim Afonso: entrava o Brasil na história dos povos civilizados.

Capistrano observa que nesse tempo e nos pequenos núcleos de povoação e nos indivíduos esparsos pelo longo litoral, já se encontravam quase todos os elementos que vieram cooperar mais tarde para o desenvolvimento étnico e social da colônia. "Como no comércio de 1501 a 1532 está quase todo o comércio brasileiro do século XVI, assim nesses povoadores acha-se em estado difuso quase toda a sociedade posterior..."

Verificou-se logo uma recíproca influência entre o europeu e o índio, não só pelo intercurso sexual como pelos hábitos e necessidades que a natureza, o meio e as circunstâncias impunham. E citando Fróes o historiador nota que esse aventureiro foi mais influenciado pelos Brasis do que o foram por ele.

A mansidão passiva do indígena, o individualismo do conquistador, a sedução de um clima acolhedor e favorável aos primeiros contatos, quando ainda não se revelara a hostilidade sorrateira da natureza — favoreceram a mescla imediata das raças e a adaptação dos costumes à nova ambiência. Quase todo o Brasil futuro se acha em embrião nesses anos rudes: só lhe faltou e não tardou — a contribuição do africano para se fixarem as características do tipo étnico que os séculos iam formar. É o interesse excepcional desse alvorecer. É o que não torna "inatual" o seu estudo, como diria Nietzsche, na turbada fase de hoje de nossa evolução histórica e social.

São poucas e vagas as informações que temos do obscuro começo da vida colonial; além da admirável carta de Caminha, raros depoimentos de navegantes, soldados, mercadores, piratas, nem todos pressentindo na terra incógnita o vasto mundo que ia emergir do desconhecido. Capistrano, quase único da nossa historiografia, soube ligar a erudição dos fatos à parte visível dos acontecimentos e da documentação, o que deve ser presumido, deduzido e adivinhado no mistério do passado. Ninguém, como ele, possuía a intuição que classifica e ordena os elementos esparsos, difusos e fragmentados de uma época.

A HUMILDADE DE NOSSAS ORIGENS

Desta, o traço peculiar e estranho é o da humildade das nossas origens.

Náufragos anônimos, desertores, degredados, foram os primeiros habitadores, e certamente os que com maior intensidade sentiram a atração de vida livre que a terra propiciava. Adaptavam-se rapidamente às condições locais, aprendiam a língua do gentio, com ele negociavam, tornando-se logo — assinala Capistrano — como que mestiços. Nessa conquista pacífica levavam vantagem os franceses, que, segundo Thèvet, mais facilmente se transformavam, mais artes e ofícios ensinavam, mais permutas ofereciam e mais agradavam, até pela efusão e congenialidade de trato e do falar. Lentamente, porém, ia-se povoando o imenso território, mas em quase completo esquecimento. Só a Índia, então, atraía todas as ambições. Para ela seguiam as melhores tropas, os mais nobres fidalgos, e os seus "fumos" entonteciam as cabeças da mocidade portuguesa sonhando com a rutilação das conquistas e partindo, como d. Francisco de Almeida, "para beber o sangue do Oriente todo". Ao lado das proezas cavalheirescas, a Índia também enriquecia o conquistador. O próprio rei estabelecia o seu solar no mesmo local em que se fazia o comércio da pimenta e outras especiarias.

Na América espanhola, a conquista foi o drama do ouro, exacerbado pelo furor militar e pela exaltação fanática organizando a guerra sagrada para a matança de infiéis. Só valia quem fosse soldado ou padre. As expedições partiam de Espanha com fausto inaudito. A segunda frota de Colombo compunha-se de quatro naus, de treze caravelas e levava mil e duzentos homens de guerra. O êxodo de aventureiros de toda casta, em seguida a essa viagem, foi formidável, e todos partiam "com dentes e ânimo de lobos e tigres" — diz Oviedo — "e carregados de mais assassínios e mortes cruéis do que há estrelas no céu".[27] Foram assim conquistados o México, o Peru, as Antilhas, num extermínio de sangue e fogo, de ferocidade e cobiça inenarráveis.

BRASIL, TERRA DE PAU-DE-TINTA

Ao lado dessas riquezas e desses horrores, o Brasil era a terra paradisíaca dos papagaios, dos bugios, do pau-de-tinta. "João de Empoli, florentino, feitor de uma nau de comerciantes na armada de Albuquerque, em 1503, conta na relação da viagem haver estado na terra descoberta por Cabral, onde viu em quantidade canafístula e pau-brasil. '— E nada mais achamos de valor', acrescenta, desdenhoso."*

Pelas praias desoladas, pelas matas do litoral, os indivíduos se isolavam, perdidos na vastidão do deserto. Aí viviam como selvagens, "exemplo o castelhano de que nos fala Gabriel Soares, encontrado por Diogo Paes, de Pernambuco, com os beiços furados como os potiguaras entre os quais andava havia bastante tempo; ou os intérpretes normandos que, segundo Léry, cometiam todas as abominações e desciam até a antropofagia". Do reino além-mar, não lhes vinha nenhum encorajamento: apenas se conhece, de 1516, um alvará mandando dar "machado e enxadas e todas mais ferramentas às pessoas que fossem povoar o Brasil", ou dar princípio a um engenho de açúcar. As primeiras experiências de coloni-

* J. L[úcio] de Azevedo, *Epocas de Portugal economico* [Lisboa, Livraria Clássica Editora, 1929, p. 246].

zação foram desastrosas. Martim Afonso abandonou sem pesar a sua donataria, apesar da vida "segura e conversável" que instituíra em São Vicente e nos campos de Piratininga. Luiz de Góes lastimava-se, em 1548, de ter sacrificado na sua obra ingrata de sesmeiro o melhor da sua fortuna, "até mais não ter e até mais não poder".

QUALIDADES FÍSICAS E MORAIS DOS PORTUGUESES

Triunfavam, porém, nessa gente, as qualidades físicas e morais dos portugueses, inaptos para as exigências do comércio já civilizado da Índia e para o espírito de ordem necessário à organização administrativa dos estabelecimentos asiáticos — mas de uma admirável resistência aos rigores do clima tropical. Nenhum outro povo colonizador pôde lutar tão vitoriosamente contra a natureza e o meio agressivo que o cercava nos países recém-descobertos — qualidade preciosa numa época em que a medicina e a higiene eram por assim dizer desconhecidas. O principal efeito, porém, dos fatores antropogeográficos — disse o historiador — foi dispensar a cooperação. Nas causas inconscientes e nos motivos ocasionais que fizeram dos aventureiros colonos da nova terra, nenhuma preocupação aparece de ação incorporada e inteligente: nem religiosa, nem artística, nem militar, nem mesmo a impetuosidade e sede de aventuras, tão peculiares ao conquistador espanhol. A cruza com o indígena veio ao contrário acentuar o anarquismo individualista dos primeiros habitantes pela "volatilização dos instintos sociais", característica que ainda é um elo da cadeia histórica, racial e econômica, ligando os elementos do povoamento primitivo aos seus descendentes atuais, enfraquecidos pela falta de disciplina, pela ausência de espírito condensador e de sagacidade previdente. É o que aparenta, de certo modo, o bandeirante piratiningano ao fazendeiro paulista.

Sem grandes ambições, bastava ao povoador português das primeiras décadas do século da descoberta a fartura do solo, a mornidão acariciadora do ambiente, o convívio com as cunhãs passivas e ardentes... É gente, escrevia João de Mello da Câmara a d. João III, que se contenta "com terem quatro índias por mancebas e comerem dos mantimentos da terra".

Nessa pobreza e nesse abandono nascia o Brasil. Proferticamente.

Duas vezes 32

Na tarde daquela terça-feira, 22 de janeiro de 1532, a nau *Nossa Senhora das Candeias*, onde se achava o capitão-mor Martim Afonso de Sousa, e o galeão *São Vicente* deixaram o fundeadouro da ilha do Sol e passando diante da do Mudo[28] demandaram a praia de Tumiarú. A terra lhe "pareceu tão bem" que Martim Afonso "determinou de a povoar", erguendo ali uma vila. E mais tarde, guiado por João Ramalho, subiu o capitão-mor aos campos de Piratininga onde fundou outra, "9 léguas dentro pelo sertão".[29]

A "Carta de poder", mandada passar por dom João III em novembro de 1530, dava ao capitão da armada autoridade bastante para prover quanto às "cousas da justiça" nas terras que "achar e descobrir", indicando para tabeliães e demais oficiais pessoas "aptas e pertencentes".[30] Assim Martim Afonso, de acordo com as instruções recebidas, alicerçou na lei a colonização da Índia Brasílica, virgem e brava, já cobiçada pelo francês. Repartida a gente que trouxera pelas duas vilas, informa Pero Lopes, "fez nelas oficiais: e pôs tudo em boa obra de justiça, de que a gente toda tomou muita consolação, com verem povoar vilas e ter leis e sacrifícios, e celebrar matrimônios, e viverem em comunicação das artes; e ser cada um senhor do seu; e vestir as injúrias particulares; e ter todos os outros bens da vida segura e conversável".[31]

Onde tudo era sertão bruto, o colonizador deixava os homens, desarmados diante da natureza inimiga, já garantidos uns contra os outros pela força da lei e remédio da justiça. Naquele isolamento, sob a influência do meio selvagem que relaxava os costumes e tornava os reinóis "peores que os mesmos indios", a lei e a religião asseguravam a função civilizadora do desbravamento. Muito embora simulacro de justiça (como não podia deixar de ser) e simulacro de religião (como viria parecer aos jesuítas), eram esses os únicos laços que prendiam os primeiros povoadores à autoridade da metrópole, não permitindo que deturpassem de todo a missão civilizadora que lhes confiara o Rei.

Quatro séculos passados, comemorando ou apenas relembrando sob o regime inconstitucional a fundação da célula primitiva, o Brasil há de sentir a ironia cruel do contraste. Em 1532, o primeiro ato da metrópole, iniciando o povoamento, foi colocar "tudo em boa obra de justiça" na terra conquistada. Em 1932, vindo confessadamente desde mais de um ano para restabelecer o regime legal que dizia violado, o governo conserva suspensas as garantias constitucionais.

Que esperam os quarenta milhões de hoje para reivindicar aqueles mesmos "bens da vida segura e conversável" que tanta consolação deram aos trezentos fundadores vicentinos?

Tem a palavra a Palavra

Os cronistas da Idade Média resumiam em poucas palavras os grandes acontecimentos dessas épocas turbadas. Houve então (dizia Froissart)[32] uma terrível guerra, seguida de fome, e depois uma peste. E assim passavam os séculos.

No Brasil de hoje os momentos pouco se destacam no grisalho da vida nacional. O historiador futuro apenas poderá assinalar, como pontos culminantes, uma ou outra exacerbação mais violenta da mania paroleira. Houve (dirá então) muitas conferências, seguidas de várias entrevistas, e depois um longo discurso. Esse discurso foi o do Ditador. E durou mais de uma hora. À sua leitura assistiram o corpo diplomático, o Exército, a Marinha, os funcionários, os amigos e os *seigneurs sans importance*◆ que as notícias oficiais chamam de pessoas de alto destaque.

Os diplomatas ficaram sabendo que o crédito brasileiro se fortaleceu com a resolução patriótica de não pagar as nossas dívi-

◆ "Senhores sem importância" (senhores na acepção antiga, no sentido de nobres, proprietários feudais).

das; o Exército e a Marinha consignaram com satisfação que nenhuma referência havia a cortes intempestivos nos seus orçamentos, como nas aperturas atuais fazem todos os povos da terra; os funcionários viram com prazer que já estavam assegurados os seus direitos, depois de aquinhoados os pupilos da Revolução; os amigos e as pessoas de alto destaque bateram palmas, como sempre, às frases bem torneadas do dispensador das graças. E o povo, lá fora, pelos alto-falantes ficou ciente de que o Brasil, ainda mais belo se possível, sairia rejuvenescido do banho lustral da República Nova.

Acompanhou a leitura do manifesto-discurso um decreto sibilino marcando para maio de 1933 a data das eleições constituintes.

Vão agora se abrir de par em par os diques da retórica nacional. Tem a palavra a Palavra. A Constituição é a panacéia em que todos acreditam. Sem ela o país está perdido; com ela, em poucos artigos, resolveremos os grandes problemas que venham da Terra, da Raça ou do Homem. Assim tem sido sempre na história do Brasil. As nossas crises mais graves encontram logo o remédio salvador que as deve resolver definitivamente. Para ressurgirem em seguida, sob novos aspectos, com novas soluções radicais. Tivemos desse jeito a Independência, a Abdicação, o Ato Adicional, a Maioridade, a Guerra do Paraguai, a Abolição, a República, a Revolução. A cada uma delas sucede, porém, o que Silvio Romero chamava, no ritmo da vida nacional, "o processo de desilusão".[33]

A última desilusão é de hoje, nós a conhecemos; a próxima virá mais tarde. Em 1933, promete o sr. Getúlio Vargas.

Entretanto, já começam a aparecer ou reaparecer, para a campanha eleitoral, os partidos sem programas e os programas sem partidos. Daqueles já tivemos a declaração solene e realmente sensacional do Partido Republicano Paulista de que é pela República. Destes convém desde logo assinalar o do marcial clube 3 de Outubro,[34] no artigo 1º, §2, dos seus estatutos: "Querer para o Brasil a relação do seu território para com a Terra em tudo que represente Valor [V grande] humano, moral, intelectual, econômico, militar".

E é assim que, mais uma vez, salvaremos o Brasil.

TRADIÇÃO E MODERNISMO

Caricatura de Paulo Prado por Di Cavalcanti, desenhada durante os preparativos da Semana de Arte Moderna de 1922.

Página anterior: Vinheta da Revista do Brasil, *estampada no nº 98, fevereiro de 1924, p. 99.*

Arte moderna, da coisa bela

27 de março [1922]

Meu caro René Thiollier,

Li com prazer — e ao mesmo tempo com bastante melancolia — o seu belo artigo de ontem. Ele é a melhor prova da inanidade do esforço, e a confirmação de meu desalentado *à quoi bon*...◆

Pois então todo esse valente e belíssimo trabalho da Semana de Arte Moderna nem ao menos convenceu e conquistou o seu inteligente e ativo organizador? Estou convencido que há no seu espírito tão culto um inabalável *parti pris* contra o que chamamos — Arte Moderna, arte pura, sem escolas, sem programas, sem preconceitos — Arte, com maiúscula, aberta a todos, desde que tenham talento, livre, e até mesmo anárquica, mas viva e fecunda, com todos os encantos de mocidade alegre e revoltada.

Não. Tenha paciência. Vamos agora organizar um Mês de Arte Moderna, e vamos convergir todos os nossos esforços na con-

◆ "Deixa para lá".

quista do nosso organizador. E não veja a Arte Moderna na insuficiência dos nossos recursos de cidade de província, mas sinta, como nós todos sentimos, o sopro vivificador que há nessas tentativas modestas de renovação e liberdade. É o desenvolvimento da tese que eu, se fosse escritor e jornalista, escreveria, à moda de Barrès, com este título — A Arte Moderna e Niilismo... Isto É Reação — reação contra as oligarquias artísticas e políticas, contra o mau gosto e a má política, contra os Pachecos e os Bernardes...

E não nos tome por iconoclastas.

As nossas admirações e o nosso culto pelo Passado continuam intactos. Não se poderia admirar ao mesmo tempo a oculta e fugidia significação de um verso de Mallarmé, misterioso e profundo, e também a estrofe vermelha e suntuosa das *Fleurs du mal* — e a *Iberia* de Debussy e o *bel canto* de Bellini?

A thing of beauty is a joy for ever, diz um verso de Dante Rossetti.[35] Esse é que deve ser o nosso critério — *a thing of beauty...* que seja clássica, moderna, romântica, independente, futurística, *fauve*, mas *a thing of beauty...*

Já estou percebendo que, sem dificuldade, acabamos os dois da mesma opinião, e, para consolidarmos este acordo, reserve-me a sua quinta-feira próxima para dar-me o prazer de vir jantar nesta sua casa, às 8.

Afetuoso aperto de mão

Do (a) Paulo Prado.

Crise de crescimento

Para fazer companhia às estátuas de Garibaldi, de Verdi e do índio milanês do sr. Brizzolara, São Paulo deve também levantar um monumento a Sarah Bernhardt.

Foi a sua imaginação complicada de mulher, de cômica e de judia, que inventou e nos ofereceu em adulação interesseira esse qualificativo, aceito com entusiasmo, de capital artística do Brasil. Nele vinha envolto na lisonja o veneno delicioso — criador de sonhos e ilusões — a que um escritor francês, inventor do termo, chamou bovarismo.

Bovarismo é o dom que possui o homem de se imaginar diferente do que realmente é. A expressão, que tem corrido mundo, foi sugerida por um dos sentimentos dominantes nos personagens de Flaubert. Como os indivíduos, as coletividades também sofrem dessa deformação da personalidade. O Brasil inteiro tem sido vítima desse mal estranho. Foi ele que nos trouxe a imitação infantil do sistema político inglês — o regime do polichinelo eleitoral, dançando nas mãos do imperador, de que nos falava Tito Franco; foi ele que nos levou ao arremedo do constitucionalismo americano, lembrando a paixão caricatural dos franceses da Revolução pelos aspectos exteriores da vida greco-romana.

Em São Paulo, nesta sociedade em formação, o bovarismo é um dos sentimentos preponderantes do nosso caráter. Dele nos vêm os excessos do orgulho e da vaidade, tão sensíveis e desagradáveis para os nossos patrícios de outras terras brasileiras. Dessa enganosa ilusão originou-se a veleidade de São Paulo-nação, desde os rigores do protocolo oficial até o pequeno exército em miniatura de que tanto nos orgulhamos. Mas, de todas as nossas pretensões megalomaníacas, nenhuma sobrepuja a tradicional convicção de que somos — a capital artística do país. No fértil terreno da nossa imaginação bovárica, cresceu e frutificou com incomparável viço a semente que nos lançou, num gesto de esmola agradecida, a mão fina de Frou-Frou.

Nesta capital artística, porém, a Arte vive no mais amargo exílio. Salvo um ou outro grupo ignorado ou agressivo, excetuada uma ou outra individualidade que se estiola em mofina indiferença, nesta capital da Arte não há artistas. O que por aí se chama Arte é uma grosseira caricatura das Musas divinas.

Em música estamos em atraso de mais de cinqüenta anos; ainda não passamos do período balbuciante da menina que toca piano, e gastamos rios de dinheiro para ouvirmos, encasacados e solenes, as mais bolorentas óperas do velhíssimo repertório italiano. Em 1923 ainda se diz, com pretensões a pilhéria, que Wagner é música do futuro...

Em pintura, dela só cuidamos para a repugnante exibição do mau gosto dos novos-ricos. A última palavra nesse gênero ainda é o retrato parecido ou a anedota tocante, narrada pelo pincel açucarado dos pintores veristas.

Na escultura, caso houvesse moral artística, seria proibido à infância inocente perverter-se na contemplação dos monstros semeados pelas praças e ruas da cidade; nessa hedionda coleção —

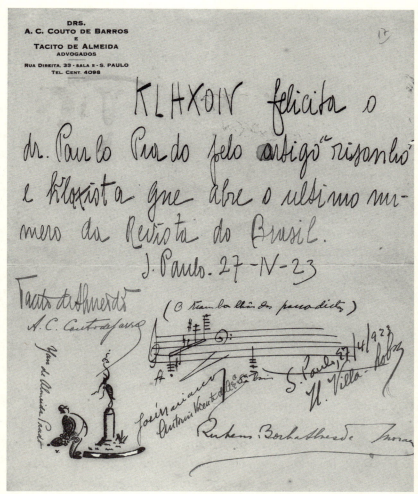

Em papel do escritório de advocacia de Antônio Carlos Couto de Barros e Tácito de Almeida, na rua Direita, que servia de redação para Klaxon, a primeira revista modernista, o grupo envia cumprimento a Paulo Prado pelo editorial da Revista do Brasil nº 88, de abril de 1923.

"KLAXON felicita o dr. Paulo Prado pelo artigo risonho e klaxista que abre o último número da Revista do Brasil. S. Paulo, 27-IV-23." Assinam: Tácito de Almeida, A. C. Couto de Barros, Yan [João Fernando] de Almeida Prado, que desenha a caricatura de burguês admirando uma fonte, José Mariano, Antônio Vicente de Azevedo, Rubens Borba de Moraes e Heitor Villa-Lobos, que oferece um acorde em pentagrama, para ilustrar "o trambolhão dos passadistas".

semelhando o *musée des horreurs*, de Courteline — só se destacam duas ou três obras — uma das quais admirável — perdidas em meio da indiferença pública.

Arte é, pois, o cromo ou a paisagem lambida dos cavadores da pintura em marcha para a Pinacoteca oficial; é a ópera pretensiosa, atrasada e falsa, ou o hino nacional de Gottschalk; é a Vênus de Milo para tinteiro, ou o menino travesso que no Anhangabaú amola o alfanje com o qual deveria suicidar-se...

Se por acaso aqui aparecessem o *Balzac*, de Rodin, os quadros de Cézanne e Matisse, ou no Municipal a *Heure espagnole*, de Ravel — que homérica gargalhada sacudiria a tristeza do nosso público conselheiral! Como essas obras-primas da verdadeira Arte assanhariam o ódio dos filisteus!

É que, na verdade, há uma falha lamentável no nosso progresso. Cuidamos de tudo, mas esquecemo-nos do harmônico desenvolvimento das nossas forças civilizadoras. Enriquecemo-nos; levantamos uma bela cidade moderna nestes campos onde vegetava a pequena São Paulo acadêmica e romântica; erguemos nas nossas várzeas — onde havia flores, como na canção nacional — as gigantescas chaminés das fábricas; conquistamos a *terra ignota* dos sertões paulistas, e — sobretudo — estendemos pelos largos horizontes do interior o vastíssimo manto verde-escuro dos cafezais...

Mas, neste corpo em plena crise de crescimento, não vimos a falha patológica, que é nossa profunda anemia intelectual e artística. Para caso tão grave de desnutrição idealista, as ilusões do bovarismo são apenas o ópio e a morfina que não curam, e só servem para a retórica dos especuladores políticos.

Brecheret e a Semana de Arte Moderna

Dentro de pouco tempo — talvez bem pouco — o que se chamou em fevereiro de 1922, em São Paulo, a Semana de Arte Moderna, marcará uma data memorável no desenvolvimento literário e artístico do Brasil.

Esse ensaio, ingênuo e ousado, de reação contra o Mau Gosto, a Chapa, o Já Visto, a Velharia, a Caduquice, o Mercantilismo, obteve um resultado imprevisto e retumbante. Assanhou o ódio dos filisteus, introduziu a dúvida nos espíritos de boa-fé e fez rir às gargalhadas um público triste e conselheiral. Teve senões evidentes e falhas inevitáveis em empreendimentos desse gênero levado a efeito num meio acanhado e em cidade provinciana, apesar do concurso do belo contingente que o Rio nos enviou. Mas nele soou, clara e vibrante, a nota do talento e da mocidade. A ela devemos o terem-se aberto, bem largas, as portas do Municipal, para uma rajada de ar puro que limpou o palco e corredores do teatro, ainda quentes do bafio rançoso das óperas da Companhia Mocchi e do Coty suspeito das peças de *monsieur* Brulé. E, pela primeira vez, São Paulo se interessou, com paixão, por um problema de arte; pela primeira vez em meio do nosso industrialismo, saíram as conversas do ramerrão das preocupações materiais e da maledicência para o terreno das idéias gerais. A própria indignação dos adversários, prolongando-se por meses e meses, foi um fenômeno animador, sendo uma das provas da existência de forças latentes de reação no nosso organismo social. Quem tanto odeia, não está longe de amar...

No entanto, que estranho caso o desse público moço, inteligente e apegado como um velho a um passado defunto! A explicação talvez seja de ordem mais geral e indique uma falha ou um vício na própria vida intelectual do país inteiro.

O Brasil, de fato, e por motivos que merecem maior estudo, sempre nos aparece em atraso de cinqüenta a trinta anos, em todas as questões referentes à arte e à literatura. Quando as novas fórmulas, já gastas e esgotadas, desaparecem ou se refugiam nos museus e bibliotecas da velha Europa, surgem elas envelhecidas e fora de moda nos nossos centros intelectuais.

Todo o romantismo descabelado da geração de Castro Alves — de influência tão perniciosa na formação do espírito brasileiro — desconheceu o *frisson nouveau*◆ da poesia baudelaireana; o simbolismo de Verlaine e Mallarmé, o neo-romantismo de Rimbaud (de onde sai todo o movimento poético moderno), quase nenhum vestígio deixaram na literatura pátria.

Os nossos poetas cristalizaram-se numa curiosa mistura de romantismo e parnasianismo, que produziu, é certo, um grupo de primeira ordem como o de Raimundo Correa, Alberto de Oliveira e Bilac, mas que já destoa na evolução moderna, como destoava no período romântico uma tragédia clássica ou uma ode anacreôntica.

No romance, só trinta anos depois da publicação de *Madame Bovary* apareceram entre nós os primeiros ensaios do naturalismo, e, em toda a literatura brasileira da última metade do século XIX,

◆ "Frêmito novo".

nem uma vez se citam os nomes de Stendhal, Balzac e Flaubert, que são os grandes mestres latinos e as fontes inesgotáveis do gênero. É inútil falar na pintura e na música. Aí o nosso atraso foi — e é — secular, e a nossa indigência, insondável. Ficamos nas óperas de Carlos Gomes, de um italianismo de realejo, que totalmente ignorou a inspiração social e folclórica da nossa etnografia — e nas estátuas de Bernardelli, que faz parte, há mais de trinta anos, de uma oligarquia artística, tão deprimente e vergonhosa, numa terra livre como a dos tiranetes da política. Na pintura, os esforços de Vítor Meireles e Pedro Américo, dois grandes artistas explorando um gênero bem chamado histórico — basta uma visita ao *Salon* anual do Rio para se ter uma idéia da nossa pobreza artística. Só agora, alguns inovadores descobriram o impressionismo de Monet, Bonnard e Vuillard, como as mais recentes expressões da beleza — quando para elas já se abriram, em consagrações oficiais, os museus mais conservadores dos velhos países.

A Semana de Arte veio revelar ao deserto do nosso mundo lunar que uma nova modalidade do pensamento surgira como uma grande Renascença moderna. Com ela aparece entre nós o sentimento de inquietação e independência que é característico da nova feição do espírito humano. O mundo já está cansado das fórmulas do passado; em toda a parte, em todos os terrenos — na estética da rua, no anúncio, nos reclames, nos jornais ilustrados, nas gravuras, na mobília, na moda —, com uma alegria iconoclasta e juvenil se quebram os antigos moldes e desaparecem as velhas regras, pesadas como grilhões. Política, arte, literatura, ciência, filosofia — todo o esforço humano — sofre dessa radical transformação do ideal, em que se exerce, de maneira tão luminosa, a sensibilidade livre e individual dos homens de hoje. Nunca, desde a Idade Média, se viu tão esplêndida manifestação coletiva. Um vento másculo de revolta e renovação sacode e abala o antigo arcabouço das civilizações clássicas. A regra será — diz Maurice Raynal — abusar da liberdade, mesmo para errar... Ainda é o melhor meio para atingir o fim desejado.[36]

Só aí, como sombras estranhas em meio do esplendor da nossa terra, ainda vivem, e dominam, os personagens anacrônicos que são o poeta parnasiano, o escritor naturalista, o pintor anedótico, o músico de ópera e o político — feição "liberal do Porto" — acreditando nas leis da velha economia política.

A Semana de Arte foi o primeiro protesto coletivo que se ergueu no Brasil contra esses fantoches do passado. Graças aos seus ataques irreverentes — de um delicioso exagero — à virulência das suas invectivas, muito livro de versos de rima rica e idéia pobre deixou de aparecer em público; muito quadro fugiu para outros amadores ignaros de plagas mais remotas, e muita caduquice rabugenta voltou amedrontada para o silêncio e incenso das capelinhas. Assim iniciou o grupo da Arte Moderna a obra de saneamento intelectual de que tanto precisamos.

Nessa manifestação de mocidade e independência, de talento e audácia, ninguém mostrou mais probidade artística, mais chama sagrada, mais maestria na técnica do que o escultor paulista Victor Brecheret. Os seus trabalhos expostos no vestíbulo do teatro São Paulo já tinham a serenidade definitiva de obras de museu e impunham respeito e admiração, mesmo aos mais indiferentes ou hostis.

O soberbo monumento aos bandeirantes, a massa imponente do seu *Gênio*, criador e submisso como uma força da natureza domada, a graça alada e sinuosa das *Dançarinas*, a alvidez da magnífica cabeça de *Núbio*, formavam um conjunto digno das melhores exibições de arte na Europa. Paris acaba agora de o consagrar grande artista: Brecheret, na escultura, foi o triunfo do *salon d'automne* deste ano. A glória e a fama, indiscretas e teimosas como mulheres, souberam descobri-lo na nobre pobreza do seu ateliê de operário perdido nesta imensa cidade, implacável e justiceira. Para tirá-lo do anonimato de artista estrangeiro e desconhecido bastará o *salon* deste fim de ano.

A obra exposta representa um grupo de quatro figuras de mulheres chorando com a *Mater dolorosa* o corpo inanimado do Cristo. O assunto e a colocação foram impostos pelos organizadores do *salon*. Vencedor num concurso preliminar em que figuraram sessenta escultores parisienses, Brecheret teve de limitar a execução da sua obra a um espaço de sessenta centímetros de largura e quatro metros de comprimento. Os críticos salientaram esse *tour de force*, comparando-o Thiébaut-Sisson, do *Temps*, ao processo decorativo dos artistas da Idade Média que tão harmoniosamente sabiam subordinar as suas esculturas ao conjunto arquitetônico que as rodeava.

Brecheret, porém, não imita nem copia os mestres do passado; é moderno na concepção e na execução. O escultor não pertence a nenhuma escola em "ismo", e da sua imaginação criadora brotam espontânea e ingenuamente as formas plásticas do seu sonho. A serenidade hierática dos personagens, a graça discreta das figuras, de uma frescura de "primitivo", a poesia das mãos espalmadas, caridosas e plangentes, a curva perfeita, da primeira das mulheres até os pés longos e finos que terminam o grupo, dão à obra do nosso escultor um encanto e um sentimento que empolgaram a crítica parisiense e o público do *salon*.

Ao ver tanta admiração e curiosidade em torno dessa obra de arte — mais do que nas propagandas estipendiadas, nos reclames das agências telegráficas, nos banquetes oficiais e nas embaixadas, mais ou menos de ouro — tem-se a visão de que um povo vivo e moço surge do outro lado do Atlântico. É a melhor e mais inteligente informação sobre o que vai ser o Brasil moderno.

Há neste momento em Paris outros artistas e escritores brasileiros — do mais alto valor — empenhados na patriótica campanha de reabilitação de um país, em geral conhecido unicamente como a terra pitoresca do Pão de Açúcar e do café. Vivem eles ainda nessa sombra onde se preparam os dominadores futuros da cidade incomparável; surgirão repentinamente, como Brecheret, numa onda de popularidade, ou pelo lento trabalho dos perseverantes e iluminados que ignoram a impaciência. Que apoio lhes dá a pátria longínqua e indiferente? Viveremos sempre, em matéria de arte e literatura, nesse período colonial em que o estrangeiro adventício nos domina e explora, como o conquistador primitivo seduzia os morubixabas indígenas com as suas bugigangas de pacotilha?

A obra-prima de Brecheret não deve ficar exilada na Europa; há de haver no Brasil, ao lado das obras de fancaria dos italianos, franceses e espanhóis de exportação, um lugar de honra para o trabalho de um patrício.[37] São Paulo, pela sua história e por suas tradições, já não é simplesmente um terreiro, um armazém ou uma fábrica; aos povos, como aos indivíduos, o fardo pesado da riqueza impõe, nas terras cultas, deveres e obrigações. Os mais repugnantes novos-ricos de Chicago ou Buenos Aires consignam nos seus orçamentos verbas cada dia maiores para as despesas de caráter intelectual ou artístico: assim se estabelece a harmonia entre os progressos materiais e o que Renan chamava o culto do Ideal.

O governo de São Paulo modestamente subvenciona a estada de Brecheret na Europa, como se fosse um tenor protegido da política, ou uma menina pianista. É preciso completar esse ato louvável, adquirindo para nossa pinacoteca, ou para nossa catedral, a *Mater dolorosa* do escultor paulista.

Por esse gesto inteligente dos nossos governantes, muito lhes será perdoado.

Paris, dezembro de 1923.

Página ao lado: Paulo Prado, com o cão Rado, em sua casa da avenida Higienópolis, nº 31, decênio de 1930.
Ao fundo, Cabeça de mulher, *mármore, c. 1920-21, de Brecheret. A escultura havia sido exposta no Teatro Municipal de São Paulo durante a Semana de Arte Moderna. Paulo Prado possuía ainda outras três obras do mesmo artista:* Safo, *c. 1920-21, bronze;* Virgem (Vierge à l'enfant), *c. 1923-24, mármore, e* Ritmo, *c. 1924, bronze, apresentada em Paris na Exposição de Arte Latino-Americana.*

O mal literário

Em brilhante crônica publicada num jornal do Rio, um escritor referiu-se ultimamente ao mal das gramáticas.

É este sem dúvida um dos sintomas da grave infecção de que sofre o Brasil, e que é o mal literário. Os estragos feitos no nosso organismo social por essa estranha doença têm tomado nestes últimos tempos um aspecto deveras inquietador.

A literatura tudo invadiu, tudo vicia e tudo deturpa. Leiam-se as listas das recentes edições: nada mais instrutivo para a exata compreensão da mentalidade brasileira. Numa época de realizações práticas, somos um povo essencialmente literário. Apenas sabemos ler e escrever, e em aritmética só alguns vão além dos cinco algarismos do indígena primitivo, mas poucos como nós sabem fazer vibrar a frase sonora e nela encaixar com habilidade a imagem rara, a citação impressionante e o epíteto rebuscado. Literatura. Padre Vieira. Rui Barbosa.

Desse mal, cuja sintomatologia e intensidade variam, a maior agravante é a sua tendência para o regresso às formas de um passado decrépito. Aqui se refugiaram os Filintos Elísios, de caixa de rapé e lenço de alcobaça, que ainda sonham com ninfas de Grécias empalhadas e princesas de Carnaval — "arcadistas e dissidentes"[38] lembrando os mais ridículos fantoches desse estupidíssimo século XVIII português, quando pontificava Silvestre Silvério da Silveira e Silva.[39] Os mais adiantados, os que escapam a esse anacronismo que recende a naftalina, vivem na adoração livresca de uma França acadêmica: são os que ainda acreditam no culto de Anatole France, nos romances de Henri Bordeaux[40] e nos versos de Rostand. E para templo dessa religião instalam-se num *trianon* versalhesco e cinzento, muito enfiado na sua correção, junto ao que Mário de Andrade chamou o "pinote do Corcovado".

Aí está justamente o erro grave e imperdoável de toda essa literatura de importação. Ignoramos e desprezamos o espetáculo vivo da nossa terra e da nossa raça: pouquíssimos vão procurar fatos, temas e inspirações nos aspectos do Brasil de hoje, adolescente e inquieto. E onde encontrar, para uma realização criadora, disciplinada por um ideal preconcebido de beleza — segundo a fórmula conhecida — maior e melhor soma de realidade?

Brasil, brasileiros, brancos, vermelhos e pretos, paisagens do mais revoltante mau gosto, céus de um azul de capela com estrelinhas de ouro, terra de vermelhão e roxo, caras sarapintadas de mestre-de-obras português, postes elétricos em esqueletos de árvores, telefones na mata virgem, discos vermelhos de estradas de ferro surgindo como luas entre coqueirais, aeroplanos pousando em praias desertas, botes automóveis fonfonando nos rios do sertão, bandeirantes italianos, conquistadores sírios — toda a vida desordenada da terra nova e rica, em plena puberdade ardente, oferecendo-se à fecundação do primeiro desejo...

É sem dúvida nesse saboroso coquetel que se inspirou um dos ases do ultramodernismo nacional, quando imaginou a poesia "pau-brasil", nova e feliz transformação do nosso indestrutível mal literário.

Poesia Pau-Brasil

A poesia "pau-brasil" é o ovo de Colombo — esse ovo, como dizia um inventor meu amigo, em que ninguém acreditava e acabou enriquecendo o genovês. Oswald de Andrade, numa viagem a Paris, do alto de um ateliê da Place Clichy[41] — umbigo do mundo — descobriu, deslumbrado, a sua própria terra. A volta à pátria confirmou, no encantamento das descobertas manuelinas, a revelação surpreendente de que o Brasil existia. Esse fato, de que alguns já desconfiavam, num clarão de milagre, abriu seus olhos à visão radiosa de um mundo novo, inexplorado e misterioso. Estava criada a poesia "pau-brasil".

Já tardava essa tentativa de renovar os modos de expressão e fontes inspiradoras do sentimento poético brasileiro, há mais de um século soterrado sob o peso livresco das idéias de importação. Um dos aspectos curiosos da vida intelectual do Brasil é esse da literatura, propriamente dita, ter evoluído acompanhando de longe os grandes movimentos da arte e do pensamento europeus, enquanto a poesia se imobilizou no tomismo dos modelos clássicos e românticos, repetindo com enfadonha monotonia as mesmas rimas, metáforas, ritmos e alegorias. Veio-lhe, sobretudo, o retardo no crescimento do mal romântico que, ao nascer da nossa nacionalidade, infeccionou tão profundamente a tudo e a todos. Com a partida para fora da colônia do lenço de alcobaça e da caixa de rapé de d. João VI, emigraram por largo tempo deste país o bom senso terra-a-terra e a visão clara e burguesa das coisas e dos homens.

Em política, o chamado "grito do Ipiranga" inaugurou a deformação da realidade de que ainda não nos libertamos e nos faz viver como num sonho de que só nos acordará alguma catástrofe benfeitora. Em literatura, nenhuma outra influência poderia ser mais deletéria para o espírito nacional. Desde o aparecimento dos *Suspiros poéticos e saudades*, de Gonçalves de Magalhães, que os nossos poetas e escritores, até os claros dias de hoje, têm bebido inspirações no crânio humano cheio de *bourgogne* com que se embebedava Childe Harold nas orgias de Newstead.[42] O lirismo puro, simples e ingênuo, como um canto de pássaro, só o exprimiram talvez dois poetas quase desprezados — um, Casimiro de Abreu, relegado à admiração das melindrosas provincianas e caixeiros apaixonados; outro, Catulo Cearense, trovador sertanejo, que a mania literária já envenenou. Foram esses, melancólicos, desalinhados e sinceros, os dois únicos intérpretes do ritmo profundo e íntimo da Raça, como Ronsard e Musset na França, Mörike e Uhland na Alemanha, Chaucer e Burns na Inglaterra, e Whitman nos Estados Unidos.[43] Os outros são lusitanos, franceses, espanhóis, ingleses e alemães, versificando numa língua estranha que é o português de Portugal, esbanjando talento e mesmo gênio num desperdício lamentável e nacional.

O verso clássico

Sur des pensers nouveaux, faison des vers antiques◆

◆ "Sobre pensamentos novos, façamos versos antigos": verso de *L'invention*, de André Chénier (1762-94), morto na guilhotina do Terror revolucionário.

está também errado. Não só mudaram as idéias inspiradoras da poesia, como também os moldes em que ela se encerra. Encaixar na rigidez de um soneto todo o baralhamento da vida moderna é absurdo e ridículo. Descrever com palavras laboriosamente extraídas dos clássicos portugueses e desentranhadas dos velhos dicionários o pluralismo cinemático de nossa época é um anacronismo chocante, como se encontrássemos num Ford um tricórnio sobre uma cabeça empoada, ou num torpedo a alta gravata de um dândi do tempo de Brummel.[44] Outros tempos, outros poetas, outros versos. Como Nietzsche, todos exigimos que nos cantem um canto novo.

A poesia "pau-brasil" é, entre nós, o primeiro esforço organizado para a libertação do verso brasileiro. Na mocidade, culta e ardente, de nossos dias, já outros iniciaram, com escândalo e sucesso, a campanha de liberdade e de arte pura e viva, que é a condição indispensável para a existência de uma literatura nacional. Um período de construção criadora sucede agora às lutas da época de destruição revolucionária, das "palavras em liberdade". Nessa evolução e com os característicos de suas individualidades, em que se destacam os nomes já consagrados de Ronald de Carvalho, Mário de Andrade e Guilherme de Almeida, não falando nos rapazes do grupo paulista, modesto e heróico.

O manifesto de Oswald, porém, dizendo ao público o que muitos aqui sabem e praticam, tem o mérito de dar uma disciplina às tentativas esparsas e hesitantes. Poesia "pau-brasil". Designação pitoresca, incisiva e caricatural, como foi a do confetismo e fauvismo para os neo-impressionistas da pintura, ou a do cubismo nestes últimos quinze anos. É um epíteto que nasce com todas as promessas de viabilidade.

A mais bela inspiração, e a mais fecunda, encontra a poesia "pau-brasil" na afirmação desse nacionalismo que deve romper com os laços que nos amarram desde o nascimento à velha Europa, decadente e esgotada. Em nossa história já uma vez surgiu esse sentimento agressivo, nos tempos turbados da revolução de 93, quando "pau-brasil" era o jacobinismo dos Tiradentes de Floriano. Sejamos agora de novo, no cumprimento de uma missão étnica e protetora, jacobinamente brasileiros. Libertemo-nos das influências nefastas das velhas civilizações em decadência. A começar pela língua e pela gramática. Do novo movimento deve surgir, fixada, a nova língua brasileira, que será como esse "Amerenglish" que citava o *Times* referindo-se aos Estados Unidos. Será a reabilitação do nosso falar cotidiano, *sermo plebeius*◆ que o pedantismo dos gramáticos tem querido eliminar da língua escrita.

Esperemos também que a poesia "pau-brasil" extermine de vez um dos grandes males da raça — o mal da eloqüência balofa e roçagante. Nesta época apressada de rápidas realizações, a tendência é toda para a expressão rude e nua da sensação e do sentimento, numa sinceridade total e sintética.

Le poète japonais
Essuie son couteau:
Cette fois l'éloquence est morte.◆◆

diz o haicai japonês, na sua concisão lapidar. Grande dia será esse para as letras brasileiras. Obter, em comprimidos, minutos de poesia. Interromper o balanço das belas frases sonoras e ocas, melopéia que nos aproxima, na sua primitividade, do canto erótico dos pássaros e dos insetos. Fugir também do dinamismo retumbante das modas em atraso que aqui aportam, como o futurismo italiano, doze anos depois do seu aparecimento, decrépitas e tresandando a naftalina. Nada mais nocivo para a livre expansão do pensamento meramente nacional do que a importação, como novidade, dessas

◆ Modo de falar do povo.
◆◆ "O poeta japonês/ Limpa sua lâmina:/ Agora a eloqüência está morta".

fórmulas exóticas, que envelhecem e murcham num abrir e fechar de olhos, nos cafés literários e nos cabarés de Paris, Roma ou Berlim. Deus nos livre desse esnobismo rastaqüera, de todos os "ismos" parasitas das idéias novas, e sobretudo das duas inimigas do verdadeiro sentimento poético — a Literatura e a Filosofia. A nova poesia não será nem pintura, nem escultura, nem romance. Simplesmente poesia com P grande, brotando do solo natal, inconsciente. Como uma planta.

O manifesto que Oswald de Andrade publica encontrará nos que lêem (essa ínfima minoria) escárnio, indignação e, mais que tudo, incompreensão. Nada mais natural e mais razoável: está certo. O grupo que se opõe a qualquer idéia nova, a qualquer mudança no ramerrão das opiniões correntes, é sempre o mesmo: é o que vaiou o *Hernani* de Victor Hugo,[45] o que condenou nos tribunais Flaubert e Baudelaire, é o que pateou Wagner, escarneceu de Mallarmé e injuriou Rimbaud. Foi esse espírito retrógrado que fechou o *Salon* oficial aos quadros de Cézanne, para o qual Millerand pede hoje as honras do Panthéon;[46] foi inspirado por ele que se recusou uma praça de Paris para o *Balzac* de Rodin. É o grupo dos novos-ricos da Arte, dos empregados públicos da Literatura, Acadêmicos de fardão, Gênios das províncias, Poetas do *Diário Oficial*. Esses defendem as suas posições, pertencem à maçonaria da Camaradagem, mais fechada que a da política, agarram-se às tábuas desconjuntadas das suas reputações: são os bonzos dos templos consagrados, os santos das capelinhas literárias. Outros são a massa gregária dos que não compreendem, na inocência da sua curteza, ou no afastamento forçado das coisas do espírito. Destes falava Remy de Gourmont quando se referia a "Ceux-qui-ne-comprennent pas".◆ Deixemo-los em paz, no seu contentamento obtuso de pedra bruta, ou de muro de taipa, inabalável e empoeirado.

◆ "Aqueles que não entendem".

Para o gluglu desses perus de roda, só há duas respostas: ou a alegre combatividade dos moços, a verve dos entusiasmos triunfantes, ou para o ceticismo e o *aquoibonismo*◆ dos já descrentes e cansados o refúgio de que falava o mesmo Gourmont, no Silêncio das Torres (das torres de marfim, como se dizia).

(Maio, 1924)

◆ De *à quoi bon*. Significa indiferentismo.

Cendrars

Faz hoje uma conferência, no salão do Conservatório, Blaise Cendrars.

Cendrars tem 37 anos, é um mutilado da guerra, onde perdeu o braço direito e ganhou a gloriosa medalha militar — auriverde —, a cruz de guerra e cinco citações em ordem do dia; possui em alto grau o dom terrível da simpatia, e adora o Brasil brasileiro. É também o maior poeta da França contemporânea.

A conferência versará sobre as tendências da estética moderna em relação à pintura, e o orador discorrerá diante de alguns quadros, dos mais representativos dessas tendências, e pertencentes a amadores da cidade. Em Paris, em Londres, ou em Berlim certamente um público numeroso ouviria com curiosidade essa palavra reconhecidamente autorizada; esperemos que em São Paulo nesta noite consagrada às coisas da inteligência ao menos por alguns instantes se abandone a estupidez sonolenta dos cinemas ou a pulhice dos teatrinhos populares.

Nada mais interessante para o curioso das artes plásticas do que o momento atual. Arte viva, Arte de criação, Arte livre, Arte moderna — outras tantas denominações dentro das quais nascem, se agitam e morrem as mais variadas escolas e grupos, como o expressionismo alemão, o futurismo italiano, o cubismo francês, o sincronismo americano, a pintura bolchevista, cada um empenhado na luta pela inatingível finalidade de expressão. Todas essas fórmulas se originando da mesma inquietação do homem de hoje, na ânsia de realizar a libertação do pensamento artístico, submetido durante séculos à imitação servil dos modelos e "motivos". É assim, sem dúvida, a principal característica do esforço moderno: criação, ou antes invenção, de equivalentes da natureza; o mais é fotografia, processo também deformador de valores e perspectivas. A esta tarefa divina consagra-se, nestes últimos anos, todo o movimento da nova Renascença, num tumultuário esforço para atingir o acordo misterioso entre a vida interior do homem e o aspecto exterior das coisas.

Os quadros que exibirá Cendrars ilustrarão de maneira frisante as diversas fórmulas e diretrizes da pintura moderna. Cézanne — o precursor —, Delaunay, Léger, Gleizes, Segall, a nossa admirável Tarsila do Amaral, servirão de tema para os comentários do conferencista. Será uma lição, e das mais proveitosas, para os que se interessam pelos problemas artísticos do momento.

Aqui vivemos, no nosso afã de trabalho e enriquecimento, a milhares de léguas afastados dessas preocupações que são talvez a melhor parte da vida civilizada: "Siriustern",• diria o preciosíssimo alemão. Já desponta, porém, no nosso meio social o desejo de conhecer e compreender o que se passa pelo mundo afora nesse terreno sagrado da Inteligência e da Arte. A palavra de Cendrars nos guiará através da embrenhada complicação das tendências estéticas da atualidade, ora transviadas, ora falhas, muitas vezes vencedoras. Os que forem à sua conferência ouvirão sem dúvida coisas

◆ A estrela Sírio, da constelação do Cão Maior.

novas, sairão da rotina cediça das admirações consagradas, perceberão a existência de um mundo desconhecido — "terra ignota" —, onde se elabora o grande renascimento do espírito criador, abafado até agora pela fatal ressurreição do paganismo e do classicismo, e pela estufa esterilizante do academismo. E terão, para alegria e surpresa dos olhos atônitos, a visão, nos quadros exibidos, da conquista já realizada pela inspiração moderna, libertada e triunfante. Para alguns será um escândalo, para outros uma pilhéria; para os *happy few* com que contava Stendhal, uma delícia.

Espírito moderno etc.

[*Carta a Peregrino Júnior* 47]

São Paulo, 11 de dezembro [1926]

Sr. Redator,

Tenho o prazer de acusar o recebimento de sua carta de 8, agradecendo as amáveis e imerecidas referências à minha pessoa.

O seu interessante inquérito, que já tem provocado tão brilhantes respostas, sugere questões difíceis de elucidar na rapidez de um artigo.

Espírito moderno, futurismo, arte brasileira, novas diretrizes e características da nossa literatura.

Para a discussão tranqüila desses problemas falta-nos certamente nesta ocasião o necessário sossego de espírito e de paixões. Outros cuidados falam mais alto do que as mais atraentes polêmicas artístico-literárias. Todos nós o sentimos. Eu, pela minha parte, confesso conhecer três ou quatro casos de tirar o sono ao mais indolente patriotismo...

O seu inquérito, além disso, contém interrogações deveras

embaraçosas. Conviria talvez começar por um glossário que explicasse a exata significação de certas expressões ou termos.

Espírito moderno... Não sei bem o que seja. Um amigo meu, erudito, afirma que o inventor do modernismo foi o célebre Luciano de Samosata,[48] morto no ano de 192 da era cristã. A escola vem, pois, de longe. O melhor método de classificação é o que já foi sugerido, de proceder por negações ou exclusões. Tal escritor é modernista, este outro não é. Processo quase infalível. Evitando citações de nomes nossos, exemplifiquemos: Anatole France e D'Annunzio são passadistas, Guillaume Apollinaire, Blaise Cendrars e mesmo Baudelaire, que morreu há sessenta anos, são "modernos". Por quê? Complicações. Nem um livro inteiro bastaria para esclarecê-las.

Há evidentemente no momento brasileiro um pequeno grupo de escritores de vanguarda, distanciados da massa gregária que se move com cinqüenta anos de atraso e com exasperante lentidão. Serão perfeitamente "modernos" no minuto exato em que escrevo esta frase? Representam, apenas, o que poderemos chamar a época do aeroplano. Sucede à época do automóvel, em que apareceu o defunto futurismo. Depois do avião, porém, que nova modalidade já estará tomando, no seu incessante e vertiginoso ímpeto de renovação, o espírito humano? Os modernistas de hoje (os selecionados) vão se cristalizando em clássicos; outros surgirão, com surpresa e indignação nossa, para constituir a literatura de *toute à l'heure*.◆ E assim o espírito moderno, como toda entidade viva, irá mudando de forma...

Quanto à arte brasileira, lembro-me — destacando três exceções magníficas — da resposta do genial Picasso a um questionário sobre arte negra: Arte brasileira? *Connais pas.*◆◆

◆ "Num momento próximo".
◆◆ "Sei não".

Peço desculpar o apressado e descosido destas linhas despretensiosas, e creia-me

Brasileiro universal

[*Carta a René Thiollier*]

Meu caro amigo:

No *Homem da galeria*, livro de leitura tão agradável, deparo uma coincidência de influências que tornam o seu caso literário um dos mais curiosos da nossa intelectualidade em formação. Refiro-me à luta, no seu espírito, no influxo hereditário, no mistério subconsciente dessa força, com as diferentes tendências decorrentes do meio, da educação e da vontade. Para quem tem o vezo de filosofar sobre as coisas e suas causas, o livro apresenta um interesse crítico digno de atenção.

Você, meu caro Thiollier, apesar de descender de uma velha família paulistana, é antes de tudo um francês. Francês pela elegância lógica e clara da frase, pela polidez de escritor que lembra os clássicos punhos rendados de Buffon,[49] e pela graça natural e maliciosa do seu modo de contar. Nem mesmo altera essa impressão a correção castiça da linguagem, em que há um certo amor a expressões e termos mais próprios da rigidez portuguesa do que do nosso *laisser-aller*◆ desabotoado e negligente. Francês. É isso mesmo. Francês de Grenoble, amável cidade stendhaliana lembrando o Rio na linha de suas montanhas e nos bosques da Grande Cartuxa, essa Tijuca. E em meio da nova moda literária, que se está tornando chapa, das preocupações bairristas, indianistas e zoológicas, é um refrigério uma página acepilhada de caboclismos, favelismos e outros ismos da brasilidade.

Há poucos anos um nosso amigo, poeta da vanguarda modernista, redescobriu — o que lhe valeu apodos e pilhérias — o Brasil.[50] Em pouco tempo explorou-se profunda e largamente a terra recém-achada. A nossa literatura levantou um berreiro atroador proclamando os direitos exclusivos de vida e prosperidade para os espíritos e produções nativistas. Começou o jogo de se gritar uns para os outros: você não é brasileiro, brasileiro sou eu; eu é que sou parente do Ubirajara da avenida, neto dos bandeirantes barbudos do Brizzolara, primo daquele caiçara impaludado das praias de Itanhaém. Só não mereceu descendência o negro prolífero.

Convém agora que apareça um brasileiro-francês. Graças a Deus, vamos voltar à Europa. Daqui a pouco redescobriremos Paris e o que se chamava antigamente nos tempos românticos o "asfalto do bulevar". Iremos respirar de novo o perfume sadio ainda que levemente naftalizado do classicismo, e de Baedecker[51] em punho reataremos relações com a Inglaterra, a Alemanha, a Escandinávia, a Rússia, a Europa, a Ásia, o Oriente, o Ocidente. Então, daqui, o ultimíssimo moderno arvorará, com uma gravata gritante, o título de *jeune européen*.◆◆

A Europa, na realidade, quer dizer humanismo, e as letras brasileiras não poderão realizar uma obra sólida sem o alicerce do estudo de humanidade, que é a base da cultura européia. O mais é

◆ "Relaxamento".
◆◆ "Jovem europeu".

mero balbuciar, que só pode ter encanto quando é sinceramente ingênuo. A imitação é sempre prova de impotência criadora, mas profundamente absurdo é imitar uma estátua negra do Benin, que tem o seu principal valor na espontaneidade inconsciente do artista que a esculpiu.

Leon Daudet, defendendo a cultura clássica, disse que o humanismo é sempre uma lição de modéstia. É a ausência dessa modéstia que torna insuportável o didatismo dos nossos homens chamados superiores, defeito que nunca encontrei nos mais altos representantes do pensamento civilizado. Constitui também ligação de interdependência que reúne todas as manifestações do espírito humano. Uma literatura sem essa universalidade está destinada a desaparecer como simples fenômeno regional de interesse limitado e passageiro.

Essas considerações, porém, levaram-me para longe do seu *Homem da galeria*. O público felizmente se contentará com a leitura descuidada e sem teorias, das páginas claras e simples do seu livro. Afinal é para esse leitor preguiçoso, amigo e solitário que você e todos os outros escrevem. Não lhe perturbemos por mais tempo o prazer.

Creia-me, meu caro Thiollier, seu muito amigo e admirador
Paulo Prado

CAFÉ & BORRACHA: JOGO DE TOLOS

O Convênio Franco-Brasileiro

Diante da demora na publicação da correspondência diplomática entre o dr. Venceslau Brás[52] e o ministro do Brasil em França, referente às negociações do Convênio — e também duvidando que essa correspondência seja publicada COMPLETA e inclua os telegramas do governo francês —, resolvi dar ao público as seguintes informações detalhadas sobre a natureza da minha intervenção nesse negócio.

Parti para a Europa em meados de 1916, em desempenho de minha missão oficial junto ao Comitê de Valorização. Eu levava daqui a impressão de que o bloqueio europeu conduziria, em breve, o meu Estado a uma ruína inevitável, assim como a todo o Brasil, ameaçado de asfixia pela supressão de nossa exportação. Antes de partir, expondo ao dr. Altino Arantes[53] essa minha opinião, s. exa. deu-me uma carta para o sr. presidente da República, a quem me pediu expor os perigos que ameaçavam a nossa produção, e as minhas idéias a respeito do melhor modo de ampará-la.

Foi em seguida a essa conferência com o exmo. sr. dr. Venceslau Brás que s. exa. mandou escrever a carta de 3 de julho de 1916, em que o subsecretário do Exterior, "OBEDECENDO A DETERMINAÇÕES ESPECIAIS" do sr. presidente da República, me recomendava a quase todas as legações na Europa, carta que já citei, por inteiro, em publicação anterior, e de que *possuo cópia autenticada*.

Chegando a Paris, e aproveitando-me de relações pessoais com elementos preponderantes na administração francesa, tive ocasião de expor-lhes a angústia da nossa situação e de sugerir, diante da acolhida simpática, algumas idéias que pudessem proteger os nossos interesses nacionais sem diminuir o poder ofensivo do vigoroso bloqueio estabelecido pelos países aliados. Foi então que a pedido de altos funcionários do ministério do Quai d'Orsay, e segundo os hábitos das administrações francesas, foi-me pedido que redigisse uma nota a esse respeito. Nessa nota eu sugeria a idéia de compra pelos governos francês e inglês de uma parte da colheita brasileira, quatro ou cinco milhões de sacas, e da armazenagem desse café em Santos ou Nova York, onde poderia servir de lastro para uma operação de crédito comercial, que forneceria recursos em ouro para outras compras, e ao mesmo tempo facilitaria, por um acordo com o nosso governo, o pagamento dos cupons da dívida brasileira na França e na Inglaterra. Foi esse o embrião do futuro Convênio.

Percebi logo que o governo francês se interessava pela questão. Pediram-me nova nota explicativa, em que modifiquei o projeto primitivo, propondo antes a abertura, para o Brasil, de um crédito de duzentos milhões de francos para o serviço da nossa dívida, crédito esse garantido por um estoque de quatro milhões de sacas de café, que o governo brasileiro compraria aqui, e cuja venda, feita lentamente, seria aplicada no próprio resgate do crédito aberto. Meras sugestões, simples trocas de idéias — baseadas sempre no plano de conciliar os nossos interesses de produtores de café com os interesses financeiros dos países aliados.

De volta de novo ao Rio, trouxe então a impressão de que alguma coisa seria possível obter, e, ao chegar, comuniquei essa minha opinião ao sr. presidente da República, ao dr. P. Calógeras,⁵⁴ então ministro da Fazenda, que me animaram, ambos, a prosseguir no meu trabalho. A pedido expresso do sr. presidente da República, tive então ocasião de conferenciar longamente a respeito com o sr. ministro do Exterior, o exmo. sr. general Lauro Muller.

No entretanto, em França, o estudo das questões sugeridas pelas minhas notas continuava, e de tal modo que em princípios de janeiro chegava ao Rio a missão do sr. Jules Chevalier, encarregada de estudar um acordo com o governo brasileiro a respeito das questões que interessavam os dois países.

Fui avisado da chegada do sr. Chevalier pelo seguinte telegrama, de 4 de janeiro de 1917, comunicado pelo cônsul francês, em São Paulo:

> *Monsieur Chevalier en route; doit entrer en relations avec monsieur Paulo Prado et lui sera présenté par notre chargé d'affaires.*
> (a) *BRIAND.*♦⁵⁵

A missão Chevalier teve no Brasil o sucesso que se sabe; ele pôde chegar a um acordo com o Ministério da Fazenda, pondo em funcionamento o sistema de compensações de crédito que foram o verdadeiro pivô do futuro Convênio, assim como dos que ultimamente foram firmados com a Itália e Holanda, e agora apregoados como extraordinária novidade. As mercadorias seriam compradas aqui em dinheiro brasileiro e a França abriria em Paris, para o Tesouro Federal, os créditos equivalentes, em francos.

Nesse primeiro acordo consegui que fosse nele incluída a compra de 250 mil sacas de café, como experiência para uma futura operação de maior vulto. Fui incumbido, por contrato escrito

---

♦ "O sr. Chevalier está a caminho; deve entrar em contato com o sr. Paulo Prado e será apresentado pelo nosso Encarregado de Negócios. Assinado: Briand."

entre o governo francês, o governo federal e o Banco do Brasil, de realizar essa compra no mercado de Santos.

Era o primeiro passo para o Convênio Franco-Brasileiro. Iniciada essa compra, em princípios de 1917, parti de novo para a Europa, muito esperançado de levar a efeito a idéia de uma grande operação econômica e financeira, que pudesse aliviar o nosso mercado do peso do seu estoque, e que também oferecesse grandes vantagens para o governo federal.

Em França continuei em contato com as autoridades francesas, e por diversas vezes tive de intervir na solução de dificuldades de detalhes na execução do acordo Chevalier, como o prova a troca de telegramas com o ministro da Fazenda, tendo eu entregue o original de um desses telegramas — o de 10 de julho de 1917 — assinado pelo ministro da Fazenda, ao sr. Nilo Peçanha, ministro do Exterior,[56] quando mais tarde se discutia o Convênio. Foram longos e difíceis os *pourparlers*◆ entabulados em Paris para se chegar às bases de uma proposta aceitável.

Já então a questão dos navios — os aliados precisavam de navios, navios e mais navios, na frase de Lloyd George[57] — constituía preocupação principal do governo francês. Eu argumentava que o Brasil não poderia ceder os seus navios sem que se assegurasse para os seus produtos um escoamento suficiente, sob pena do nosso país morrer de miséria, por falta de transporte para a sua produção. Foi esse o argumento principal de que mais tarde tão brilhantemente se serviu o dr. Nilo Peçanha, nas suas notas ao governo quando se começou a negociar oficialmente o Convênio Franco-Brasileiro.

Em todo caso, na base de suas respectivas necessidades, foi-se pouco a pouco chegando a um plano de conciliação entre os interesses dos dois países. Nos primeiros dias de agosto de 1917, foi afi-

◆ Negociações formais entre Estados, governos, empresas.

nal a legação de França do Rio de Janeiro autorizada a negociar com o governo brasileiro um acordo, cujas linhas gerais foram telegrafadas de Paris. Quando foram enviadas essas instruções, e antes de partir de novo para o Rio, tive o prazer de enviar ao sr. dr. Venceslau Brás o seguinte telegrama:

> PRESIDENT REPUBLIQUE, RIO
> Je pars demain après négociations heuresement conclues ici et dont vous allez être saisi officiellement.
> Appelle respectueusement votre attention sur importance des propositions faites et que vous estimerez, j'en suis persuadé, répondre aux intérêts supérieurs du Brésil. Respectueuses salutations.
> (a) PAULO PRADO◆

Em setembro de 1917 estava eu de novo no Brasil, e ao chegar fui informado do pé de andamento favorável em que estavam as negociações, em muitas conferências que tive com o dr. Antônio Carlos e com o sr. ministro de França, e sempre procurei, do melhor modo possível ao meu alcance, facilitar a conclusão do acordo que afinal se realizou a 3 de dezembro de 1917. Devo declarar que só fui consultado e só intervim na parte referente à compra de café, nada tendo com a que se referia aos navios, entregue aos conselhos técnicos do falecido sr. Antônio Lage, da firma Lage & Irmãos.

Eis em resumo o histórico do Convênio e o caráter da minha intervenção na sua realização. Trabalhei para ele como representante oficial do meu Estado, e também como brasileiro, a quem

◆"PRESIDENTE REPÚBLICA, RIO. Parto amanhã após negociações concluídas com sucesso e das quais o senhor será informado oficialmente. Chamo respeitosamente a atenção de V. Exa. sobre a importância das proposições feitas e estou certo de que, V. Exa. saberá avaliar, respondem aos interesses superiores do Brasil. Saudações respeitosas. (assinado) PAULO PRADO."

não pode ser proibido intervir nas questões vitais que interessam o seu país.

Se o Convênio foi obra má e perniciosa, os seus responsáveis são os nomes ilibados que o assinaram, os do dr. Venceslau Brás e Antônio Carlos. Se foi "vergonhosa negociata", como o aprovaram o Parlamento brasileiro, e três meses mais tarde, por maioria de trezentos votos, o próprio Parlamento francês?

Nada houve de oculto e a ocultar. Se a legação brasileira não foi ouvida, foi porque assim o entenderam de comum acordo os dois governos contratantes. Não pode caber a um simples particular dar explicações a respeito. O respectivo ministro devia se ter queixado ao seu governo e do seu governo, que o considerou como incompetente e inconveniente para negociar.

Quanto ao Convênio e à maneira como acolheram as pessoas de boa-fé, aqui no Brasil, bastará citar as seguintes frases do Retrospecto Comercial de 1917, do *Jornal do Commercio* — repito, do *JORNAL DO COMMERCIO*:

> O Convênio assinado entre a França e o Brasil estabelece cláusulas de equivalente e recíproca utilidade. O que caracteriza esse Convênio e o torna singular e valioso é justamente a parte em que a troca de favores não atinge somente o governo, mas vai até ao próprio país.
>
> O sr. Antônio Carlos não obteve somente, como já vimos, a compensação financeira da cessão à França da praça dos trinta navios do Convênio; conseguiu garantias de ordem econômica. Por isso, o governo francês assegura a aquisição de dois milhões de sacas de café e outros produtos na importância de cem milhões de francos. É de evidente importância esse compromisso.
>
> Por esse conjunto de circunstâncias, o Convênio, cuja negociação foi com tanta felicidade concluída pelo sr. ministro da Fazenda, abrange vários interesses, e será de benéfica importância na vida financeira do país e na economia nacional.

Em seguida a essa explicação, pergunto ao público bem-intencionado: de que me acusam? A quem lesei? Que abuso cometi? Se foi o de defender e procurar amparar os interesses do meu país — o Convênio é para mim um título de orgulho que só podem contestar os invejosos, os despeitados e os caluniadores.

São Paulo, 21 de maio de 1920

O café na Colômbia

Costuma-se dizer que o francês é um homem condecorado, e que não sabe geografia. O fazendeiro paulista é certamente um homem satisfeito e que ignora os seus concorrentes. Destes, neste momento, o mais temível, e que mais atenção merece, é sem dúvida o colombiano.

A revista financeira e comercial do *Times* de Londres, de 10 de fevereiro passado, revela-nos dados curiosos sobre a República da Colômbia. Esse país atravessa atualmente um período de excepcional prosperidade e riqueza. É o maior produtor no mundo de esmeraldas, platina, e de cafés chamados "doces", *mild coffees*, que têm nos mercados alta cotação. É também o maior produtor, na América do Sul, de ouro, e neste continente está em terceiro lugar quanto à extensão e população. O peso colombiano, na expressão americana, pode olhar em face o dólar, porque está ao par. Uma comissão de peritos financeiros americanos, contratada pelo presidente da República, realizou audaciosa reorganização das finanças públicas, sob a direção do professor Kemmerer, membro da Comissão de Reparações na Europa. Graças às medidas adotadas, esse estranho país sul-americano fecha os seus orçamentos com saldos volumosos, retira, em 1924, um milhão de libras da circulação e resgata perto de quinhentas mil libras da sua dívida externa. Agora, o café. Durante os últimos 25 anos as plantações subiram de trinta milhões a oitocentos milhões de pés, pertencentes a cerca de duzentos mil pequenos lavradores que são ao mesmo tempo proprietários da terra, e cujas fazendas representam, por assim dizer, caixas econômicas em que depositam o fruto do seu trabalho. O relatório que citamos afirma que em 1930 o número de cafeeiros se elevará facilmente a cerca de um bilhão de pés, fornecendo ao mundo perto de um quarto do seu consumo anual. Para isso não faltarão terras apropriadas, com a conveniente temperatura, umidade e subsolo vulcânico.

A exportação de café, que foi em 1910 de 548 mil sacas de 65 quilos, subiu a 1 877 920 sacas em 1913, e, apesar de contratempos atmosféricos, está calculada, para a safra iniciada em 1924, em 2 250 000 sacas ou 167 mil toneladas.

Como qualquer homem de negócio o governo colombiano apresenta ao mesmo tempo um certificado de guarda-livros juramentado (*chartered accountant*) garantindo a veracidade das informações financeiras e estatísticas apresentadas.

Para que esse povo não seja perfeito, o que seria contrário às leis divinas e humanas, falta-lhe, porém, a virtude da gratidão. Nenhuma referência faz a publicação que resumimos aos esforços para valorizar o seu produto — e o dos concorrentes — que faz neste momento um outro país, desinteressado, altruísta — e ingênuo.

O café e a valorização

O café deixou de subir, o café parou, o café tende a baixar. Chegou talvez o momento para examinar a sangue-frio alguns dos aspectos da última valorização.

Até aqui ela tem sido um verdadeiro sucesso. Para isso contribuíram dois importantes fatores: a baixa constante do nosso câmbio, que ainda não se pode mandar prender, e a intervenção oportuna desse personagem que os americanos chamam de o *weather clerk*, caixeiro providencial que, no céu, está encarregado da contabilidade meteorológica.

O princípio básico, porém, da operação valorizadora está na limitação das entradas de café em Santos. Com essa medida já evitamos, num ano de grande safra, as avalanches de café que no primeiro semestre comercial costumavam abarrotar o mercado santista. Foi uma idéia prática, realizada de acordo com outros Estados produtores e que, no momento crítico, incontestavelmente salvou a situação. Agora, como o mais, está a limitação de entradas adotada permanentemente por um Instituto também permanente, dirigido por uma comissão provisória. É para o perigo da política de medidas fixas e definitivas que desejamos chamar a atenção dos lavradores.

A limitação das entradas, sem uma combinação prévia — ao menos com outros produtores brasileiros —, é um desastre para São Paulo. No último semestre do ano passado, a lavoura suportou com estoicismo essa restrição à liberdade de comércio porque o café subia e a safra era diminuta. Ainda estão no interior do Estado, nos armazéns do governo e nas fazendas, milhões de sacas que atestam o sacrifício que fizeram os fazendeiros. Para quê? Para facilitar a colocação das safras de outras procedências que estão neste momento vendendo as suas colheitas a preços altíssimos, graças ao café que não vendemos e cuja retenção nos custa os olhos da cara.

Nesse segundo semestre de 1924, se tivéssemos exportado mais alguns milhões de sacas (essas que estão imobilizadas nos "cemitérios" do interior), os compradores estrangeiros, interessados assim na alta, teriam um maior estoque para saciar a fome e sede de café de que tanto se fala e não iriam agora buscá-lo nos países concorrentes. Com a nossa política de restrições perturbamos além disso o ritmo do comércio mundial de café. É conhecido que no primeiro semestre o consumo procura os cafés "doces", que estão nessa época em plena exportação, aguardando os últimos seis meses do ano para as suas compras de café brasileiro. Baralhamos tudo, desprezamos os hábitos tradicionais do comércio e, enquanto os nossos concorrentes vendem até a última saca de sua produção, retemos no Brasil milhões de sacas, à espera... da nova safra que aí vem. Recomeçaremos então o nosso jogo de tolos, desta vez ainda em maior inferioridade. Senão vejamos.

Em julho começará a vir ao mercado a nova safra de 1925-26. Qual será a estatística nesse momento? Já teremos colocado as nossas reservas acumuladas, numa época em que o consumo só pede café novo, verde? Não importa. Entrará apenas em Santos o café que for suficiente para impedir uma baixa nas cotações. Faremos mais esse sacrifício... em proveito dos estados de Minas, Rio, Espírito Santo e Bahia, que têm este ano cerca de seis milhões a vender, sem novos impostos e sem taxas valorizadoras. Mais. A colheita dos países da América espanhola foi tardia e abundante. Uma parte dela só se escoará no segundo semestre de 1925.

É o que se dá, por exemplo, com a Colômbia, insistente espectro. Recebemos a respeito uma informação telegráfica do sr. Laneuville, distinto corretor no Havre, e elevado aqui ultimamente a "chefe das estatísticas"... Diz o nosso informante:

> Colheita na Colômbia avaliada para 1925 em dois milhões de sacas; mas, tardia, se dividirá, provavelmente, num milhão de sacas de janeiro a junho e um milhão de junho a dezembro.

É mais um concorrente inesperado para o segundo semestre deste ano.

Qual será o fim de tão estranha valorização? As intervenções do governo nos mercados têm sido até aqui salutares e têm salvado a nossa lavoura de verdadeiras catástrofes. Contrariando muitas vezes as leis naturais elas têm escapado, pela sua transitoriedade, à sorte das medidas artificiais que confundem a economia política com a especulação.

O que se está fazendo agora certamente está errado. A prova é o mal-estar que todos sentimos — fazendeiros e comerciantes — na atual situação, apesar dos esforços, subvencionados ou não, da literatura cafezista. Não será o indício precursor de alguma tempestade que se aproxima?

O drama da borracha

Acabou de falecer em Londres sir Henry Alexander Wickham, que foi certamente um dos maiores inimigos do Brasil nestes últimos cinqüenta anos. Foi devido à sua energia e habilidade que se iniciou, com êxito incrível, em Ceilão e na Malásia, a cultura da seringueira, transplantada das grandes florestas nativas da Amazônia. Os jornais ingleses, por ocasião da sua morte, referiram as peripécias de sua aventura. Parece uma narrativa de Joseph Conrad; para nós é um romance que merece ser contado.

Em 1876, Wickham, que já tinha sido fazendeiro no Extremo Norte, foi incumbido pelo Departamento da Índia de obter sementes de *Hevea brasiliensis*, cuja exportação era proibida pelo nosso governo. Wickham, que nos conhecia, contou com o desleixo das autoridades e instalou-se tranqüilamente em Santarém, à espera de momento oportuno para iludir a proibição de um vago regulamento aduaneiro. Um dia, surgiu no porto um vapor inglês, o primeiro de uma linha que inaugurava um serviço no Alto Amazonas. Descarregado dos gêneros que trazia, ficou o navio sem destino e sem mercadorias, tipo clássico do cargueiro vagabundo que todos os marítimos conhecem. Wickham fretou-o por conta do governo da Índia, e em seguida partiu numa canoa para o Tapajós, procurando seringais. Viagem difícil, perigosa, sobretudo pelo segredo que a devia envolver. Num planalto entre o Madeira e o Tapajós, em meio de imensa floresta primitiva, conseguiu afinal descobrir as seringueiras que procurava. Auxiliado por índios, pôde ajuntar as sementes, que acondicionou em cestas de bambu, envoltas em folhas de banana selvagem. Depois de mil dificuldades, em que quase morreu afogado, conseguiu Wickham colocar esses balaios na sua instável montaria de sertão e retomar o caminho de volta, rio abaixo. Alguns dias mais tarde, estava o precioso carregamento a bordo do vapor. No Pará foi fácil enganar a vigilância das autoridades, obtendo livre prática com a declaração de que levava plantas raras para os jardins de Queen Victoria, na Inglaterra. Estava ganha a partida. Semanas depois as estufas envidraçadas de Kew abrigavam e aqueciam carinhosamente setenta mil plantinhas de *Hevea brasiliensis*. Dessas, só duas mil vingaram. Foram enviadas para Ceilão em procura de clima mais quente. Aí formaram uma pequena plantação, em seguida uma outra, e depois mais outra. Cobrem atualmente mais de dois milhões de hectares, na Malásia, nas Índias neerlandesas, na Indochina, em todas as regiões apropriadas do Oriente.

Essas plantações artificiais concorreram pela primeira vez no mercado de borracha em 1900 com quatro toneladas; em 1907 com mil; em 1913 com 46 618; em 1915 com 107 827; em 1917 com 213 mil; em 1926 com 345 mil, e isso apesar das restrições do plano Stevenson, já em vigor nesse ano.

No Brasil, por todo esse tempo, de nada se suspeitava. O Pará e o Amazonas viviam na sua "vida de balanço", ao embalo de uma riqueza inesperada e que parecia inesgotável. Tudo subia: o preço da borracha, os impostos, os gastos, os déficits. Só o Amazonas, em 1910, exportava 376 972:860$, representando mais de 39 por cento da exportação total do país. Chegou-se a vender um quilo de borracha, com câmbio de 16 d., a 17$200. Manaus, perdida em plena floresta amazônica, a novecentas milhas da costa, conheceu uma época deslumbrante de luxo e prazeres. Ninguém acreditava nos boatos alarmantes dos chamados derrotistas. O otimismo dos governos tranqüilizava os timoratos. A estatística — que já se disse ser a arte de precisar a ignorância — acalmava matematicamente as inquietações, prevendo uma carestia de borracha para um futuro próximo.

No Pará, o governo afirmava "que não nos devíamos inquietar com as plantações do Oriente". Um documento oficial acrescentava que, "dadas as condições do vale do Amazonas, a regularidade cada vez mais estabelecida no corte da hévea, as grandes extensões de seringais ainda virgens, as necessidades crescentes da indústria moderna, não devíamos considerar o que se fazia fora daqui senão 'uma lição' que convinha estudar, um ensinamento que se devia seguir, uma experiência que seria preciso tentar...". E ficou nisso.

Palavras, palavras. E, enquanto aqui se fazia retórica e se bizantinizava citando leis econômicas, o inglês, o holandês, o francês, sem alarde, pacientemente iam plantando os seus seringais...

Quando o Brasil despertou da ilusão em que vivia, já era tarde para as medidas de salvação. O desastre foi terrível; a ruína, completa.

Só nos ficou, como dizia o governo paraense, a lição.

Será aproveitada?

Notas do organizador

UM BRASILEIRO DE SÃO PAULO (PP. 9-41)

1. J. Capistrano de Abreu, *Correspondência*, org. José Honório Rodrigues, Rio de Janeiro, Instituto Nacional do Livro, 1954, v. II, p. 418.
2. Idem, carta de 22 de setembro de 1921, p. 409. Segundo trecho: carta inédita de 14 de janeiro de 1922, Obras Raras, Biblioteca Municipal Mário de Andrade (São Paulo).
3. Paul Claudel, *Journal* 1 (1904-1932), Paris, Gallimard (La Pléiade), 1995, p. 394.
4. Mário de Andrade, "O movimento modernista", *Aspectos da literatura brasileira*, São Paulo, Martins, 1972, p. 235.
5. Coluna "Dia-a-dia", *Diário Popular*, São Paulo, 25 de junho de 1925.
6. Fernando de Azevedo, "Bibliographia", *O Estado de S. Paulo*, 19 de setembro de 1925.
7. Paulo Silveira, coluna "Histórias da Semana", *Jornal do Commercio*, Rio de Janeiro, 2 de julho de 1927.
8. Agripino Grieco, "Da *Paulística* ao *Retrato do Brasil*", *O Jornal*, Rio de Janeiro, 23 de dezembro de 1928.
9. Manuscrito do autor, encontrado em seu arquivo, atualmente na posse de seu neto Eduardo Caio da Silva Prado.
10. Idem.
11. Ibidem.

12. Oswald de Andrade Filho relata que o Partido Comunista, ao qual o pai se filiara, obrigou-o a "pedir dinheiro" a PP. "Oswald sabia./Seria impossível./Tentou./Paulo bateu-lhe o telefone na cara." (*Dia seguinte e outros dias*, São Paulo, Códex, 2004, p. 106.)

13. "Paulo Prado", *Diário de S. Paulo*, 27 de outubro de 1943.

14. Geraldo Ferraz, "Paulo Prado o diletante e o militante". Lívio Xavier, "Os dois Paulo Prado". *O Estado de S. Paulo*, Suplemento Literário, 17 de maio de 1969.

15. Lívio Xavier, "Bibliografia", *Diário da Noite*, São Paulo, 17 de maio de 1934. (Resenha reproduzida nesta edição.)

16. José Geraldo Vieira, "Livros", *A Nação*, São Paulo, 1934.

17. *Correio Paulistano*, São Paulo, 15 e 22 de junho de 1949, coluna "Vida literária".

18. Capistrano de Abreu, *Correspondência*, cit., p. 428.

19. *Anchieta na Capitania de São Vicente*, primeiro prêmio do concurso de monografias históricas promovido pela Sociedade Capistrano de Abreu, entre cujos fundadores encontrava-se PP.

20. Maria Eugenia Boaventura, *O salão e a selva*, São Paulo/Campinas, Exlibris/Unicamp, pp. 113 e 135.

21. Segundo notícia do *Diário de S. Paulo* de 5 de outubro de 1943.

22. "Paulo Prado", *Diário da Noite*, São Paulo, 4 de outubro de 1943.

23. "Paulo Prado e duas reedições", *Província e nação*, Rio de Janeiro, José Olympio, 1972, p. XIX.

24. Na pesquisa de fontes contei com a valiosa colaboração de Leandro Almeida.

PAULÍSTICA, HISTÓRIA DE SÃO PAULO (PP. 43-232)

1. Referência a Capistrano de Abreu (1853-1927), autor de *Capítulos de história colonial (1500-1800)*, cuja amizade Paulo Prado herdara do tio, Eduardo Prado. PP financiava as pesquisas historiográficas de que Capistrano necessitava e com ele publicou uma coleção preciosa de documentos coloniais, que intitularam "Série Eduardo Prado, Para conhecer melhor o Brasil". PP e Capistrano mantiveram intensa correspondência entre 1918 e 27. Capistrano influenciou e estimulou os estudos históricos de PP e de outros discípulos como Rodolfo Garcia e Eugênio de Castro. Após a sua morte, amigos e discípulos criaram a Sociedade Capistrano de Abreu, que passou a publicar ou reeditar os textos do grande historiador cearense.

2. Karl Friedrich Phillip von Martius, "Como se deve escrever a história do Brasil", *Revista Trimensal de Historia e Geographia ou Jornal do Instituto Historico*

e *Geographico Brasileiro*, 2ª ed., jan. 1845, n. 24, t. VI (Rio de Janeiro, Typographia de João Ignacio da Silva, 1865, p. 410).

3. *Diário de navegação de Pero Lopes de Sousa (1530-1532)*, prefácio de Capistrano de Abreu e comentário de Eugênio de Castro, vol. I, série Eduardo Prado, editor Paulo Prado, Rio de Janeiro, Typographia Leuzinger, 1927, p. 297.

4. "Carta de Martim Afonso de Sousa, de 14 de dezembro de 1935", em Carlos Malheiro Dias (dir.), *História da colonização portuguesa do Brasil*, Porto, Litografia Nacional, 1924, vol. III, p. 107.

5. J. P. Oliveira Martins, *O Brazil e as colonias portuguezas*, Lisboa, Livraria Bertrand, 1880, pp. 40-1.

6. Cf. Maurice Barrès, *La terre et les morts: sur quelles realités fonder la conscience française* (1899).

7. Walther Rathenau, *Le Kaiser: quelques meditations*, Basiléia, Rhin, 1921.

8. James Bryce, *South America observations and impressions*, Londres, MacMillan, 1912, cap. XII: "The rise of the new nations", pp. 422-51.

9. Robert Southey, *History of Brazil*, Londres, Longman, Hurst etc., 1819, III, p. 879. Tradução do autor.

10. J. Capistrano de Abreu. *Ensaios e estudos (Crítica e História)*, 1ª série, Rio de Janeiro, Sociedade Capistrano de Abreu, 1931, p. 201.

11. Paulo Prado possuía em sua biblioteca duas obras do historiador italiano Guglielmo Ferrero, ambas em tradução francesa: *Grandeur et décadence de Rome* (Paris, Plon, 1906-8) e *Le génie latin et le monde moderne* (Paris, Grasset, 1917). Ver *Catálogo da Biblioteca "Paulo Prado" doada em 1944 à Biblioteca Municipal de São Paulo* (suplemento nº 5 do Boletim Bibliográfico, São Paulo, Departamento de Cultura, 1945).

12. Karl Friedrich Phillip von Martius, op. cit., p. 409.

13. *Diário de navegação de Pero Lopes de Sousa (1530-1532)*, cit., pp. 413-4.

14. José de Anchieta, "Enformação do Brazil, e de suas Capitanias", em *Informações e fragmentos historicos (1584-1586)*, Rio de Janeiro, Imprensa Nacional, 1886, p. 19.

15. [Padre] Antônio Franco, "Vida do padre Manuel da Nóbrega", 1719, cap. V, em *Cartas do Brasil do padre Manuel da Nóbrega (1549-1560), Cartas jesuíticas I*, Rio de Janeiro, Imprensa Nacional, 1886, p. 22.

16. Carta de d. Duarte da Costa (3 de abril de 1555), Torre do Tombo, Corpo Cronológico, I, 95, 36, em Carlos Malheiro Dias (dir.), *História da colonização portuguesa do Brasil*, cit., vol. III, p. 372.

17. José de Anchieta, "Enformação do Brazil, e de suas Capitanias", 1584, *Revista Trimensal de Historia e Geografia ou Jornal do Instituto Historico e Geographico Braziliero*, 1865, t. VI, 2ª ed., p. 430.

18. José de Anchieta, "Enformação do Brazil", 1585, em *Informações e fragmentos historicos (1584-1586)*, cit., p. 45.

19. Fernão Cardim, *Narrativa epistolar de uma viagem e missão jesuitica*, Lisboa, Imprensa Nacional, 1847, pp. 58-9.

20. "Ajuntamt° da Camara a 19 de outubro de 97 sobre o caminho do mar", *Actas da Camara da Villa de S. Paulo (1596-1622)*, vol. II (séculos XVI-XVII), Archivo Municipal de São Paulo, Duprat, 1915, p. 28.

21. J. P. Oliveira Martins, *Historia de Portugal*, Lisboa, Parceria Antonio Maria Pereira, 1901, 6ª ed., t. II, pp. 27-8.

22. "Papel forte" é como é conhecido o "Papel a favor da entrega de Pernambuco aos holandeses", redigido por Vieira em 1648. A demissão dos portugueses no destino de Pernambuco é por ele advogada nesse documento, em que o imediato realismo político de Vieira se sobrepõe a uma visão estratégica de fortalecimento do império português.

23. Fernão Cardim, op. cit., p. 59.

24. Moritz Wagner (1813-87), viajante e naturalista alemão, que explorou o mar do Norte, o Cáucaso, o Curdistão e o Irã. Percorreu parte da América do Norte e, em 1858-59, financiado pelo rei Maximiliano da Baviera, explorou as regiões montanhosas da Colômbia. Feito conservador do Museu de Etnografia de Munique, escreveu o relato de suas viagens. PP tinha predileção especial pelo conceito de "centro de isolamento", que Wagner desenvolvera ao estudar a formação das espécies.

25. *Diário da navegação de Pero Lopes de Sousa 1530-1532*, cit., p. 297.

26. J. Capistrano de Abreu, *Capítulos de história colonial (1500-1800)*, Rio de Janeiro, Sociedade Capistrano de Abreu, 1928, pp. 20 e 22.

27. Não se encontrou referência à conferência de Eduard Poeppig, em Munique, 1887. No entanto, Paulo Prado possuía exemplar da obra *Reise in Chile, Peru und auf dem Amazonenstrome während der Jahre 1827-1832* (Leipzig, Friedrich Fleischer, 1835/36), desse mesmo autor.

28. Padre Simão de Vasconcelos, *Chronica da Companhia de Jesu do Estado do Brasil*, Lisboa, AJ. Fernandes Lopes, 1865, 2ª ed., vol. I, p. 93.

29. "Carta de Luiz Cesar de Menezes ao rei dando-lhe conta da difficuldade de cohibir aos Paulistas as vexações aos missionários", de 30 de maio de 1691 (da coleção "Governadores do Rio de Janeiro", 1, III, fls 43 v.o.), *Revista do Instituto Historico e Geographico de São Paulo*, vol. XVIII, 1913, 2ª ed., São Paulo, Imprensa Oficial do Estado, 1942, p. 271.

30. *Actas da Camara da Villa de S. Paulo 1596-1622*, Archivo Municipal de São Paulo, Duprat, 1915, vol. II, p. 314.

31. *Actas da Camara da Villa de S. Paulo 1640-1652*, Archivo Municipal de São Paulo, Typ. Piratininga, 1915, vol. V, p. 25.

32. R. P. Pablo Pastells, *Historia de la Compañia de Jesús en la provincia del Paraguay*, t. I, Madri, Librería General de Victoriano Suárez, 1915, p. 439.

33. J. P. Oliveira Martins, *O Brazil e as colonias portuguezas*, Lisboa, Livraria Bertrand, 1880, pp. 40-1.

34. Gabriel Soares de Sousa, colono português, estabeleceu-se na Bahia em 1570 e aí se tornou senhor de engenho. Foi vereador da Câmara e escreveu o *Tratado descritivo do Brasil em 1587*, em que se revela observador arguto da etnografia, botânica e geografia. A primeira edição do *Tratado* é de 1825, pela Academia de Lisboa, mas foi Varnhagen, em 1851, quem restaurou e anotou o texto em edição definitiva, além de identificar o seu autor.

35. Antônio Dias Adorno, mamaluco de sangue italiano e sertanista afamado, chefiou uma expedição que, seguindo a trilha de Tourinho, entrou pelo rio das Caravelas, demandando o norte do rio Doce, onde encontrou as ambicionadas esmeraldas. Retornou com sete mil índios escravizados.

36. João Fernandes, por alcunha o Tomacaúna, confessou, em 11 de fevereiro de 1592, ter penetrado o sertão de Porto Seguro com Antônio Dias Adorno e nessa incursão "usou dos usos e costumes dos gentios", tingindo-se de urucu e jenipapo, cantando e dançando com os índios. Tomou mulheres índias segundo o costume deles e presenciou manifestações de uma "abusão" chamada "Santidade", em que índios se faziam passar pelo Papa e por santos. Estes batizavam, erguiam igrejas e adoravam "uma figura de animal". A seita chegou a congregar sessenta pessoas e teria sido encaminhada à fazenda de Jaguaripe, de Fernão Cabral de Taíde, por artimanhas de Tomacaúna (Heitor Furtado de Mendõça, *Primeira visitação do Santo Ofício às partes do Brasil — Confissões da Bahia, 1591-1592*, intr. Capistrano de Abreu, São Paulo, ed. Paulo Prado, 1922, pp. 220-7, série "Eduardo Prado. Para melhor se conhecer o Brasil").

37. Carta régia de 14 de outubro de 1726, sobre a abertura do caminho de São Paulo ao Rio de Janeiro (*Documentos interessantes para a historia e costumes de S. Paulo*, vol. XVIII, São Paulo, Archivo do Estado, 1896, p. 219).

38. Referência à personagem Jeca Tatu, criada por Monteiro Lobato.

39. *História da colonização portuguesa do Brasil*, cit., vol. III, p. 332.

40. João Ribeiro, *História do Brasil*, Rio de Janeiro, Jacinto Ribeiro dos Santos, 1900, p. 112.

41. *História da colonização portuguesa do Brasil*, cit., p. 365.

42. "Carta de Diego Garcia", *Revista do Instituto Historico e Geographico do Brazil*, XV, 2ª ed., Rio de Janeiro, Laemmert, 1888, p. 9.

43. Idem, ibidem.

44. A citação provém de: "pois o eu qero servir sem gastar de sua fazenda nenhuma cousa e porque os omens que comygo hão-de ir são de muita sustancya e pessoas muy abastadas e que podem cõsigo llevar muitas egoas, cavallos e

gados e todallas outras cousas necesarias para frutyficamento da terra e são taes que pera a conquistarem e sujigarem em nenhuma parte saberia buscar outros que mais para isso fosem e nã sã omens que estimem tão poucuo o serviço de vosa allteza e suas honras que se contentem com terem quatro indias por mancebas e comerem dos mantimentos da terra, como fazião os que della agora vieram ..." ("Carta de João de Mello da Câmara", em Sousa Viterbo, *Trabalhos nauticos dos portuguezes nos seculos XVI e XVII*, parte I [Marinharia], Lisboa, Academia Real de Sciencias, 1898, p. 216).

45. "Carta de Diego Garcia", op. cit.

46. *Revista do Instituto Historico e Geographico de São Paulo*, vol. IX, 1904; Typographia do Diario Official, 1905, p. 466.

47. *História da colonização portuguesa do Brasil*, cit., p. 365.

48. Ulrich Schmidel de Straubing, *Histoire véritable d'un voyage curieux*, Paris, Arthus Bertrand, 1837, p. 245.

49. Padre Leonardo Nunes, *Cartas jesuíticas II, Cartas avulsas 1550-1568*, Rio de Janeiro, Academia Brasileira de Letras, 1931, p. 61.

50. Maniçoba, aldeia fundada em 1553 pelos jesuítas, a noventa milhas de São Vicente, teve duração efêmera. Atacada pelos filhos de João Ramalho, acabou destruída pelos Carijós, aliados dos espanhóis que habitavam Cananéia.

51. Traslado de uma carta de Antônio Camacho, em *Registro Geral da Camara Municipal de S. Paulo (1583-1636)*, vol. I (séculos XVI e XVII), São Paulo, Archivo Municipal de São Paulo, 1917, p. 98.

52. Representação de 30 de julho de 1557 (*Actas da Camara de S.[to] André da Borda do Campo*, São Paulo, Archivo Municipal de São Paulo, Duprat, 1914, p. 65).

53. Cândido Mendes, "Notas para a história pátria" (artigo terceiro), *Revista Trimensal do Instituto Historico e Geographico Brasileiro*, t. XL, parte II, Rio de Janeiro, Garnier, 1877, p. 349.

54. Manuel da Nóbrega, *Cartas do Brasil 1549-60*, Rio de Janeiro, Imprensa Nacional, 1886, p. 81.

55. *Revista Trimensal de Historia e Geographia ou Jornal do Instituto Historico e Geographico Brazileiro*, Rio de Janeiro, 1858, t. II, p. 546.

56. José de Anchieta, "Enformação do Brazil, e de suas Capitanias, 1584", cit., p. 432.

57. Luiz Gonzaga da Silva Leme, *Genealogia paulistana*, t. IX, São Paulo, Duprat, 1905, p. 66.

58. Cândido Mendes, op. cit., p. 360.

59. Padre Simão de Vasconcelos, op. cit., p. 47.

60. *História da colonização portuguesa do Brasil*, cit., p. 339.

61. Frei Vicente do Salvador, *Historia do Brasil* (edição revisada por Capistrano de Abreu), São Paulo/Rio de Janeiro, Weiszflog irmãos, 1918, p. 154.

62. Afonso d'E. Taunay, *Historia seiscentista da villa de S. Paulo* (1653-1660), t. II, São Paulo, Typ. Ideal, 192?, p. 56.

63. Pedro Taques de Almeida Pais Leme, "Nobiliarchia paulistana — genealogia das principais familias de São Paulo", *Revista Trimensal do Instituto Historico, Geographico e Ethnographico do Brasil*, t. XXXIV, parte I, Rio de Janeiro, Garnier, 1871, pp. 19-22.

64. Carta do conde de Atouguia ao rei de Portugal, de 24 de janeiro de 1656 (*Documentos Históricos*, Rio de Janeiro, Biblioteca Nacional, 1928, vol. IV, p. 278). D. Jerônimo de Ataíde, conde de Atouguia, foi o 22º governador-geral do Brasil, entre1654-7.

65. Idem, ibidem.

66. Carta do conde de Atouguia aos oficiais da Câmara de São Paulo (*Documentos Históricos, 1648-1661*, vol. III, Rio de Janeiro, Biblioteca Nacional, 1928, p. 333).

67. Manoel Eufrazio de Azevedo Marques, *Apontamentos historicos, geographicos, biographicos, estatisticos e noticiosos da provincia de S. Paulo*, Rio de Janeiro, Laemmert, 1879, p.114.

68. *Annaes da Bibliotheca Nacional*, 1917, vol. XXXIX, Rio de Janeiro, Bibliotheca Nacional, 1921, pp. 132-3.

69. Câmara Coutinho, "Carta para Sua Magestade sobre se não acceitar em São Paulo a baixa da moeda, e liberdade dos Índios" (Bahia, 20 de julho de 1692), em *Documentos Históricos*, cit., vol. XXXIII, 1936, p. 447.

70. Câmara Coutinho, "Carta para Sua Magestade sobre se dar toda a ajuda e favor para se cobrarem os dizimos das Capitanias de São Vicente, Santos, e São Paulo" (Bahia, 29 de junho de 1692), em *Documentos Históricos*, op. cit., vol. XXXIV, 1936, p. 47. O autor certamente consultou os manuscritos Códice I= 1,2,42 - N. 5843 do Cat. da Exp. de Hist. do Brasil — N. 63 do Cat. de Manusc. da Bibl. Nacional (ref. em *Doc. Hist.*, vol. XXXIII, p. 327; vol. XXXIV, p. 3).

71. Carta de Arthur de Sá e Menezes (de 1º de junho de 1698) ao rei dando-lhe conta da insubordinação ocorrida em São Paulo (por causa da alteração do preço da moeda) e da morte violenta do régulo Pedro de Camargo (coleção "Governadores do Rio de Janeiro", I, VI, fls. 160 vº) (*Revista do Instituto Historico e Geografico de São Paulo*, vol. XVIII [18], 1913; São Paulo, Diario Official, 1914, p. 353 (documento) e p. 502 (nota de Basílio de Magalhães sobre o assunto).

72. Idem, ibidem, pp. 353-4.

73. Oliveira Vianna publicou dois artigos em 1925, estimulados pela leitura de *Paulística*, recentemente aparecido: "Etnologia dos bandeirantes" e "Cristãos-novos em São Paulo", ambos no *Correio da Manhã* (Rio de Janeiro), respectivamente a 24 de setembro e 15 de novembro. No primeiro, critica Taunay e Paulo Prado por confundirem "raça e nacionalidade" — confusão "que é própria dos

historiadores". No segundo artigo, Oliveira Vianna incide contra a ênfase semita presente no livro de Paulo Prado, que ele refutava, insistindo na predominância do sangue ariano na composição do brasileiro primitivo. O capítulo que o leitor tem diante dos olhos não constava da primeira edição de *Paulística*.

74. Damião de Góes, *Chronica D'El-Rei D. Manuel* [1566], Lisboa, Escriptorio, 1909, vol. II, cap. LXV, p. 89.

75. A argumentação de Oliveira Vianna, no artigo aludido, é: "Quando aquele historiador [PP] afirma que 'o afluxo judeu marcou caracteristicamente o tipo étnico' dos paulistas antigos, a primeira pergunta que nos ocorre é indagar: onde as provas dessa afirmação tão positiva? Eu não creio que o ilustre sr. Paulo Prado possa exibi-las. Estas provas só nos poderiam vir através de pesquisas antropométricas feitas sobre os despojos dos cemitérios bandeirantes — à maneira das que Nicolucci fez sobre os cemitérios da Grécia antiga e Lapouge, sobre cemitérios da França medieval" (Oliveira Vianna, "Cristãos-novos em São Paulo", *Correio da Manhã*, Rio de Janeiro, 15 de novembro de 1925).

76. F. J. Oliveira Vianna, *Pequenos estudos de psycologia social*, São Paulo, Monteiro Lobato, 1923, p. 18.

77. William Zebina Ripley (1867-1941), antropólogo e economista norte-americano, professor de economia política em Harvard, publicou *The Races of Europe: A Sociological Study* em 1899, em que defendia que os caucasianos europeus podiam ser divididos em três categorias: os teutônicos, os alpinos e os mediterrâneos.

78. Carta LXVI, de 1654, do Maranhão, ao padre provincial do Brasil, em *Cartas do Padre António Vieira*, coordenadas e anotadas por J. Lúcio de Azevedo, t. I, Coimbra, Imprensa da Universidade, 1925, p. 412.

79. José de Anchieta, "Carta do quadrimestre de maio a setembro de 1554, de Piratininga", *Annaes da Biblioteca Nacional do Rio de Janeiro*, vol. 1, fascículo 1, 1876, p. 72.

80. J. Capistrano de Abreu, *Capítulos de história colonial* (1500-1800), cit., p. 146.

81. *Carta de Pero Vaz de Caminha a d. Manuel*, Recife, Typ. do Jornal do Recife, 1900, p. 26.

82. Manuel da Nóbrega, "Carta ao dr. Navarro (seu mestre em Coimbra) de 1549", em *Cartas do Padre Manoel da Nobrega (1549-1560)*, Rio de Janeiro, Imprensa Nacional, 1886, p. 66. A frase do jesuíta: "Poucas lettras bastariam aqui, porque tudo é papel branco, e não há que fazer outra cousa, sinão escrever à vontade as virtudes mais necessarias e ter zêlo em que seja conhecido o Creador destas suas creaturas".

83. António de Sousa Silva Costa Lobo, *História da sociedade em Portugal no século XV*, cit., p. 50.

84. *Ordenações do senhor rey D. Manuel*, livro IIII [4], Coimbra, Real Imprensa da Universidade, 1797, título XVI, p. 48.

85. O livro da nau *Bretoa* foi localizado e publicado por Varnhagen.

86. "Carta de Diego Garcia", op. cit.

87. *Diario de navegação de Pero Lopes de Sousa (1530-1532)*, vol. I, cit., p. 340. Anotação de 22 de janeiro de 1532.

88. Gentil de Assis Moura, "A primeira lei de liberdade dos indios do Brazil", *Revista do Instituto Historico e Geographico de São Paulo*, vol. XIV, 1909, São Paulo, Typ. do Diario Official, 1912, p. 341.

89. João Francisco Lisboa, "Apontamentos, noticias, e observações para servirem á historia do Maranhão", livro VI, *Jornal de Timon*, vol. II, Maranhão, I. J. Ferreira, 1853, p. 279.

90. Teodoro Sampaio, "Restauração historica da villa de Santo André da Borda do Campo", *Revista do Instituto Historico e Geographico de São Paulo*, vol. IX, 1904, São Paulo, Diario Official, 1905, p. 6.

91. *Actas da Camara da Villa de S. Paulo 1562-1596*, Archivo Municipal de São Paulo, Duprat, 1914, vol. I, p. 42.

92. Ibidem, pp. 275-7.

93. Basílio de Magalhães, "Expansão Geographica do Brasil até fins do século XVII", *Revista do Instituto Historico e Geographico Brasileiro*, tomo especial consagrado ao Primeiro Congresso de História Nacional, parte II, Rio de Janeiro, Imprensa Nacional, 1915, p. 93.

94. *Actas da Camara da Villa de S. Paulo 1623-1628*, Archivo Municipal de São Paulo, Duprat, 1915, vol. III, p. 41.

95. Ibidem, p. 98.

96. J. Capistrano de Abreu, *Capítulos de história colonial (1500-1800)*, loc. cit., p. 142.

97. Carta de Sua Alteza sobre a fundação da vila com cópia das ordens que se mandaram a Fernão Dias Pais e às tropas de São Paulo, de 12 de setembro de 1674, em *Documentos Históricos*, cit., vol. LXVII (1945), p. 88. Manuscrito códice I-4, 3, 56 da B. N. ns. 5807 e 5822 do C.E.H.B.; n. 41 do Cat. Man.

98. "Carta que se escreveu aos homens de São Paulo cujos nomes estão á margem", Bahia, 20 de fevereiro de 1677, por Agostinho de Azevedo Monteiro, Álvaro de Azevedo e Antônio Guedes de Brito, em *Documentos Históricos (1675-1709): Correspondência dos Governadores Gerais; 1664-1668: Provisões*, vol. XI da série e IX dos documentos da Biblioteca Nacional, Rio de Janeiro, Biblioteca Nacional, 1929, pp. 71-2.

99. J. Capistrano de Abreu, *Capítulos de história colonial (1500-1800)*, cit., p. 150. A frase referida é: "de bandeirantes, isto é, despovoadores, passam a conquistadores, formando estabelecimentos fixos".

100. *Actas da Camara da Villa de S. Paulo 1623-1628*, cit., p. 282.

101. Pedro Taques de Almeida Pais Leme, op. cit., p. 188.

102. R. P. Pablo Pastells, op. cit., t. IV, p. 514.

103. A carta do chefe paulista vem transcrita em espanhol em R. P. Pablo Pastells, op. cit., pp. 513-4: "Muy Rdo. Padre Superior de la Nación de los Chiquitos: Aquí hemos llegado dos vanderas de Portugueses, soldados nobles e hidalgos; no venimos a hacer mal a los Padres, sino a recoger el gentío que anda por estas tierras, y por eso bien puede V. Paternidad volverse a su casa y traernos todos sus hijos con toda seguridad — Dios guarde a V. Paternidad muchos años. — Besa la mano de V. m. muy Reverenda. — Capitán Antonio Ferráez".

104. D. Luiz Antonio de Souza, "Carta da Resposta que o Capitão General de S. Paulo deu ao governador do Paraguay sobre a posse do territorio do Guatemy, de São Paulo a 17 de julho de 1771", em *Documentos interessantes para a historia e costumes de São Paulo*, vol. XXXIV (1770-71), São Paulo, Archivo do Estado de São Paulo, 1901, pp. 450-1.

105. "Narração da viagem que, nos annos de 1591 e seguintes, fez Antonio Knivet da Inglaterra ao mar do Sul, em companhia de Thomaz Candish [*sic*]", *Revista Trimensal do Instituto Historico, Geographico e Ethnographico do Brasil*, Rio de Janeiro, Pinheiro & C., 1878, t. XLI, parte I, p. 231. Anthony Knivet, flibusteiro inglês, veio ao Brasil com Cavendish. Foi testemunha da tomada de Santos pelos ingleses em 1591.

106. "Herói providencial", figura de Jules Michelet (1798-1874), autor da *Histoire de la Révolution Française*, é o fruto da contingência capaz de concretizar as virtualidades de um tempo histórico.

107. O autor, como seu mestre Capistrano de Abreu, prefere a forma "mamaluco" à mais corrente "mameluco": "Nos documentos tenho encontrado invariavelmente, ou quase, *mamaluco*; não sei quando começaram a escrever mameluco" (carta a Paulo Prado, de 14 de outubro de 1922, em Capistrano de Abreu, *Correspondência*, cit., p. 422).

108. Fernão Cardim, *Narrativa epistolar de uma viagem e missão jesuitica*, cit., p. 60.

109. *Annaes da Bibliotheca Nacional do Rio de Janeiro*, 1917, cit., p. 199.

110. Antônio Luís G. da Câmara Coutinho, "Carta para Sua Magestade sobre o levantamento dos negros no Camamú, e Paulistas em Porto Seguro" (Bahia, 15 de julho de 1692), em *Documentos Historicos — 1648-1711 Provisões, Patentes, Alvarás, Cartas*, vol. XXXIII, Rio de Janeiro, Bibliotheca Nacional, 1936, p. 451. Manuscritos: Codice I=1, 2, 42- N. 5843 do Cat. da Exp. de Hist. do Brasil n. 63 do Cat. de Manuscr. da Biblioteca Nacional.

111. *Annaes da Bibliotheca Nacional do Rio de Janeiro*, cit., p. 200.

112. A menção aos dois prelados escritores encontra-se em Frei Gaspar da

Madre de Deus, *Memórias para a história da capitania de S. Vicente hoje chamada de S. Paulo* (1797), 3ª ed., São Paulo, Weiszflog, 1920, pp. 224-37.

113. Agostinho de Azevedo Monteiro, Álvaro de Azevedo, Antonio Guedes de Brito, "Carta a Estevão Ribeiro Baião Parente, Governador da Conquista" (Bahia, 25 de maio de 1677), em *Documentos Históricos* (*1663-1685*), vol. IX da série e VII dos documentos da Biblioteca Nacional, Rio de Janeiro, Augusto Porto & C., 1929, p. 41.

114. Antônio Luís G. da Câmara Coutinho, cit., pp. 449-51.

115. R. Blanco-Fombona, *El conquistador español del siglo XVI*, Madri, Mundo Latino, s.d.

116. Heinrich Handelmann, *História do Brasil*, Rio de Janeiro, IHGB, 1931, p. 548. Provavelmente o autor consultou a edição alemã, de 1880.

117. *Annaes da Bibliotheca Nacional do Rio de Janeiro*, cit., p. 199.

118. J. Capistrano de Abreu, *Capítulos de história colonial* (*1500-1800*), cit., p. 150.

119. Sebastião da Rocha Pitta, *Historia da America Portugueza*, Lisboa, Francisco Arthur da Silva, 1880, p. 260.

120. Sir Walter Ralleigh, *The discoveries of the large, rich, and beautiful Empire of Guiana, with a relation of the great and golden citie of Manoa (which the Spaniards call El Dorado) and the provinces of Emeria, Aromaia and other countries, with the rivers adjoining.*

121. Na verdade a citação é de André João Antonil (*Cultura e Opulencia do Brazil, por suas drogas e minas*, Rio de Janeiro, Casa de Souza, 1837, p. 149), na voz de Varnhagen (op. cit., t. IV, p.121), que a reproduz.

122. Carta de Arthur de Sá e Menezes ao rei dando-lhe conta da proibição da venda de ouro em pó, e tratando da fome nas minas e da riqueza destas, de 20 de maio de 1698, em *Revista do Instituto Historico e Geographico de São Paulo*, cit., vol. XVIII, p. 334.

123. Antonil, op. cit., p. 173.

124. J. Capistrano de Abreu, *Capítulos de história colonial* (*1500-1800*), loc. cit., p. 216.

125. Robert Southey, *History of Brazil*, cit., pp. 310-44.

126. Referência ao capitão-general Antonio Manoel de Mello Castro e Mendonça ("General Pilatos"), em carta do bispo d. Mateus, escrita em Sorocaba a 20 de outubro de 1798 (Antonio Egydio Martins, *São Paulo Antigo* (*1554 a 1910*), segundo volume, São Paulo, Typographia do Diario Official, 1912, p. 35).

127. Pedro Taques de Almeida Pais Leme, "Nobiliarchia paulistana", op. cit., vol. XXXIII, parte II, Rio de Janeiro, Garnier, 1870, pp. 96-100. A história de Bartolomeu Fernandes de Faria vem relatada em Prados, capítulo I, §7, Ignez Pedroso 4-4 (mulher de Bartolomeu).

128. D. Luiz Antonio de Souza, "Carta para a Secretaria do Estado — N. 5 — Sobre o atrazo da Lavoura em S. Paulo e suas causas" (30 de janeiro de 1768), em *Documentos interessantes para a historia e costumes de São Paulo*, vol. XXIII (1766-68), São Paulo, Archivo do Estado de São Paulo, 1897, p. 376.

129. *Documentos interessantes para a historia e costumes de São Paulo*, vol. XXIII (1766-68), cit., p. 4.

130. José de Arouche Toledo Rendon, "Reflexões sobre o estado em que se acha a agricultura na Capitania de S. Paulo" (1788), em *Documentos interessantes para a historia e costumes de São Paulo*, vol. XLIV (diversos), cit., pp. 196 e 201.

131. Dom Luiz Antonio de Souza, "Carta nº 1 ao Rei, descrevendo o estado em que achou a capitania" (1º de dezembro de 1767), em *Documentos interessantes para a historia e costumes de São Paulo*, vol. XXIII (1766-68), cit., p. 253.

132. Martim Lopes Lobo de Saldanha a Martinho de Mello e Castro, "Noticia Previa do Estado em que se achou a Capitania de São Paulo, comprehendendo os trêz Estados, Politico, Militar e Real Fazenda" (18 de novembro de 1775), em *Documentos interessantes para a historia e costumes de São Paulo*, vol. XXVIII (1775-78), São Paulo, Archivo do Estado de São Paulo, 1898, p. 20.

133. *Documentos interessantes para a historia e costumes de São Paulo*, vol. XXIII (1766-68), cit., pp. 378-9.

134. Manuel Cardoso de Abreu, "Divertimento admiravel para os historiadores observarem as machinas do mundo reconhecidas nos sertões da navegação das minas de Cuyabá e Matto Grosso", *Revista do Instituto Historico e Geographico de São Paulo* (1900-1901), São Paulo, Diario Official, 1902, vol. VI, pp. 285-6.

135. *Inventarios e testamentos*, vol. XXVII, Archivo do Estado de São Paulo, Typographia Piratininga, 1921, p. 61. Inventário de Manuel Garcia Velho.

136. Martim Francisco Ribeiro de Andrade Machado da Silva, requerimento que acompanha a carta de d. Rodrigo de Souza Coutinho a Antonio Manoel de Melo Castro e Mendonça, de 30 de março de 1799 (Arquivo do Estado de São Paulo, códice 106, em *Documentos interessantes para a história e costumes de São Paulo* (1797 a 1802), vol. LXXXIX. São Paulo, Arquivo do Estado, 1967, p. 145).

137. Antônio José da Franca e Horta, "Carta para D. Rodrigo de Souza Coutinho" (São Paulo, 19 de fevereiro de 1803), em *Documentos interessantes para a história e costumes de São Paulo*, vol. XCIV (oficios do general Horta aos vice-reis e ministros — 1802-1804), São Paulo, Unesp/Arquivo do Estado, 1990, p. 18; manuscrito no códice 108.

138. Dom Luiz Antonio de Souza, "Considerações gerais sobre os costumes e lavoura de São Paulo", carta ao conde de Oeiras, futuro marquês de Pombal, de 23 de dezembro de 1766, em *Documentos interessantes para a historia e costumes de São Paulo*, vol. XXIII (1766-68), cit., p. 5.

139. *Annaes da Bibliotheca Nacional do Rio de Janeiro*, cit., p. 199.

140. Engano do autor. Trata-se na verdade de trecho da carta do marquês de Lavradio, do Rio de Janeiro, para Martim Lopes Lobo de Saldanha, em 26 de março de 1777 (*Documentos interessantes para a historia e costumes de São Paulo*, vol. XVII (1775-79), São Paulo, Archivo do Estado de São Paulo, 1895, p. 209).

141. *Annaes da Bibliotheca Nacional do Rio de Janeiro*, cit., p. 199.

142. J. B. von Spix & C. F. Ph. von Martius, *Reise in Brasilien*, Munique, 1823, I, p. 225.

143. A. de Toledo Piza, "Chronicas dos tempos coloniaes — episodios da independencia em São Paulo", *Revista do Instituto Historico e Geographico de São Paulo*, vol. IX, cit., p. 353.

144. João Batista de Moraes, "Revolução de 1842", *Revista do Instituto Historico e Geographico de São Paulo*, vol. XII, 1907; São Paulo, Typographia do Diario Official, 1908, p. 584.

145. Pedro Taques de Almeida Paes Leme (São Paulo, 13 de outubro de 1772), "Informação sobre as Minas de S. Paulo, e dos certoens da sua Capitania desde o anno de 1597, até o presente de 1772 (...)", *Revista Trimensal do Instituto Historico e Geographico Brazileiro*, t. LXIV, parte I (1º e 2º trimestres), Rio de Janeiro, Companhia Typographica do Brazil, 1901, p. 31.

146. Pedro Taques de Almeida Paes Leme, "Nobiliarchia paulistana", cit., t. XXXIII, parte II, p. 163.

147. Pero de Magalhães Gândavo, *Tratado da terra do Brasil*, Rio de Janeiro, Annuario do Brasil, 1924, p. 59.

148. Frei Vicente do Salvador, *Historia do Brasil*, Rio de Janeiro, Imprensa Nacional, 1888, p. 15.

149. Manoel Eufrazio de Azevedo Marques, op. cit., p.149.

150. Fernão Cardim, op. cit., p. 58.

151. J. Capistrano de Abreu, *Capítulos de história colonial* (1500-1800), cit., p. 142.

152. Alexander Caldcleugh, *Travels in South America during the years 1819-20-21 containing an account of the present state of Brazil, Buenos Ayres, and Chile*, Londres, John Murray, 1825, pp. 13-4.

153. Antonil, op. cit., p. 180.

154. Simão Ferreira Machado, *Triumpho eucharistico*, Lisboa, Oficina de Musica, 1734, p. 11.

155. J. Capistrano de Abreu, *Caminhos antigos e o povoamento do Brasil*, Rio de Janeiro, Sociedade Capistrano de Abreu, 1930, p. 73.

156. Antonil, op. cit., p. 114.

157. Saint-Hilaire citado por Capistrano de Abreu, *Capítulos de história colonial* (*1500-1800*), cit., p. 279.

158. Carta CXXVI, de 29 de junho de 1691, da Bahia, para Diogo Marchão

Themudo (*Cartas do Padre António Vieira*, t. II, Lisboa, J. M. C. Seabra & T. Q. Antunes, 1854, p. 190).

159. Alfred Kirchhoff, *O homem e a terra: esboços das correlações entre ambos*, Rio de Janeiro, Laemmert, 1902.

160. Pero de Magalhães Gândavo, *Historia da provincia Santa Cruz*, Rio de Janeiro, Annuario do Brasil, 1924, p. 82.

161. "Cartas de Amerigo Vespucci", trad. Visconde de Porto Seguro, *Revista Trimensal do Instituto Historico, Geographico e Ethnographico do Brasil*, Rio de Janeiro, Typ. Pinheiro, 1878, t. XLI, parte I, p. 27.

162. Fernão Cardim, op. cit., p. 55.

163. O verso "As the soil is, so the heart of man" ("Como a sua terra, assim é o coração do homem") está no canto IV do *Don Juan*, de Byron.

164. "Para melhor se conhecer o Brasil" foi o lema adotado por Paulo Prado nas suas iniciativas editoriais, para reverenciar Capistrano de Abreu e seu tio Eduardo Prado.

165. Refere-se ao *Avon*, um dos navios da companhia The Royal Mail Steam Packet, que fazia a travessia do Atlântico Sul.

166. O Hotel D'Oeste situava-se na rua de São Bento, no elegante Triângulo do centro de São Paulo.

167. Revista modernista do Rio de Janeiro, dirigida por Sérgio Buarque de Holanda e Prudente de Morais, neto (Pedro Dantas), que publicou apenas três números entre 1924 e 1925.

ETC. (PP. 233-341)

1. Domício da Gama (1863-1925). Diplomata e escritor. Muito ligado ao barão de Rio Branco e a Joaquim Nabuco, atuou como secretário nas disputas de fronteiras envolvendo Argentina, França e Inglaterra. Foi embaixador nos Estados Unidos de 1914 a 1918 e ministro das Relações Exteriores de 1918 a 1919.

2. Eduardo da Silva Prado (1860-1901), último filho de Martinho e Veridiana Prado, tio de Paulo Prado, de quem era mais velho apenas nove anos. Cursou a Faculdade de Direito de São Paulo, viajou pelo mundo até fixar-se em Paris, num apartamento na rue de Rivoli, 119, onde montou uma excelente biblioteca. Nele incorporou todo o conforto proporcionado pela tecnologia moderna: telefone, máquina de escrever, fonógrafo, elevador. Tal prodígio de habitação era freqüentado pelo barão do Rio Branco, Eça de Queirós, Oliveira Martins, Ramalho Ortigão, Elisée Reclus, entre outros. Eça de Queirós, de quem se tornou dileto amigo, dele traçou uma caricatura carinhosa em *A cidade e as ser-*

ras, seu último livro, na caracterização da personagem Jacinto de Tormes. Jacinto, como Eduardo, era dividido entre a serra (a fazenda do Brejão, interior de São Paulo) e a cidade por excelência (Paris).

Monarquista, católico, nacionalista, enfrentou com coragem o golpe de Estado que implantou a República no Brasil e foi perseguido e exilado por isso. Publicou *Fastos da ditadura militar no Brasil* (1890), cuja edição original foi destruída pela polícia, e *Ilusão americana* (1893), obra anti-republicana e antiamericana, na qual falava do perigo das idéias transpostas sem base cultural para se assentar, criticando o vício nacional da imitação. Em seu nacionalismo, defendia o brasileiro autêntico como sendo o caboclo mestiço — isso antes da idéia da miscigenação ser aceita com a obra de Gilberto Freyre.

Outras obras: *O catolicismo, a Companhia de Jesus e a colonização do Brasil* (1900), *Viagens* (1902, 2 vols.) e *Coletâneas* (1904-5, 4 vols.). Morreu em conseqüência de febre amarela. O melhor necrológio foi escrito pelo amigo Capistrano de Abreu (*Ensaios e estudos*, 1ª série), que relata a erudição histórica de Eduardo Prado, seus principais estudos e seu particular gosto de estar entre os caipiras de sua fazenda. Paulo Prado herdou do tio o gosto pelos estudos históricos, algumas das idéias não desenvolvidas e os amigos. Com Capistrano, PP criou a coleção bibliográfica "Série Eduardo Prado, Para melhor se conhecer o Brasil". Fez publicar em 1932, na *Revista Nova*, da qual era diretor, um estudo inédito de Eduardo Prado sobre o padre Manuel de Morais, uma de suas últimas obsessões.

3. Após a dissolução da Assembléia Constituinte por Pedro I em 1823, José Bonifácio foi deportado para a França, onde residiu em Bordéus.

4. Na Livraria Chadenat, Rio Branco passou muito tempo mergulhado em velhos mapas, estudando a caprichosa dança das fronteiras, no que foi assistido de perto pelo velho livreiro. Nessa mesma livraria, em 1923, Paulo Prado foi apresentado a Blaise Cendrars, de quem se tornaria grande amigo e mecenas.

5. Paulo Prado, como era de seu hábito, publicou uma primeira versão do ensaio sobre o Caminho do Mar em *O Estado de S. Paulo*, em 28 de setembro de 1922. Amadeu Amaral resenhou-o positivamente, mas após resistência às críticas feitas de passagem à ação política de Vieira. À réplica de Prado, Amaral retrucou imediatamente, defendendo a grandeza intacta de Vieira, no mesmo jornal, em 22 de outubro.

6. A citação de Capistrano de Abreu encontra-se em *Ensaios e estudos* (*Crítica e História*), 1ª série, Rio de Janeiro, Sociedade Capistrano de Abreu, 1931, p. 344.

Cornelis Cornelissen van den Steen — Cornélio a Lapide (1567-1637): erudito jesuíta flamengo, exegeta das Escrituras, profundo conhecedor de grego e hebraico, cujos livros adquiriram enorme reputação e foram objeto de inúmeros comentários. Sucessivas reedições atestam a estima que usufruíram.

7. Em janeiro de 1923, tropas francesas e belgas ocuparam a região alemã

do Ruhr, com o objetivo de controlar os principais centros mineiros e apropriar-se da renda por eles produzida para abater a dívida de guerra. Tal invasão suscitou a resistência passiva dos alemães por meio de imensas greves. A perda dessa região abalou a economia alemã e levou ao enfraquecimento da moeda. Um tratado firmado em Londres em 1924 determinou a retirada gradativa das forças de ocupação, concluída em 1925. O ressentimento dos alemães, no entanto, alimentou o surgimento de um forte nacionalismo, habilmente explorado por Hitler em sua ascensão ao poder.

8. Medidas adotadas em decorrência do levante da Vila Militar e do Forte de Copacabana, episódio conhecido como "18 do Forte". Tal perturbação exprimia descontentamento com os rumos da política federal em que disputavam o poder Nilo Peçanha e Artur Bernardes, cuja eleição à Presidência o primeiro contestava.

9. Alusão ao breve governo de Sancho Pança, na ilha de Baratária, descrito na segunda parte do *Dom Quixote*, de Cervantes.

10. Louis Chadourne, *Le pot au noir*, Paris, Albin Michel, 1923.

11. Citação de Sílvio Romero, em "Nosso maior mal", *Provocações e debates, Contribuições para o estudo do Brasil social*, Porto, Chardron, 1910, p. 111.

12. José-Maria de Heredia, *Les trophées*, Paris, Alphonse Lemerre, s.d., cuja edição apresenta na última página um impressionante desenho de gerifalte.

13. Trecho da carta do governador-geral Câmara Coutinho, de 15 de junho de 1693, em J. Capristrano de Abreu, "Paulística — A pretexto de uma moeda de ouro", *Revista do Brasil*, São Paulo, abril de 1917.

14. John Piermont Morgan (1837-1913). Industrial e banqueiro, investiu em companhias ferroviárias e grandes corporações como General Electric e United States Steel. Dono do poderoso banco J. P. Morgan, mais de uma vez socorreu o governo norte-americano em crises financeiras. Colecionador de arte, tornou-se um dos principais doadores de obras para o acervo do Metropolitan Museum of Art, de Nova York.

15. A carta do Patriarca, a que se refere o autor, na verdade diz: "Eu já dizia de Portugal que era um país em que a esfera do possível era muito menor que a do real; e que direi agora do Brasil? Nada" (carta de 26 de dezembro de 1826, de Tanance, em José Bonifácio de Andrada e Silva, *Cartas andradinas*, Rio de Janeiro, Leuzinger, 1890, p. 32).

16. José de Anchieta, "Informação da provincia do Brasil para Nosso Padre", em *Informações e fragmentos historicos (1584-1586)*, cit., p. 45.

17. José de Anchieta, "Enformação do Brazil, e de suas Capitanias, 1584", cit., p. 432.

18. O poeta francês é Blaise Cendrars, que visitava o Brasil pela segunda vez, sempre a convite de Paulo Prado. O "profundo hoje" é *Profond aujourd'hui*, um intenso opúsculo de Cendrars, publicado em 1917, que repercutira fundo no

autor de *Paulística*. Muito provavelmente o viajante ouviu de corpo presente a profissão de fé do amigo e patrono. Evocará o episódio em *Bourlinguer* (1948), mas embrulhando propositadamente as coisas: a modesta carta de Anchieta torna-se a "Carta al Rey", de Caminha...

19. Paulo Prado possuía a tela *L'homme au chien* (*Homem e seu cão*), de Fernand Léger, que no verso lhe dirige a seguinte dedicatória: "Allo allo/ Monsieur Prado/ Voici le nuovo/ Petit tablo/ est-il plus bo/ Allo allo/ F. Léger, Poète" ("Alô alô/ Dr. Pradô/ Eis o nuovô / Pequeno quadrô/ é mais bonitô/ Alô alô/ F. Léger, Poeta"). Os casais Léger e Prado viam-se com freqüência em Paris, quase sempre na companhia de Cendrars, amigo comum. A correspondência entre Léger e PP estendeu-se pelo menos até 1935.

20. Monsieur Jourdain é a principal personagem da comédia *Le bourgeois gentilhomme* (*O burguês fidalgo*), de Molière. Burguês novo-rico, pretende fazer-se passar por nobre, mas a única coisa que consegue é ser enganado e ridicularizado.

21. Clos (de) Vougeot, *grand cru*, um dos melhores vinhos da Borgonha, famoso pelo seu particular perfume.

22. Movimento liberal de agosto de 1820 na cidade do Porto, que exigia o retorno de d. João VI a Portugal.

23. "Olor molinhoso": aroma de chuvisco. A expressão encontra-se na última linha do poema "Noturno das Antilhas", escrito em 1923 a bordo do *Vandyck* e dedicado a Ribeiro Couto (*Toda a América*, 1925).

24. Fernão Cardim, op. cit., p. 55.

25. François Pierre Guillaume Guizot (1787-1874), historiador e político francês, líder dos conservadores monarquistas constitucionais. Sua participação como ministro dos Negócios Estrangeiros de Louis Philippe foi decisiva para a eclosão da Revolução de 1848, pela recusa às reivindicações do Partido Liberal.

26. Duque de Saint-Simon (1675-1755). Grande escritor e membro da corte de Luís XIV, a quem atacou em suas *Memórias*, publicadas em 41 volumes.

27. Gonzalo Fernández de Oviedo y Valdés, *Historia general y natural de las Indias, islas y tierra-firme del mar océano*, Madri, Real Academia de Historia, 1851, primeira parte.

28. A Ilha do Sol é a que chamamos hoje de Santo Amaro; a do Mudo é a ilha Porchat.

29. *Diário de navegação de Pero Lopes de Sousa* (*1530-1532*), cit., vol. I, p. 340.

30. "Carta de poder para o capitão mór criar tabeliães e mais officiaes de justiça", em *Diário de navegação de Pero Lopes de Sousa* (*1530-1532*), cit., vol. II, pp. 11-2.

31. Idem, vol. I, pp. 341-2.

32. Jean de Froissart (c. 1333-c.1400). Cronista histórico, tratou da Guerra dos Cem Anos, com ênfase nos torneios da aristocracia feudal.

33. A frase "Não é inútil lembrar aqui alguns dos mais famosos passos de que se poderia chamar o grande *processo de desilusão* que vem desabusando as gentes brasileiras desde os fins do século XVIII" encontra-se em *O Brasil na primeira década do século XX*, de Sílvio Romero (Lisboa, A Editora Ilimitada, 1912, p. 16).

34. Clube 3 de Outubro: organização política fundada em 1931, no Rio de Janeiro, pelos tenentistas que apoiavam Getúlio Vargas, para defender seus interesses no governo. Seu nome refere-se à data de início da Revolução de 1930. Foi dissolvido, por decisão dos próprios membros, em 1935. O programa do partido, a que se refere Paulo Prado, é de fevereiro de 1932.

35. Engano do autor. Trata-se do verso que abre o Livro I do poema neoclássico *Endymion*, de John Keats (1795-1821): "A thing of beauty is a joy for ever:/ It's loveliness increases; it will never/ Pass into nothingness; but still will keep/ A bower quiet for us, and a sleep/ Full of sweet dreams, and health, and quiet breathing" [*Endimião* (1818): "Tudo o que é belo é uma alegria para sempre: / O seu encanto cresce; não cairá no nada; / Mas guardará continuamente, para nós, / Um sossegado abrigo, e um sono todo cheio / De doces sonhos, de saúde e calmo alento" (*Poemas de John Keats*, trad. Péricles Eugênio da Silva Ramos, São Paulo, Art Editora, 1985, p. 77)].

36. Maurice Raynal, *Lipchitz*. Paris, Action, 1920, p. 9 (não-numerada).

37. A escultura de Brecheret *Mise au tombeau* foi adquirida por d. Olívia Guedes Penteado (1872-1934) e trazida a São Paulo para ornar o túmulo do marido, Inácio Penteado, falecido em 1914 e sepultado no Cemitério da Consolação.

38. Filinto Elísio (1734-1819), pseudônimo do padre Francisco Manuel do Nascimento, foi um dos mais importantes poetas do neoclassicismo português. Clérigo, mas leitor de livros racionalistas franceses proibidos pela Inquisição, teve de fugir para a França, exilando-se em Paris em 1778, onde estabeleceu relações de amizade com Lamartine. As suas poesias foram publicadas em Paris em onze volumes entre 1817 e 1819, seguindo-se uma segunda edição em Lisboa de 22 volumes entre 1836 e 1840. Além de poeta foi tradutor, vertendo para o português os *Mártires* de Chateaubriand, as *Fábulas* de La Fontaine e a *Púnica* de Sílio Itálico. A menção a "arcadistas e dissidentes" é referência ao livro de Teophilo Braga, *Filinto Elysio e os dissidentes da Arcadia* (Porto, Livraria Chardron, 1901, pp. 87-379).

39. Silvestre Silvério da Silveira e Silva, pseudônimo de Manuel José de Paiva (1706-86?), advogado e humorista português, autor de *Governo do mundo em seco, palavras embrulhadas em papéis, ou o escritório da razão etc.*, em que censurava os abusos de seu tempo.

40. Henri Bordeaux: escritor católico, cujos romances circulavam no Brasil entre famílias burguesas, por constituírem leitura para mulheres e moças. Escritor secundário, a comparação com Anatole France e Rostand não faz jus a estes.

41. Ateliê de Tarsila, situado à rua Hégésippe-Moreau nº 9, nos arredores da Place Clichy, onde desenvolvia a pintura "pau-brasil" e recebia artistas e escritores da vanguarda de Paris.

42. Nas orgias da abadia de Newstead, Childe Harold se embebedava de borgonha, vertido de um crânio humano. Referência a um dos livros máximos de Lord Byron: *Childe Harold's pilgrimage*.

43. Pierre de Ronsard (1524-85), poeta francês que liderava o grupo de poetas renascentistas conhecido como La Pléiade. Autor de *Les quatre premiers livres des odes, Les amours, Livret de Folastries, Le Bocage* etc. Perdeu prestígio nos séculos XVII e XVIII, mas o recuperou definitivamente pela intervenção de Sainte-Beuve.

Alfred de Musset (1810-57), poeta francês, teve uma ligação tumultuada com George Sand. Escreveu romance (*La confession d'un enfant du siècle*), poesia (*Contes d'Espagne et d'Italie, Spectacle dans un fauteil, Les nuits*), teatro (*Lorenzaccio*). Um dos poetas preferidos de Paulo Prado, que o considerava "intérprete do ritmo profundo e íntimo" da França.

Eduard Mörike (1804-75), poeta alemão, foi pastor protestante e depois professor. Fazia tanto poesia clássica em versos alexandrinos, quanto romântica, com motivos populares. Durante longo tempo permaneceu desconhecido, mas sua reputação depois se consolidou.

Ludwig Uhland (1787-1862), poeta, magistrado e político alemão. Estudou a poesia francesa medieval e a canção popular alemã. As suas *Baladas* foram muito apreciadas.

Geoffrey Chaucer (c.1342-1400), o grande poeta inglês pré-renascentista. Autor dos *Canterbury tales*, ajudou a consolidar a língua inglesa.

Robert Burns (1759-96). De origem humilde, tornou-se célebre após a publicação, em 1786, de sua primeira obra, em dialeto escocês, composta por canções e poemas plenos de espontaneidade e humor.

Walt Whitman (1819-92), jornalista e escritor, cujo poema *Leaves of grass* (1855) abalou os círculos literários em âmbito internacional, pelo tom vigoroso, ao mesmo tempo visionário e primitivo, com que apelava para o papel reservado à cultura norte-americana na renovação da sensibilidade.

44. George Bryan Brummel (1778-1840), conhecido como "o belo Brummel", dândi inglês que ditava moda no início do século XIX. Perdulário, contraiu muitas dívidas e morreu na miséria.

45. Em 1830, a encenação da peça *Hernani*, de Victor Hugo (1802-85), provocou grande celeuma e a vaia estrepitosa dos retrógrados, mobilizando o mundo intelectual da época. Escrita em alexandrinos, com acento épico, nenhum espírito jovem a ela permaneceu insensível.

46. Étienne Alexandre Millerand (1859-1943), socialista francês favorável ao reformismo. Foi presidente da República entre 1920 e 1924. O Panthéon é o

monumento de Paris onde estão inumados os restos dos grandes franceses, os heróis da pátria.

47. [João] Peregrino Júnior (1898-1983), médico, escritor, jornalista, membro da Academia Brasileira de Letras. Escreveu ficção, crônica, livros de medicina, ensaios. Foi redator de *O Jornal, Rio-Jornal, O Brasil, A Notícia, Careta.* Algumas de suas obras: *Doença e constituição de Machado de Assis, O Movimento Modernista* (1954), *Ronald de Carvalho* (Novos Clássicos Agir, nº 45).

48. Luciano de Samosata (c.125-c.192), inicialmente advogado, logo adotou o procedimento dos sofistas ambulantes e passou a percorrer o mundo ministrando palestras. Esteve em Antioquia e Atenas e tornou-se, no fim da vida, alto funcionário no Egito, onde morreu. Deixou obra extensa, recolhida em 82 volumes de epigramas, exercícios de retórica, diálogos literários, paródias, romances satíricos. Pode-se dizer que foi o criador da literatura satírica.

49. Georges Louis Leclerc, conde de Buffon (1707-88), escritor e naturalista francês, publicou uma monumental *História natural* em 36 volumes. Autor da célebre frase: "O estilo é o homem" (1753).

50. Referência a Oswald de Andrade e a seu livro *Pau-brasil.*

51. Karl Baedecker (1801-59), livreiro e escritor alemão, autor de guias de viagem universalmente apreciados, a ponto de se tornarem sinônimos de guias.

52. Venceslau Brás foi presidente da República entre 1914 e 1918.

53. Altino Arantes foi presidente do Estado de São Paulo, cargo equivalente ao de governador, de 1916 a 1920.

54. João Pandiá Calógeras (1870-1934), engenheiro, geólogo, político e historiador, foi ministro da Agricultura (1914), da Fazenda (1916) e da Guerra (1919). Autor de *Formação histórica do Brasil* e de *As minas do Brasil e sua legislação* (1904), entre outros estudos.

55. Aristide Briand (1862-1932), advogado e político socialista que ocupou por 26 vezes cargos ministeriais no governo republicano francês. Destacou-se por sua participação na comissão que redigiu a lei de separação entre Igreja e Estado, de 1905, e no encaminhamento político e institucional da criação da Liga das Nações, que lhe valeu o Prêmio Nobel da Paz em 1926. À época do telegrama, Briand ocupava o cargo de primeiro-ministro. O "chargé d'affaires" mencionado era Paul Claudel (1868-1955), poeta, dramaturgo, diplomata, que serviu no Rio de Janeiro durante a Primeira Grande Guerra, com quem Paulo Prado mantinha relações muito cordiais, que certamente facilitaram o estabelecimento do "Convênio Franco-Brasileiro" e o alinhamento do Brasil com os aliados.

56. Nilo Peçanha foi presidente da República de 1909 a 1910 e ministro das Relações Exteriores em 1917.

57. David Lloyd George (1863-1945), primeiro-ministro britânico entre 1916 e 22, que conduziu seu país à vitória na Primeira Grande Guerra. Em 1911,

inspirado no exemplo alemão, havia introduzido na Inglaterra as bases do *welfare state*, por meio de seguro-saúde e seguro-desemprego. Uma de suas mais notáveis atitudes durante a guerra foi evitar o isolamento da Inglaterra pelos submarinos alemães, que a teria levado à fome. Por isso insistia na necessidade de mais navios aliados, não importando a sua origem.

Biografia do autor

Paulo da Silva Prado, primeiro filho de Antônio da Silva Prado e Maria Catarina da Costa Pinto e Silva, nasceu em 20 de maio de 1869, na casa dos avós paternos, Martinho da Silva Prado e d. Veridiana Valeria da Silva Prado, então localizada na rua da Consolação, em São Paulo. Realizou parte dos estudos secundários na Corte, onde o conselheiro Antônio Prado exercia mandato de deputado geral e integrava o gabinete conservador de Cotegipe como ministro da Agricultura e dos Estrangeiros. Sua mãe se dedicava a completar a educação do moço-fidalgo, encaminhando-o para os estudos de música, dança e línguas estrangeiras.

Em 1884 iniciou o curso de Direito na Academia do Largo de São Francisco, recebendo o grau de bacharel em 4 de novembro de 1889, na última turma do Império. Em 1887 participou da formação da Sociedade Promotora de Imigração, ao lado do pai, do tio — Martinho Prado Júnior — e do visconde de Parnaíba (Antônio de Queirós Teles). No mesmo ano foi fundada em São Paulo a Casa Prado, Chaves & Cia., formada por membros de tradicionais famílias paulistas: Silva Prado e Pacheco e Chaves, que em breve se tornaria a maior empresa de exportação de café. Entre os negócios de vulto da família, destacava-se ainda a criação da Cia. Paulista de Estradas de Ferro (na região das terras roxas). Por essa época, tornou-se amigo do compositor Alexandre Levy, em cuja casa passava longos períodos executando — a quatro mãos — partituras eruditas ao piano.

Em março de 1890 nascia seu único filho, Paulo Caio, de uma relação não formalizada com Francisca Chichorro Galvão (1864-1933), filha do visconde de Maracaju e neta do brigadeiro Galvão. No mesmo ano, viajou à Europa, incluída uma visita à Grécia, reproduzindo num veleiro o roteiro de Byron. Estabeleceu-se em Paris, na rue de Rivoli, no apartamento do tio Eduardo Prado. Na companhia de Eduardo Prado, de Olavo Bilac e de Domício da Gama, partia em maio a Rouen para as homenagens a Flaubert, no décimo aniversário de sua morte. Com Afonso Celso, Eduardo Prado e Domício da Gama foi em agosto à Baviera, para assistir à representação decenal da Paixão de Cristo, em Oberamergau.

Com o tio, freqüentava a casa de Eça de Queirós, aonde ia "ouvir o mestre". De Paris, escrevia Eça à mulher: "Cá veio ontem o gentil Paulo arrastar o seu diletantismo". Segundo Domício da Gama, PP era tido como a flor da civilização em Neuilly, onde dançava, tocava piano etc. O autor de *A relíquia*, diante dos dotes especiais — que incluíam o domínio de três línguas estrangeiras, a perícia como cavaleiro e espadachim — do sobrinho de seu querido Prado, teria exclamado: "Menino, tu és uma perfeição humana!".

Em janeiro de 1891 recebia carta da mãe, a quem era muito ligado, aconselhando-o a regularizar a vida e assumir os negócios da família. O moço, no entanto, continuou na Europa, onde acompanhou o féretro de d. Pedro II no comboio que, atravessando a Espanha, levava o corpo do segundo imperador ao panteão dos Bragança. Nessa época, vencia uma prova esportiva que consistia em dirigir, por entre caminhos tortuosos e estreitos, um dos coches da mala postal entre a Étoile e Versalhes. Viajou à Suécia em pleno inverno, a convite do poeta e diplomata Antônio Feijó. Levou equipamento completo de caça ao urso-polar. Em Estocolmo, diante de um frio de −30°, desistiu do intento. Apresentado à corte, tendo como madrinha a condessa Pahlen, manteve animada conversa com o rei, fato que mereceu destaque nos jornais locais.

Em 1892 iniciava sua colaboração no *Jornal do Commercio*, de propriedade do tio, na coluna "Notícias da Europa". A partir de 1893 passou a freqüentar, com Eduardo Prado, Joaquim Nabuco e o barão do Rio Branco, a livraria Americana, de Chadenat, no Quai des Grands Augustins, em Paris. Adquirido o gosto pelos livros e manuscritos raros, a ela retornaria sistematicamente, à cata de alguma preciosidade.

Numa carta de abril de 1894, a mãe advertia: "Creio que estás te divertindo demais, é preciso ter cautela. Teu Pai que é muito bom ficou zangado, mas prometeu-te que mandaria o dinheiro". PP retornou então ao Brasil, trazendo carta de Eça para o tio Eduardo, então perseguido pelo governo republicano — "o mensageiro pede-me que eu não sobrecarregue e torne muito pesada a minha prosa, para o caso em que ele tenha de a engolir!" (Eça, carta de 4 de julho).

O Conselheiro, em 1897, queixava-se ao filho na França de que seu retorno era necessário para desenvolver os negócios da família. De volta, PP torna-se sócio da Casa Prado-Chaves, assumindo a sua gerência. De 1911 a 1924 ocupou alternativamente os cargos de diretor-gerente e diretor-presidente; de 1924 até a morte manteve a presidência da companhia. Envolveu-se de corpo inteiro nos negócios relacionados com a produção e a comercialização do café e deles adquiriu um conhecimento profundo — segundo o testemunho de um funcionário, PP "conhecia e classificava café como poucos".

Após a morte da mulher, em 1899, o conselheiro Antônio Prado retornou à política e exerceu, por quatro mandatos consecutivos, o cargo de prefeito da cidade de São Paulo, que acumulava com a presidência de suas inúmeras empresas: Banco do Comércio e Indústria, Cia. Paulista de Estradas de Ferro, Vidraria Santa Marina, Curtume Água Branca, Frigorífico Barretos, além do Automóvel Clube e dos negócios imobiliários no Guarujá.

Em 30 de agosto de 1901, o tio Eduardo Prado morria em São Paulo, de febre amarela.

Paulo Prado, por volta de 1906, passou a publicar crônicas no *Correio Paulistano*. Numa carta de 1926, assim se refere a esse período: da "minha colaboração em época remota no *Correio Paulistano* [...] eu já tinha quase esquecido. Lembrava-me vagamente de um rapaz magro, sempre de preto, com olheiras e romantismo, que namorava pelas colunas do *Correio*. Parecia-se comigo como um irmão. Para que evocar essa aparição? Já se sumiu no passado".

Alceu Amoroso Lima, o crítico literário Tristão de Ataíde, encontrando PP na estação de águas de Carlsbad, em 1913, a ele se refere como "neurastênico até a raiz dos cabelos. Esgotado. Sem achar graça em nada. Divertindo-se em ver um imenso árabe, enfiado num imenso albornoz azul, preparar café em xicrinhas minúsculas, no hall do nosso hotel".

Entre 1913 e 1916, participou, como representante de São Paulo, da Comissão de Valorização do Café. No mesmo período atuava como intermediário de um empréstimo requerido pelo governo do estado à City de Londres, onde tinha boas relações. Em abril de 1917, recebia procuração do pai para, por meio de compra de debêntures, tentar anular a venda da Estrada de Ferro Araraquara para a S. Paulo Northern Railway Co., considerada ilegal. Desse modo, provocaria a falência da companhia, e seu controle acionário poderia ser adquirido em leilão judicial. Seria então organizada como uma sociedade anônima. Nesse mesmo ano, negocia acordo com Paul Claudel, então encarregado de negócios da França servindo no Rio de Janeiro, para a venda de dois milhões de sacas de café ao governo francês. Com a operação, proposta por PP, seria aliviada a crise que, durante a Primeira Grande Guerra, paralisara o setor de exportação, afetando o porto de Santos. O acordo foi assinado a 3 de dezembro. Em conseqüência, PP tornou-se signatário, com o mesmo Claudel, das convenções que determinaram o alinhamento do Brasil com os aliados na Grande Guerra e a transferência para a França dos navios alemães apreendidos nas costas brasileiras. Foi então condecorado pelo governo francês com a Legião de Honra.

Em 1918 nascia o primeiro neto, Paulo Antônio, que mais tarde, por sugestão do avô, passou a assinar Paulo Prado Neto. PP teve ainda dois outros netos: Eduardo Caio (1920) e Roberto Luís (1924).

Entre 1918 e 1927 manteve correspondência com Capistrano de Abreu, que exerceu enorme influência intelectual sobre o amigo herdado das relações do tio. Com o mestre, concebeu a série "Eduardo Prado, Para melhor se conhecer o Brasil". Em virtude das dificuldades de organização, os primeiros volumes só foram publicados em 1922: *Confissões da Bahia 1591-92*, recolhidas na *Primeira visitação do Santo Ofício às partes do Brasil*, pelo licenciado Heitor Furtado de Mendonça, e *Histoire de la mission des pères capucins en l'isle de Maragnan et terres circunvoisines*, de Claude d'Abbeville, esta fac-similar, em tiragem de cem exemplares, inaugurando a coleção. Ambas as publicações têm prefácio de Capistrano de Abreu.

Em 1920, substituído o governo federal, interesses contrariados acusavam PP na imprensa de favorecimento na venda do café ao governo francês. O presidente da República, Epitácio Pessoa, interpelou-o a respeito da operação, considerando-o um intruso nas negociações feitas em 1917. PP preparou um dossiê e o apresentou ao governo, fazendo cessar a polêmica. A 22 de maio publicava, em

O Estado de S. Paulo, "O Convênio Franco-Brasileiro" (reproduzido neste volume), em que relata os fatos de que foi protagonista. São dessa época as primeiras manifestações mais intensas de gota, que o obrigaram à reclusão e ao tratamento em estações de águas.

Por volta de 1920, passou a viver com a francesa Marie Noemi Alphonsine Lebrun (Marinette), nascida em 1892, com quem se casaria somente em 1930. A residência do casal, na avenida Higienópolis, 31, se transformou num ponto de encontro de artistas e intelectuais, em torno de uma mesa farta de comida brasileira e vinhos franceses.

Em fevereiro de 1922, PP participava ativamente da organização e do financiamento da Semana de Arte Moderna, que transcorreu no Teatro Municipal de São Paulo. Segundo Mário de Andrade, seu "fautor verdadeiro" foi Paulo Prado. Na ocasião, adquiriu a tela *A onda*, de Anita Malfatti, exposta no saguão do teatro. Em 28 de setembro desse ano publicava "O Caminho do Mar (notas para um livro)" em *O Estado de S. Paulo*, núcleo do futuro volume de ensaios *Paulística*.

Em Paris, no ano seguinte, passa a freqüentar o ateliê de Tarsila à rua Hégésippe Moreau e descobre que o mesmo tinha sido habitado por Cézanne. Considera a obra dela "genuinamente nacional e a mais avançada possível". Adquire telas de Fernand Léger, Picasso, Rouault, Picabia, entre outros. Nos anos 1930, numa exposição de Portinari, comprou uma tela; o pintor, agradecido pela única venda efetuada, manda-lhe de presente mais duas. Há indícios de que a PP pertenceu a tela *Namorados* (1939).

De 1923 a 1925, dirigiu, com Monteiro Lobato, a *Revista do Brasil*. Em janeiro de 1923 era publicado o primeiro número sob a nova gestão, com alterações no aspecto gráfico e no conteúdo. O último número dessa fase saiu em abril de 1925. Sob a rubrica "O momento", PP assinou diversos editoriais, reproduzidos neste volume.

Em 1924, por sugestão de Oswald de Andrade, patrocinou a vinda ao Brasil do escritor franco-suíço Blaise Cendrars, com quem manteve uma relação de amizade, alimentada por regular correspondência e visitas constantes. Em maio escrevia o prefácio "Poesia Pau-Brasil", para o livro de Oswald de Andrade, publicado em Paris na editora Au Sans Pareil. Em julho, eclodia em São Paulo a revolução do general Isidoro Dias Lopes. A cidade é bombardeada. PP retira-se, com Marinette e Blaise Cendrars, para sua fazenda Santa Veridiana, em Santa Cruz das Palmeiras, no interior do Estado. Ainda nesse ano, Oswald de Andrade dedicava-lhe as *Memórias sentimentais de João Miramar*.

Em 1925, PP publicava finalmente *Paulística*, reunindo artigos estampados na imprensa, e promovia a edição das *Denunciações da Bahia 1591-593*, referentes à *Primeira visitação do Santo Ofício*, na série "Eduardo Prado".

Surgia, em 20 de janeiro de 1926, a revista em formato de jornal *terra roxa e outras terras*, fundada por Prado com Antônio de Alcântara Machado, Couto de Barros e Sérgio Milliet. No seu primeiro número, PP publicava "Uma carta de Anchieta", em que dava notícia da existência desse manuscrito, datado de 15 de novembro de 1579, posto à venda em Londres. Iniciou então uma campanha para resgatá-lo. Em 27 de abril a doação da carta de Anchieta ao Museu Paulista era consumada. Na cerimônia, PP lembrava que ela decorria do "desenvolvimento desse sentimento humano que se chama a paixão histórica".

Em 24 de fevereiro desse mesmo ano era fundado o Partido Democrático, de oposição ao governo e ao seu partido de sustentação, o Partido Republicano Paulista (PRP), na qual tomou parte ativa o conselheiro Antônio Prado, desafeto de Washington Luís. PP manteve-se à margem desse movimento, pelo qual não nutria simpatia.

Em 25 de dezembro, *O Jornal*, do Rio de Janeiro, publicava, com o título de "Uma hora com o sr. Paulo Prado", a carta que este dirigira a Peregrino Júnior, em resposta a um questionário sobre arte moderna. "Espírito moderno... Não sei bem o que seja. Um amigo meu, erudito, afirma que o inventor do modernismo foi o célebre Luciano de Samosata, morto no ano de 192 da era cristã. A escola vem, pois, de longe" (ver reprodução neste volume).

René Thiollier, em 21 de abril de 1927, ofereceu na sua Villa Fortunata um *dîner littéraire* a PP. Do programa desse jantar literário constavam participações jocosas de Oswald de Andrade, Couto de Barros, René Thiollier, Mário de Andrade, Tarsila do Amaral e do homenageado: "o bandeirante Paulo lo Prato chorará sobre a trasteza do pó Lhythico no Brasil".

Em 13 de agosto, morria Capistrano de Abreu, no Rio de Janeiro. PP organizou em seguida a Sociedade Capistrano de Abreu, em cuja comissão executiva passou a atuar. A Sociedade, que mantinha como sede a última morada do intelectual cearense, conservaria a sua biblioteca e organizaria seus escritos, relançando em 1928 os *Capítulos de história colonial (1500-1800)*, a obra maior do grande historiador. Ainda em 1927, a edição do *Diário da navegação de Pero Lopes de Sousa 1530-1532*, organizada por Eugênio de Castro, com prefácio de Capistrano, era publicada na série "Eduardo Prado", graças ao mecenato de PP.

Em 1928, Mário de Andrade dedicava-lhe *Macunaíma*. No prefácio inédito, escrito em dezembro de 1926, Mário se refere ao futuro *Retrato do Brasil*: "Não podia tirar a documentação obscena das lendas. Uma coisa que não me surpreende porém ativa meus pensamentos é que em geral essas literaturas rapsódicas e religiosas são freqüentemente pornográficas e em geral sensuais. Não careço de citar exemplos. Ora uma pornografia desorganizada é também da cotidianidade nacional. Paulo Prado, espírito sutil pra quem dedico este livro, vai salientar isso numa obra de que aproveito-me antecipadamente".

Aparecia, em novembro de 1928, a primeira edição do *Retrato do Brasil*. PP havia hesitado em publicá-lo, antecipando a reação que o livro provocaria — e de fato provocou — entre os ufanistas. A tiragem se esgotou em pouco tempo. Em janeiro do ano seguinte, o Departamento Nacional de Ensino escolhia o *Retrato do Brasil* para ser traduzido, nos termos da convenção da Liga das Nações, e distribuído entre os países estrangeiros. O "Juca Pato", da *Folha da Noite*, de São Paulo, embora reconhecesse que "a obra é admiravelmente escrita", protestava, pois ela não correspondia à melhor propaganda que se poderia fazer do país. Na mesma linha, *O País*, do Rio de Janeiro, apelava à "inteligência do ministro do Exterior"...

Em 23 de abril de 1929 morria o conselheiro Antônio Prado. Pouco depois, PP romperia com Oswald de Andrade, a quem atribuiu a autoria de uma resenha desrespeitosa sobre o *Retrato do Brasil* publicada, com o pseudônimo de "Tamandaré", na *Revista de Antropofagia*. Nesse ano, PP patrocinou a publicação de *Denunciações de Pernambuco 1593-1595*, da *Primeira visitação do Santo Ofício às partes do Brasil*, com introdução de Rodolfo Garcia, último volume da série "Eduardo Prado". Hospedou Le Corbusier em São Paulo, a pedido de Blaise Cendrars, conterrâneo do arquiteto. Pediu ao visitante o esboço de uma casa nova, que pretendia construir.

Dois anos depois, René Thiollier, na *Folha da Noite*, de São Paulo, afirmava: "Paulo Prado é o homem mais elegante do Brasil, quiçá da América do Sul". A matéria contrariou o mal-humorado e discreto homenageado. Nesse mesmo ano, Blaise Cendrars publicava *Aujourd'hui* nas edições Grasset, cuja seção "Poètes" era dedicada a "Paul Prado". Por sugestão de PP, Cendrars publicou em 1938 uma tradução de *A selva*, de Ferreira de Castro: *Forêt vierge*. Ainda em 1931, PP teve breve passagem pelo serviço público, como presidente do Conselho Nacional do Café, organismo que praticava uma política de valorização do produto, por meio de queimas dos estoques excedentes.

De 1931 a 1932, PP dirigiu, com Mário de Andrade e Alcântara Machado, a *Revista Nova*. Nela publicou dois editoriais — ambos com o título de "Momento" —, em que criticava o governo pela suspensão das garantias constitucionais, acusava Getúlio de ditador e ironizava a retórica salvacionista deflagrada pela fixação da data das eleições constituintes. PP não os assina, provavelmente para se resguardar de retaliações oficiais, mas seu estilo é inconfundível (ver reprodução neste volume). Em conseqüência da Revolução Constitucionalista de 1932, Paulo Prado fica retido no Rio de Janeiro, onde se estabelece à avenida Atlântica.

Vem à luz, em 1934, a segunda edição de *Paulística*, revista e ampliada.

Na temporada de 1936 em Paris — um hábito anual —, PP hospedou-se no Hotel Claridge; aí recebia regularmente amigos mais chegados, entre eles Alfredo Mesquita e Blaise Cendrars. Apesar da animação dos amigos, PP não esconde seu tédio em cartão de 8 de agosto enviado a Mário de Andrade: "Como vamos? Isto aqui não vale a pena. Viva o Brasil!". Por essa época, PP confidenciava a amigos sua intenção de escrever a biografia do tio Eduardo Prado. Na temporada de 1937, acompanhou Gilberto Freyre em visita ao pavilhão do Brasil na Exposição de Paris.

Em 8 de dezembro de 1939, no Rio de Janeiro, um infarto surpreende o escritor e homem de negócios. Proibido pelos médicos de retornar a São Paulo, fixou residência num apartamento na praia de Botafogo. Queixava-se aos amigos de viver inativo.

Em 1940, Gilberto Freyre dedicava a PP seu livro *Um engenheiro francês no Brasil*, em que relata a presença de Louis Léger Vauthier no Recife entre 1840 e 1846. Os manuscritos do *Diário íntimo* de Vauthier haviam sido adquiridos em Paris por PP e por ele ofertados a Gilberto Freyre, que os fez publicar na íntegra em edição do Serviço do Patrimônio Histórico e Artístico Nacional (SPHAN).

Paulo Prado faleceu em 3 de outubro de 1943, no Rio de Janeiro, vítima de ataque cardíaco. Seu corpo foi trasladado para São Paulo e enterrado no Cemitério da Consolação, "numa tarde bem sua, bem paulista, com o seu frio e sua cor de chuvisco", segundo o testemunho emocionado de Oswald de Andrade.

Em 1944, o filho doou seus livros — muitos dos quais compõem uma rara coleção brasiliana — e obras de arte à Biblioteca Municipal de São Paulo.

Carlos Augusto Calil

Bibliografia sobre Paulo Prado

AMARAL, Aracy A. *Blaise Cendrars no Brasil e os modernistas*. 2ª ed. São Paulo, Editora 34/Fapesp, 1997, pp. 104-14.

_____. *Tarsila: sua obra e seu tempo*. 3ª ed. São Paulo, Editora 34/Edusp, 2003.

ANDRADE, Oswald de. "O Modernismo". *Anhembi*. São Paulo, dez. 1954, nº 49, pp. 26-32.

BARATA, Mário. "Sua presença na cultura brasileira". *O Estado de S. Paulo*, Suplemento Literário, 17 maio 1969.

BERRIEL, Carlos Eduardo Ornelas. *Tietê, Tejo, Sena. A obra de Paulo Prado*. Campinas, Papirus, 2000.

CASTRO, Eugênio de. "Sobre Paulo Prado". *O Jornal*. Rio de Janeiro, 21 out. 1944.

CENDRARS, Blaise. *Etc..., etc... (Um livro 100% brasileiro)*. Trad. Teresa Thiériot. São Paulo, Perspectiva, 1976, pp. 109-20.

EULÁLIO, Alexandre. *A aventura brasileira de Blaise Cendrars*. 2ª ed. revista e ampliada por Carlos Augusto Calil. São Paulo, Edusp/Imesp, 2001.

FERRAZ, Geraldo. "Reedições de Paulo Prado". *O Estado de S. Paulo*, Suplemento Literário, 22 fev. 1958.

_____. "Paulo Prado o diletante e o militante". *O Estado de S. Paulo*, Suplemento Literário, 17 maio 1969.

FREYRE, Gilberto. "Paulo Prado". *Diário de S. Paulo*, 27 out. 1943; *Diário de Pernambuco*. Recife, 28 out. 1943. In FONSECA, Edson Nery da (org.). *Pessoas, coisas & animais* (sob o título "Contradições de Paulo Prado"). Porto Alegre/Rio de Janeiro, Globo, 1981, 2ª ed., pp. 91-3. (Trecho desse artigo foi publicado com o título "Dr. Jekill e Mr. Hide", *Diário de S. Paulo*, 20 maio 1954.)

LEVI, Darrell Erville. *A família Prado*. Trad. José Eduardo Mendonça. São Paulo, Cultura 70, 1977, pp. 231-40, 300-2.

MARTINS, Wilson. "A propósito da participação de Paulo Prado na 'Semana'". *O Estado de S. Paulo*, 14 fev. 1962.

————. "Novo depoimento sobre a 'Semana' e Paulo Prado". *O Estado de S. Paulo*, 16 fev. 1962.

————. "Um grão senhor". *O Estado de S. Paulo*, Suplemento Literário, 26 out. 1963.

MILLIET, Sérgio. "Cendrars e Paulo Prado". *O Estado de S. Paulo*, 5 dez. 1954.

MOTA FILHO, Cândido. "O pessimismo de Paulo Prado". *Diário de S. Paulo*, 20 maio 1954.

————. *Contagem regressiva*. Rio de Janeiro, José Olympio, 1972, pp. 90-1.

NEME, Mário. "Revisão de Paulo Prado". *O Estado de S. Paulo*, Suplemento Literário, 17 maio 1969.

OLINTO, Décio. "Paulo Prado, o lavrador". *Correio da Manhã*, Rio de Janeiro, 11 out. 1958.

PRADO, João Fernando de Almeida. "Paulo Prado, patrocinador da Semana de Arte Moderna". *Habitat*. São Paulo, 1952, nº 7, pp. 58-9.

————. "O aniversário de Paulo Prado". *Diário de S. Paulo*, 20 maio 1954.

————. "Paulo Prado e a época de sua formação". In *Sociologia e história — 4 precursores brasileiros — 3 filósofos da história*. São Paulo, Instituto de Sociologia e Política, 1956, pp. 93-106.

————. "Um paulista da *Belle Epoque*". *O Estado de S. Paulo*, Suplemento Literário, 17 maio 1969.

————. *A grande Semana de Arte Moderna*. São Paulo, Edart, 1976, pp. 12, 32, 47, 48, 50, 52, 53, 71, 80, 82, 98, 104-5, 119 e 141.

REGO, José Lins do & FREYRE, Gilberto. "Paulo Prado". *O Jornal*. Rio de Janeiro, 16 nov. 1936.

————. "Paulo Prado". *O Jornal*. Rio de Janeiro, 13 nov. 1943.

THIOLLIER, René. *A Semana de Arte Moderna*. São Paulo, Cupolo, 1953, pp. 26-7, 35 e 51-4.

————. "Recordações literárias". *O Estado de S. Paulo*, 21 maio 1954.

XAVIER, Lívio. "Os dois Paulo Prado". *O Estado de S. Paulo*, Suplemento Literário, 17 maio 1969.

Índice bibliográfico

Este volume é composto de dois livros: *Paulística* e *Etc*. O primeiro é resultado de montagem, feita por seu autor, de artigos em geral previamente publicados na imprensa. O texto aqui reproduzido seguiu a segunda edição, de 1934, realizada por iniciativa de Paulo Prado. O segundo livro tem a mesma natureza, mas sua montagem é de responsabilidade do organizador, que atribuiu títulos a capítulos e a alguns textos. Este índice informa ao leitor a origem de cada artigo e o grau de intervenção do organizador.

PAULÍSTICA (4ª edição)

Prefácio à 2ª edição (1934)
Prefácio à 1ª edição (1925)

O Caminho do Mar
Versão ampliada, de 1925, do texto publicado em *O Estado de S. Paulo* em 28 de setembro de 1922: "O Caminho do Mar (notas para um livro)".

O patriarca
Versão original: *O Estado de S. Paulo*, 1926; versão final: *Revista Nova*, São Paulo, ano I, nº 4, 15 de dezembro de 1931.

Pires e Camargos (1926)

Cristãos-novos em Piratininga (1926)

Bandeiras
Publicado em dois artigos de *O Estado de S. Paulo*, em fevereiro de 1924.

A decadência
Publicado como "A decadência de São Paulo", *O Estado de S. Paulo*, março de 1923.

Uma data
Publicado em *O Estado de S. Paulo*, 1924.

Fernão Dias Pais (1924)

O Caminho das Minas
Publicado em *O Jornal* (Rio de Janeiro), 14 de novembro de 1929, edição especial de Minas Gerais.

O martírio do café (outubro de 1927)

A paisagem
Primeira versão: 1925; versão final publicada como "Paisagem paulista", *Correio da Manhã*, Rio de Janeiro, 18 de outubro de 1935.

Capistrano
Publicado em *O Estado de S. Paulo*, 26 de setembro de 1928.

SOBRE PAULÍSTICA

Paulística *compensa*
Carta inédita de Oswald de Andrade, escrita a bordo de um navio da The Royal Mail Steam Packet Company, a caminho da Europa, em 1925. Título atribuído pelo organizador.

Paulística *fez papel de salva-vidas*
Carta inédita de Mário de Andrade, de 1925. Título atribuído pelo organizador.

Um outro homem
Resenha da primeira edição de *Paulística*, por Tristão de Ataíde, *Estudos*, 1ª série, Rio de Janeiro, Terra do Sol, 1927, pp. 262-4. Título atribuído pelo organizador.

Um moralista
Resenha da segunda edição de *Paulística* (Rio de Janeiro, Ariel Editora, 1934), por Lívio Xavier, em "Bibliographia", *Diário da Noite*, São Paulo, 17 de maio de 1934. Título atribuído pelo organizador.

ETC.

OUTROS RETRATOS DO BRASIL

Homem perfeito
Prefácio a Henrique Coelho, *Joaquim Nabuco — Esboço biographico*, São Paulo, Monteiro Lobato, 1922. Título atribuído pelo organizador. Texto reproduzido em *Tietê, Tejo, Sena. A obra de Paulo Prado*, de Carlos Eduardo Ornelas Berriel (Campinas, Papirus, 2000).

O padre Vieira
O Estado de S. Paulo, 19 de outubro de 1922.

O jardim de São Paulo
Editorial "O momento", *Revista do Brasil*, nº 86, fevereiro de 1923, pp. 97-9. Título atribuído pelo organizador.

Caracas, capital do Brasil
Editorial "O momento", *Revista do Brasil*, nº 87, março de 1923, pp. 193-6. Título atribuído pelo organizador.

Vagas oposições
Editorial "O momento", *Revista do Brasil*, nº 89, maio de 1923, pp. 1-3. Título atribuído pelo organizador.

Terra do otimismo
Editorial "O momento", *Revista do Brasil*, nº 98, fevereiro de 1924, pp. 97-9. Título atribuído pelo organizador.

República da Camaradagem
Editorial "O momento", *Revista do Brasil*, nº 99, março de 1924, pp. 193-4. Título atribuído pelo organizador.

Erro de geografia
Editorial "O momento", *Revista do Brasil*, nº 101, maio de 1924, pp. 3-5. Título atribuído pelo organizador.

Uma carta de Anchieta
terra roxa e outras terras, ano I, nº 1, 20 de janeiro de 1926.
Carta peregrina (título atribuído pelo organizador)
Carta do apóstolo do Brasil ao capitão Jerônimo Leitão
"Discurso de Paulo Prado" e "Carta do apóstolo do Brasil ao capitão Jerônimo Leitão", ibidem, nº 5, 27 de abril de 1926.

Riqueza e fraqueza
Carta de Paulo Prado a Stiunirio Gama (anagrama de Mário Guastini), publicada em *A hora futurista que passou*, São Paulo, Casa Mayença, 1926, pp. 74-6. Título atribuído pelo organizador.

Vai nascer o Brasileiro
"Ronald de Carvalho — Toda a América", *terra roxa e outras terras*, nº 4, 3 de março de 1926. Título atribuído pelo organizador.

Onde estava o povo brasileiro?
Resenha de *História do Império*, de Tobias Monteiro, publicada em *Diário da Noite*, São Paulo, 22 de junho de 1927. Título atribuído pelo organizador.

O Descobrimento
O Jornal, Rio de Janeiro, 7 de dezembro de 1929.

Duas vezes 32
"Momento", editorial não-assinado, *Revista Nova*, São Paulo, ano II, nº 5, 15 de fevereiro de 1932, pp. 3-4. Título e autoria atribuídos pelo organizador.

Tem a palavra a Palavra
"Momento", editorial não-assinado, *Revista Nova*, São Paulo, ano II, nº 7, 15 de junho de 1932, pp. 245-6. Título e autoria atribuídos pelo organizador.

TRADIÇÃO E MODERNISMO

Arte moderna, da coisa bela
Carta de Paulo Prado, de 27 de março de 1922, reproduzida em René Thiollier, *A Semana de Arte Moderna*, São Paulo, Cupolo, 1953, pp. 51-4. Título atribuído pelo organizador.

Crise de crescimento
Editorial "O momento", *Revista do Brasil*, nº 88, abril de 1923, pp. 289-92. Título atribuído pelo organizador.

Brecheret e a Semana de Arte Moderna
"Brecheret", *O Estado de S. Paulo*, 11 de janeiro de 1924; reproduzido na *Revista do Brasil*, nº 98, fevereiro de 1924, pp. 179-80. Título atribuído pelo organizador. Texto reproduzido em *Tietê, Tejo, Sena. A obra de Paulo Prado*, de Carlos Eduardo Ornelas Berriel, cit.

O mal literário
Editorial "O momento", *Revista do Brasil*, nº 100, abril de 1924, pp. 289-90. Título atribuído pelo organizador.

Poesia Pau-Brasil
Versão resultante de comparação entre o artigo "Poesia Pau-Brasil, um prefácio", *Revista do Brasil*, nº 106, outubro de 1924, pp. 108-11, e o prefácio a *Poesia Pau-Brasil*, de Oswald de Andrade, Paris, Au sans Pareil, 1925, pp. 5-13.

Cendrars
O Estado de S. Paulo, 12 de junho de 1924.

Espírito moderno etc.
Carta a Peregrino Júnior, publicada como entrevista, com o título de "Uma hora com o sr. Paulo Prado", *O Jornal*, Rio de Janeiro, 25 de dezembro de 1926. Título atribuído pelo organizador.

Brasileiro universal
"A carta a René Thiollier", *O Estado de S. Paulo*, 23 de agosto de 1927. Título atribuído pelo organizador.

CAFÉ & BORRACHA: JOGO DE TOLOS

O Convênio Franco-Brasileiro
Correio Paulistano e *O Estado de S. Paulo*, 22 de maio de 1920. Texto reproduzido em *Tietê, Tejo, Sena. A obra de Paulo Prado*, de Carlos Eduardo Ornelas Berriel, cit.

O café na Colômbia
O Estado de S. Paulo, 12 de março de 1925.

O café e a valorização
O Estado de S. Paulo, 29 de março de 1925.

O drama da borracha
O Estado de S. Paulo, 26 de outubro de 1928.

Créditos das ilustrações

Pp. 267-8: Acervo do Museu Paulista da Universidade de São Paulo.

P. 294: Caricatura *Paulo Prado 1922*, de Emiliano Di Cavalcanti.

Pp. 299 e 307: Arquivo pessoal da família.

Índice onomástico

Ao longo deste livro, grafias divergentes são por vezes empregadas para um mesmo nome, quer por se acharem em textos de época, quer por terem sido usadas em publicações antes esparsas. Na confecção deste Índice, optou-se pelas formas mais atualizadas dos nomes, a fim de evitar a ocorrência de várias entradas para um mesmo e único nome. As remissões aqui indicadas, porém, consideram quaisquer grafias que tenham sido utilizadas.

Abreu, Casimiro de, 311
Abreu, João Capistrano de, 10-4, 25, 26, 29, 46, 52, 55, 57, 60, 77, 85n, 89, 97n, 108, 133, 139, 141, 153, 178, 185n, 188n, 191n, 195, 197, 201, 214-7, 225, 230, 244, 273, 281, 283, 284, 343-6, 347, 348, 350-3, 355-8, 369, 372
Abreu, Manuel Cardoso de, 164, 354
Adorno, Antônio Dias, 87, 148, 347
Adorno, Roiz, 149
Afonso, Domingos, 153
Alcântara Machado, Antônio de, 16, 22, 30, 371, 374
Almeida, Ana Ribeiro de, 78

Almeida, Guilherme de, 312
Almeida, Guilherme Pompeu de, 114
Almeida, Matias Cardoso de, 140, 176, 177, 178, 188, 190
Almeida, Tácito de, 299
Alvarenga, Antônio Bicudo de, 191n, 192n
Alvarenga ("a Matrona"), Inês Monteiro de, 112-7
Alves, Joannes, 101
Amaral, Amadeu, 10, 231, 242, 357
Amaral, Tarsila do, 34, 35, 317, 361, 370, 372
Amaro, João, 140
Américo, Pedro, 303

Anchieta, José de, 29, 30, 68n, 70, 80, 103, 132, 136, 137, 152, 262-6, 269, 345, 346, 348, 350, 358, 359, 371
Andino, Juan de, 140
Andrada e Silva, José Bonifácio de, 68n, 99, 172, 173, 239, 256, 357, 358
Andrade, Abel de, 184n
Andrade, Carlos Drummond de, 222
Andrade, Mário de, 12, 15, 16, 17, 22, 28, 32, 37, 38, 197, 223, 225, 231, 309, 312, 343, 370, 372, 374
Andrade, Oswald de, 16, 17, 28, 32-5, 39, 221, 222, 231, 310, 312, 314, 344, 361, 371, 372, 373, 375
Andreoni, Giovanni Antonio (v. Antonil, André João)
Anselmi, Cesare, 224
Antonil (pseud. de Giovanni Antonio Andreoni), André João, 89, 155, 199, 202, 273, 353, 355
Apollinaire, Guillaume, 320
Aranha, Graça, 10, 32, 36, 221, 224, 238
Arantes, Altino, 327, 362
Araújo, Antônio Ferraz de, 141, 143, 352
Araújo, João de, 182
Arzão, Antônio Rodrigues de, 153
Arzão, Brás Rodrigues de, 122, 140
Arzão, Cornélio de, 187
Ataíde (Conde de Atouguia), Jerônimo de, 111, 114, 115, 117-21, 349
Ataíde, Tristão de, 9, 17, 222, 226, 232, 368
Atouguia, Conde de (v. Ataíde, Jerônimo de)

Azeredo, Marcos de, 40, 184n, 185n, 191n
Azevedo, Álvaro de, 351, 353
Azevedo, Antônio Vicente de, 299
Azevedo, Fernando de, 9, 17, 232, 343
Azevedo, João Lúcio de, 127, 242, 244, 285, 350
Azevedo, João Velho de, 111, 119

"Bacharel de Cananéia", 57, 96, 97, 98, 107, 108, 135
Baedecker, Karl, 323, 362
Baena, Antônio Ladislau Monteiro, 216
Balboa, Vasco Nuñez de, 145
Balzac, Honoré de, 238, 303
Barbosa, Rui, 308
Barrès, Auguste Maurice, 33, 296, 345
Barreto, Roque, 82
Barros, Antônio Carlos Couto de, 299, 371, 372
Barros, Antônio Pedroso de, 112, 117
Barros, Artur Pais de, 156
Barros, Fernando Pais de, 156
Baudelaire, Charles, 223, 314, 320
Bellini, Vincenzo, 33, 296
Benevides, Salvador Correia de Sá e, 61, 83, 84, 87, 120, 145, 185, 186n, 187n, 269
Bernardelli, José Maria Oscar Rodolfo, 303
Bernardes, Artur da Silva, 358
Bernhardt, Sarah, 297
Bernol, João, 191n
Bezerra, Agostinho Barbalho, 185, 187, 188, 191
Bicudo, Manuel de Campos, 141, 143
Bilac, Olavo, 302, 366
Bixorda, Lopes, 282

Blanco, Rodrigo de Castel (v. Branco, Rodrigo de Castelo)
Blanco-Fombona, Rufino, 150, 353
Bobadela, Conde de, 157
Bonnard, Pierre, 303
Borba Gato, Manuel da, 148, 177-80, 190
Bordeaux, Henri, 309, 360
Bórgia, César, 147
Botelho, Diogo, 82
Botelho, Ferreira, 36
Botelho, Nicolau, 83
Bourget, Paul, 56
Braga, Teophilo, 360
Branco, Rodrigo de Castelo, 12, 174-80, 183, 189, 190, 192n
Branner, John Casper, 214
Brás, Venceslau, 327, 331, 332, 362
Brecheret, Victor, 33, 39, 301, 304, 305, 306, 360
Briand, Aristide, 329, 362
Brito, Antônio Guedes de, 351, 353
Brito, Mário da Silva, 32
Brizzolara, Luigi, 297, 323
Broca, José Brito, 16
Brulé, André, 301
Brummel, George Bryan, 312, 361
Bryce, James, 54, 345
Bueno, Amador, 57
Buffon (Georges Louis Leclerc), Conde de, 322, 362
Burns, Robert, 311, 361
Byron (George Gordon), Lord, 55, 212, 356, 361

Caboto, Sebastião, 98, 107
Cabral, Francisco de Arruda, 200
Cabral, Leonor de Camargo, 112, 113, 116, 117
Cabral, Pascoal Moreira, 156
Cabral, Pedro Álvares, 134, 279, 285
Caldcleugh, Alexander, 198, 355
Calógeras, João Pandiá, 275, 329, 362
Camacho, Antônio, 348
Câmara Coutinho, Antônio Luís G. da, 9, 123, 349, 352, 353, 358
Câmara, João de Mello da, 98, 287
Camargo ("o Tigre"), Fernando de, 110, 118, 119, 120
Camargo, José Ortiz de, 114, 115
Camargo, Pedro Ortiz de, 124, 349
Caminha, Pero Vaz de, 281, 282, 283, 359
Campos, Haroldo de, 32
Canário, 96
Capico, Pero, 98
Caramuru (Diogo Álvares Correia), 98
Cardim, Fernão, 70, 73, 147, 211, 263, 346, 352, 355, 356, 359
Carlos V, 65
Carvalho, Ronald de, 31, 272, 273, 274, 312
Cascaes, Marquês de, 121
Castanheira (Antônio de Ataíde), Conde de, 47
Castilho, José de, 191n, 192n
Castro Alves, Antônio de, 302
Castro, Eugênio de, 47, 96n, 275, 344, 345, 372
Castro, Martinho de Melo e, 354
Catarina (regente de Portugal), dona, 101
Cavendish, Thomaz, 352
Caxias (Luís Alves de Lima e Silva), Duque de, 50
Cazal, Manoel Ayres de, 181n
Cearense, Catulo da Paixão, 311
Celso, Afonso, 62, 366
Cendrars (pseud. de Frédéric Louis

Sauser), Blaise, 16, 33, 34, 35, 38, 316, 317, 320, 357, 358, 371, 373, 374
Cézanne, Paul, 300, 314, 317, 370
Cezar, Pedro, 123
Chadenat, Charles, 238, 367
Chadourne, Louis, 251, 358
Charveloix, R. P. Pierre François Xavier, 149
Chateaubriand, Assis, 25, 222
Chateaubriand, François-René (visconde de), 360
Chaucer, Geoffrey, 311, 361
Chaves, Duarte Teixeira, 180
Chénier, André, 311n
Chevalier, Jules, 329, 330
Chinchon, Conde de, 86
Cícero, 266
Claudel, Paul, 15, 37, 343, 362, 369
Cleto, Marcelino Pereira, 71n
Coelho, Henrique, 16, 28, 237, 240
Colaço, Gaspar de Godói, 124
Colombo, Cristóvão, 284, 310
Conrad, Joseph, 339
Cornélio a Lapide (Cornelis Cornelissen van den Steen), 244, 357
Corrêa, José Celso Martinez, 32
Correia, João, 185, 186n, 187n
Correia, Raimundo, 302
Cortez, Hernán, 145
Costa, Duarte da, 70, 108, 345
Costa, Gonçalo da, 96, 97, 107
Costa Lobo, Antônio de Sousa Silva, 74n, 75, 75n, 134, 350
Costa, Manuel da, 191n
Costa, Maria da, 129
Costa, Paulo Rodrigues da, 187
Courteline, Georges, 300
Coutinho, João Álvares, 176, 177
Coutinho, Rodrigo de Sousa, 354

Couto, Ribeiro, 359
Cunha, Antônio do Prado, 190, 192n
Cunha, Belchior da, 191n
Cunha, Euclides da, 52

D'Abbeville, Claude, 369
D'Annunzio, Gabriele, 320
D'Ávila, Pedrarias, 145
Daudet, Leon, 36, 324
Debussy, Claude, 296
Delaunay, Robert, 317
Del Picchia, Menotti, 39
Derby, Orville, 178, 185, 190
Deus, (frei) Gaspar da Madre de, 57, 68n, 99, 353
Dias, Carlos Malheiro, 345
Dias, Henrique, 73
Di Cavalcanti, 15, 39, 294
Dourado, Feliciano, 120

Elísio (pseud. de Francisco Manuel do Nascimento), Filinto, 308, 360
Empoli, João de, 285
Eobanos, Heliodoro, 88
Eschwege (barão de Eschwege), Wilhelm Ludwig von, 169

Faria, Alberto de, 275
Faria, Bartolomeu Fernandes de, 124, 159, 353
Feijó, Antônio Joaquim de Castro, 367
Feijó, Diogo, 173
Fernandes, João (v. Tomacaúna)
Ferraz, Geraldo, 24, 39, 344
Ferraz, Jerônimo, 144
Ferreira, Jorge, 106
Ferreira de Castro, José Maria, 373
Ferrero, Guglielmo, 58, 345
Ferro, Antônio, 222
Figueira, Antônio Gonçalves, 190

Figueiredo, Agostinho de, 182, 189
Flaubert, Gustave, 297, 303, 314, 366
Franca e Horta, Antônio José da, 166, 354
France, Anatole, 309, 320, 361
Franco, Antônio, 67, 345
Franco, Tito, 297
Frank, Waldo, 79n
Freitas, Leopoldo de, 32, 232
Freyre, Gilberto, 12, 24, 357, 374
Frias, Manuel de, 141
Froissart, Jean de, 290, 360
Furtado, Afonso, 122, 188
Furtado, André, 176

Galvão, Francisca Chichorro, 366
Gama, Domício da, 238, 356, 366
Gama, Saldanha da, 240
Gama, Stiunirio (*v.* Guastini, Mário)
Gândavo, Pero de Magalhães, 183, 210, 274, 355, 356
Garbalión, Felix, 140
Garcia, Diego, 96, 97, 98, 107, 135, 351
Garcia, Diogo (*v.* Garcia, Diego)
Garcia, Rodolfo, 344, 373
Garrett, Almeida, 245
Gaspar, frei (*v.* Deus, Gaspar da Madre de)
George, David Lloyd, 330, 363
Giuriati, Giovanni, 260
Gleizes, Albert Léon, 317
Glimmer, Jost ten, 185n
Góes, Damião de, 282, 350
Goethe, Johann Wolfgan von, 216
Góis, Luís de, 135, 286
Góis, Manuel de, 191n
Góis, Pero de, 94, 135
Gomes, Antônio Carlos, 303
Gomes, Paulo Emilio Salles, 32
Gonneville, Binot Paulmier de, 282

Gottschalk, Louis Moreau, 300
Gourmont, Remy de, 314, 315
Grieco, Agripino, 18, 343
Guerra, Sebastião, 153
Guastini ("Stiunirio Gama"), Mário, 30, 270, 271, 380
Guizot, François Pierre Guillaume, 276, 359

Haebler, 282
Handelmann, Heinrich, 76n, 150, 353
Haro, Cristóvão de, 282
Heredia, José-Maria de, 358
Hitler, Adolf, 358
Holanda, Sérgio Buarque de, 356
Honfleur, Denis de, 282
Hugo, Victor, 314, 361

Inojosa, Joaquim, 222
Itálico, Sílio, 360

Jacques, Cristóvão, 96, 282
João III, 70, 93, 97, 108, 287, 288
João IV, 243
João V, 156, 199
João VI, 172, 276, 280, 311, 359
Joaquina, Carlota, 276

Keats, John, 33, 360
Kipling, Rudyard, 245
Kirchhoff, Alfred, 210, 356
Knivet, Anthony, 145, 146, 352

La Fontaine, Jean de, 360
Lage, Antônio, 331
Lara, Gabriel de, 182
Lavradio (Luís de Almeida Soares Melo), Marquês de, 169, 355
Laynez, Diogo, 103, 136

Le Corbusier (Charles Edouard Jeanneret-Gris), 373
Leão, André de, 185, 185n
Leclerc, Georges Louis (v. Buffon, Conde de)
Léger, Fernand, 270, 317, 359, 370
Leitão, Jerônimo, 68n, 88, 137, 262
Leme, Diogo Barbosa, 191n, 192n
Leme, Fernão Dias Pais, 15, 17, 25, 88, 114, 122, 153, 155, 175-9, 181, 187-90, 191n, 192n, 193, 194, 195, 199, 224, 351
Leme, Luiz Gonzaga da Silva, 74n, 106, 112, 116, 348
Leme, Pedro Dias Pais, 148, 193, 193n, 194
Leme, Pedro Taques de Almeida Pais, 57, 99, 106, 110, 112, 113, 116, 117, 125, 141, 143, 159, 174, 176, 179, 182, 188, 191, 193, 194, 195, 265, 349, 352, 353, 355
Leme, Roque Luís de Macedo Pais, 193, 193n, 194, 195
Lemos, Francisco de, 187
León, Ponce de, 149
Leopoldina (imperatriz), 276, 277
Léry, Jean de, 285
Lessa, Ribeiro de, 222
Levy, Alexandre, 366
Lima, Alceu Amoroso (v. Ataíde, Tristão de)
Lima, Manuel Félix de, 157
Lima, Sebastião Velho de, 182
Lisboa, João Francisco, 56, 75n, 135, 243, 351
Lopes, Isidoro Dias, 371
Lopes, Pero, 67, 74, 93, 211, 288
Lorena, Bernardo José de, 72n, 89
Loronha, Fernando de (v. Noronha, Fernão de)

Luetzelburg, Philipp von, 214
Luschan, Felix von, 130

Macedo, Jorge Soares de, 175, 183
Macedo, Pedro Álvares Seco de, 120
Machado, Irineu, 36
Machado, Simão Ferreira, 200, 355
Maciel, Gabriel Antunes, 144
Magalhães, Basílio de, 87, 124n, 138, 155, 349, 351
Magalhães, Fernão de, 282
Magalhães, Gonçalves de, 311
Magalhães, Olinto de, 36
Malfatti, Anita, 370
Mallarmé, Stéphane, 296, 302, 314
Malo, Fernão, 107
Manuel, Nuno, 96, 282
Maquiavel, Nicolau, 147
Marcgraf, Georg, 185
Marchioni, Bartolomeu, 282
Maria I, 165
Marinette (Marie Noemi Alphonsine Lebrun da Silva Prado), 222, 370, 371
Marques, Manoel Eufrazio de Azevedo, 107n, 118, 195, 349, 355
Martins, Antônio Egídio, 353
Martins, J. P. Oliveira, 47, 73, 86, 227, 345, 346, 347, 356
Martius, Karl Friedrich Phillip von, 46, 62, 105, 169, 170, 171, 171n, 230, 344, 345, 355
Mascarenhas (Conde de Palmas), Francisco de Assis, 170
Matisse, Henri, 300
Mauá (Irineu Evangelista de Souza), Barão de, 173
Maupassant, Guy de, 56
Mawe, John, 169
Medeiros, Salvador Pires de, 112

Medina, José Toríbio, 107
Meireles, Vítor, 303
Mello e Souza, Antonio Candido de, 32
Mendes, Cândido, 98, 106, 348
Mendes, Francisco, 129
Mendes, João Dias, 176
Mendonça ("General Pilatos"), Antônio Manuel de Melo Castro e, 158, 160, 353, 354
Mendonça, Bento Fernandes Furtado de, 154, 155, 179
Mendonça, Heitor Furtado de, 128n, 129n, 347, 369
Mendoza, Lope Hurtado de, 65
Meneses, Artur de Sá e, 88, 124, 154, 180, 198, 349, 353
Meneses, Rodrigo César de, 89, 168
Mesquita, Alfredo, 374
Michelet, Jules, 86, 352
Millerand, Étienne Alexandre, 314, 362
Milliet (da Costa e Silva), Sérgio, 371
Moguer, Diego Garcia de (v. Garcia, Diego)
Moisés, 128, 131
Molière, Jean-Baptiste, 359
Monet, Claude, 303
Monte Alegre (José da Costa Carvalho), Marquês de, 173
Monteiro, Agostinho de Azevedo, 351, 353
Monteiro Lobato, José Bento, 9, 12, 16, 18, 347, 370
Monteiro, Tobias, 10, 275, 276, 279, 280
Montoya, Antonio Ruiz de, 85, 85n, 139, 139n
Moraes, A. J. de Mello, 77n
Moraes, Domingos Leme de, 149
Moraes, João Batista de, 355

Moraes, Rubens Borba de, 299
Morais (neto), Prudente de, 356
Morais, José Góis de, 78
Moreira, André da Costa, 78
Moreira, Jorge, 101
Morgado de Mateus (v. Mourão, Luís Antônio de Sousa Botelho)
Morgan, John Piermont, 256, 358
Mörike, Eduard, 311, 361
Mosquera, Rui de, 135
Mota Filho, Cândido, 39
Moura, Gentil de Assis, 156, 197, 351
Mourão, Luís Antônio de Sousa Botelho, 144, 158, 160-4, 169, 352, 354
Muller, Lauro, 329
Musset, Alfred de, 311, 361
Mussolini, Benito, 260

Nabuco, Joaquim, 14, 28, 34, 50, 56, 237-40, 356, 367
Navarro, João de Azpilcueta, 103
Negreiros, Vidal de, 73
Nietzsche, Friedrich, 283, 312
Nóbrega, Manuel da, 67, 94, 102, 134, 348, 350
Nogueira, Manuel de Brito, 187
Noronha, Fernão de, 127, 134, 282
Nunes, Leonardo, 99, 348

Oliveira, Alberto de, 302
Oliveira, Manuel de Castro e, 68n
Oliveira, Numa de, 22
Oliveira Lima, Manuel de, 195
Ornelas, Manuel Joaquim de, 172
Ortigão, Ramalho, 356
Oviedo y Valdés, Gonzalo Fernandez de, 96n, 285, 359

Pais, Garcia Rodrigues, 88, 148, 155, 177, 179, 191, 198, 199

Paiva, Manuel de, 108
Paranhos, J. M. da Silva (v. Rio Branco, barão do)
Parente, Estêvão Ribeiro Baião, 122, 140, 149, 353
Pastells, R. P. Pablo, 76n, 85n, 86n, 141, 347, 352
Peçanha, Nilo, 330, 358, 362
Pedro I, 50, 172, 179, 277, 278, 357
Pedro II, 366
Pedroso, Inês, 353
Peixoto, Brito, 153
Penteado, Francisco Rodrigues, 168
Penteado, Inácio, 360
Penteado, Manuel Correia, 168
Penteado, Olívia Guedes, 360
Peregrino Júnior, João, 35, 319, 362, 372
Peres, Duarte, 96
Pessoa, Epitácio, 36, 369
Picabia, Francis, 370
Picasso, Pablo, 320, 370
Pimenta Bueno, José Antônio, 173
Pinheiro, José Feliciano Fernandes, 216
Pinto, Rui, 67
Piquerobi, 106
Pires, Alberto, 112, 114, 116, 117
Pires, Antônio, 156
Pires, João, 114
Piso, Guilherme, 185
Pita, Sebastião da Rocha, 153, 215, 273, 353
Pittard, Eugène, 130
Piza, Antônio de Toledo, 158, 159n, 160n, 355
Pizarro, Francisco, 145
Poeppig, Eduard, 77, 346
Pombal (Sebastião José de Carvalho e Melo), marquês de, 167

Pontes, Estêvão Sanches de, 176
Popplau, Nicolau de, 75n
Portinari, Cândido, 370
Porto, Estêvão Fernandes, 187
Porto Seguro, visconde de (v. Varnhagen, Francisco Adolfo de)
Prado Júnior, Martinho
Prado, Antônio da Silva, 21, 365, 367, 368, 371, 373
Prado, conselheiro Antônio (v. Prado, Antônio da Silva)
Prado, Eduardo Caio da Silva, 343, 369
Prado, Eduardo da Silva, 14, 34, 37, 39, 224, 227, 238, 239, 240, 244, 275, 344, 345, 356, 357, 366-9, 374
Prado, Martinho da Silva, 356, 365
Prado, Paulo Caio, 366
Prado, Paulo da Silva, 9-19, 21-40, 42, 128n, 129n, 221, 222, 223, 226-31, 271, 294, 296, 299, 306, 321, 324, 329, 331, 344, 345, 346, 349, 350, 352, 356-62, 365-75
Prado, Pero Leme do, 191n, 192n
Prado, Veridiana Valeria da Silva, 356, 365
Prado, Yan (João Fernando) de Almeida, 299
Preto, Manuel, 139
Proença, Bernardo Soares de, 199

Queirós, Eça de, 227, 228, 245, 356, 366, 367

Rafael (Raffaelo Santi), 270
Ralleigh, Walter, 154, 353
Ramalho, Joana, 106
Ramalho, João, 24, 57, 67, 68n, 76, 80, 95, 96, 97, 97n, 98-101, 105-8, 131, 136, 137, 263, 288, 348

Rangel, Alberto, 227
Ranke, Leopold von, 58
Rathenau, Walther, 49, 345
Ratzel, Friedrich, 73, 74n, 78, 132, 197
Ravasco, Bernardo Vieira, 188, 189
Ravel, Maurice, 300
Raynal, Maurice, 304, 360
Reclus, Elisée, 356
Renan, Joseph-Ernest, 240, 246, 306
Rendon, José de Arouche de Toledo, 160, 354
Resende, Garcia de, 72
Ribeiro, Francisco Pires, 190
Ribeiro, João, 94, 247, 347
Rimbaud, Arthur, 302, 314
Rio Branco, barão do, 34, 37, 139, 238, 239, 356
Ripley, William Zebina, 130, 350
Rocha, Glauber, 23
Rodin, Auguste, 300, 314
Rodrigues, Antônio, 96, 98, 105, 106
Rodrigues, Simão, 102
Rodriguez, J. C., 238
Romero, Sílvio, 10, 19, 245, 291, 358, 360
Ronsard, Pierre de, 311, 361
Rossetti, Dante Gabriel, 296
Rostand, Edmond, 309, 361
Rouault, Georges, 370
Rousseau, Jean-Jacques, 278
Ruppin, Arthur, 130, 131n
Ruysch, Johannes, 96

Sá, Antônio de, 106
Sá, Estácio de, 137
Sá, Martim de, 145
Sá, Mem de, 67, 82, 101
Sainte-Beuve, Charles-Augustin, 361
Saint-Hilaire, Augustin de, 72n, 169, 203

Saint-Simon (Louis de Rouvroy), duque de, 280, 359
Saldanha, Martim Lopes Lobo de, 71n, 162, 164, 165, 169, 354, 355
Salgado, Plínio, 36
Salvador, (frei) Vicente do, 108, 163, 184, 265, 348, 355
Samosata, Luciano de, 35, 320, 362, 372
Sampaio, Manuel Barreto de, 120, 123
Sampaio, Teodoro, 72, 136, 146, 351
Sanches, Gaspar, 68n
Sand, George, 361
Sande, Antônio Pais de, 147, 148, 152, 168, 174
Santa Cruz, Alonso de, 96, 96n
Schmidel, Ulrico (v. Straubing, Ulrich Schmidel de)
Scott, Walter, 58
Segall, Lasar, 317
Silva, João Leite da, 178, 187, 195
Silva, Joaquim Caetano da, 56
Silva, Manuel Dias da, 156
Silva, Maria Catarina da Costa Pinto e, 365
Silva, Martim Francisco Ribeiro de Andrade Machado da, 62, 165, 354
Silva (pseud. de Manuel José de Paiva), Silvestre Silvério da Silveira e, 309, 360
Silva, Veríssimo Moraes da, 149
Silveira, Paulo, 17, 232, 343
Siqueira, Bartolomeu de, 153
Siqueira, Francisco Nunes de, 114, 115
Siqueira, Mateus Nunes de, 187
Sodré, Nelson Werneck, 27
Solis, Juan Diaz de, 107, 135

Sombart, Werner, 130
Sousa, Alexandre de, 122
Sousa, Francisco de, 70, 184, 185n
Sousa, Gabriel Soares de, 87, 183, 285, 347
Sousa, Gaspar de, 184n
Sousa, Martim Afonso de, 31, 47, 65, 66, 67, 68n, 75, 81, 87, 93, 95-8, 106, 134, 135, 211, 283, 286, 288
Sousa, Tomé de, 93, 94, 97, 99, 100, 105, 108, 127
Southey, Robert, 55, 157, 193n, 194, 345, 353
Spix, João Batista von, 169, 170, 171, 171n, 355
Stendhal (pseud. de Henri Beyle), 303, 318
Straubing, Ulrich Schmidel de, 79, 99, 100, 348
Supervielle, Jules, 222

Taíde, Fernão Cabral de, 347
Taine, Hippolyte, 253
Taques, Lourenço Castanho, 114, 187
Tarce (padre), 142
Taunay, Afonso d'Escragnolle, 111, 169n, 266, 349
Tavares, Antônio Raposo, 57, 122, 123, 132, 139, 201
Taveira, André de Frias, 144
Teles, Marcelino, 191n, 192n
Teles (Visconde de Parnaíba), Antônio de Queirós, 365
Themudo, Diogo Marchão, 355
Thévet, André, 284
Thiollier, René, 15, 32-5, 295, 322, 324, 372, 373
Thiébaut-Sisson, François, 305
Tibiriçá, Martim Afonso, 57, 68n, 98, 100, 101, 136

Tomacaúna, 88, 347
Tourinho, Sebastião Fernandes, 87
Turner, Joseph M. William, 209

Uhland, Ludwig, 311, 361

Vaissete, Joseph, 149
Val de Reis, conde de, 179
Valle, Álvaro Luís do, 68n
Vargas, Getúlio, 21, 22, 31, 291, 360, 374
Varnhagen, Francisco Adolfo de, 56, 57, 70, 77, 77n, 97n, 134, 154, 210n, 216, 347, 351, 353, 356
Vasconcelos, Diogo de, 199
Vasconcelos, Simão de, 71, 80, 108, 346, 348
Vauthier, Louis Léger, 374
Vega, Baltazar da, 191n
Velho, Domingos Jorge, 140, 153
Velho, Francisco Dias, 187
Velho, Manuel Garcia, 354
Velho, Salvador Jorge, 182
Verlaine, Paul, 302
Vespucci, Amerigo, 211, 282, 356
Viana, Manuel Nunes, 156
Vianna, F. J. Oliveira, 9, 25, 126, 129, 130, 232, 349, 350
Vicuña, Carlos Morla, 66n
Vieira, (padre) Antônio, 10, 73, 132, 158, 204, 242-5, 270, 273, 308, 346, 357
Vieira, José Geraldo, 27, 232, 344
Villa-Lobos, Heitor, 299
Villegaignon, Nicolas Durant, 211
Viterbo, Francisco Marques de Sousa, 348
Vuillard, Édouard, 303

Wagner, Moritz Friedrich, 73, 74n, 346
Wagner, Richard, 298, 314
Waldseemüller, Martin, 96
Washington Luís (Pereira de Sousa), 21, 34, 99, 222, 371
Whitaker, José Maria, 21

Whitman, Walt, 274, 311, 361
Wickham, Henry Alexander, 38, 339, 340

Xavier, Lívio, 24, 27, 229, 232, 344
Xavier, Pedroso, 140

ESTA OBRA FOI COMPOSTA EM MINION PELA SPRESS E IMPRESSA
PELA GRÁFICA BARTIRA EM OFSETE SOBRE PAPEL PÓLEN SOFT
DA COMPANHIA SUZANO PARA A EDITORA SCHWARCZ EM MAIO DE 2004